DAS GROSSE IQ-TRAININGS-PROGRAMM

DAS GROSSE IQ-TRAININGS-PROGRAMM

Übungen, Rätsel und Aufgaben, die das Zusammenspiel beider Gehirnhälften optimieren

PHILIP CARTER UND KEN RUSSELL

Vorwort von Dr. Christopher Martyn

Bassermann

ISBN-13: 978-3-8094-**2065-1**

Originaltitel: Workout for a Balanced Brain
Konzeption, Gestaltung und Produktion der Originalausgabe:
Quarto Publishing plc, The Old Brewery, 6 Blundell Street, London N7 9BH

Umschlaggestaltung: Atelier Versen, Bad Aibling
Übersetzung: Berliner Buchwerkstatt, Martin Rometsch
Redaktion: Berliner Buchwerkstatt, Jeanette Stark-Städele
Layout: Rod Teasdale
Illustrationen: Jenny Dooge, Sophie Joyce
Gestaltung und Satz: Berliner Buchwerkstatt, Britta Dieterle

Druck und Bindung: Star Standard, Singapur

Printed in Singapore

817 2635 4453 6271

Inhalt

Vorwort 6

Die Hemisphären des Gehirns 8

Das Gehirn – ein Rätsel 18

Zum Gebrauch dieses Buches 24

TEIL EINS:

Tests zur Bestimmung Ihrer dominanten Hirnhälfte . 26

Psychometrische Tests 28

Tests 30

Lösungen 60

Analyse und Auswertung 66

TEIL ZWEI:

Training für ein ausgewogenes Gehirn 72

Übungen 74

Lösungen 144

Ein Blick in die Zukunft 156

Register, Danksagungen und Literaturverzeichnis . . 160

Vorwort

→ **Dr. Roger Sperry**
Seine Arbeit bildet die Basis unseres Wissens über die Funktionen der Hirnhälften.

Im Jahr 1981 erhielt der amerikanische Psychologe Roger Sperry den Medizin-Nobelpreis für seine Entdeckungen zur funktionalen Spezialisierung der Hirnhälften. Er und seine Kollegen hatten eine Reihe von erstaunlichen Experimenten mit Patienten durchgeführt, die sich wegen einer schwer zu behandelnden Epilepsie einer Split-Brain-Operation unterzogen hatten.

Um die Anfälle zu unterbinden, durchtrennten Neurochirurgen das Corpus callosum, den sog. Balken aus Millionen von Nervenfasern, der die beiden Hemisphären des Gehirns verbindet und eine Kommunikation zwischen ihnen ermöglicht. Nach dem Eingriff waren die Hirnhälften dieser Patienten nicht mehr in der Lage, miteinander zu kommunizieren. Nur die Hemisphäre, die unmittelbar stimuliert wurde, konnte die jeweilige Information verarbeiten. Die Forscher zeigten einer Patientin ein Bild so, dass nur die linke Hemisphäre es wahrnahm, und die Frau beschrieb, was sie sah. Dann ließen sie sie dasselbe Bild mit der rechten Hirnhälfte wahrnehmen, und die Patientin gab an, nichts zu sehen. Erstaunlicherweise fiel es ihr aber nicht schwer, auf einen Gegenstand zu deuten, der dem auf dem Bild ähnlich war.

Es war eindeutig, dass die rechte Hirnhälfte das Bild gesehen und erkannt hatte – aber sie konnte nicht darüber sprechen. Die Experimente enthüllten noch viel mehr darüber, worauf die beiden Hemisphären spezialisiert sind. Die linke ist für Sprache und Logik zuständig, die rechte für Gefühle, Musik und das Erkennen von Mustern.

Natürlich ist das Corpus callosum bei den meisten Menschen gesund. Moderne bildgebende Verfahren

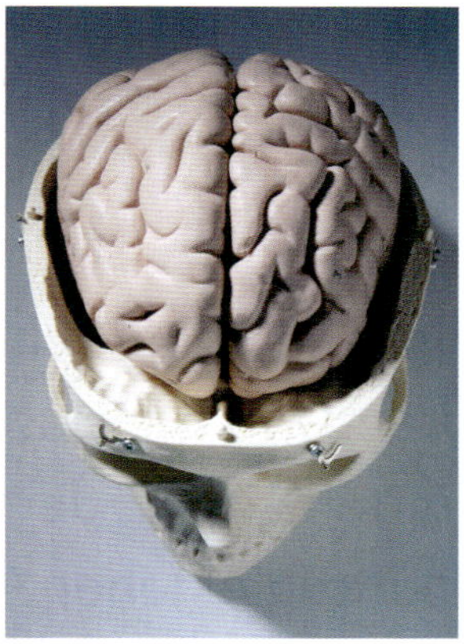

Das menschliche Gehirn
Die Steuerzentrale für alle körperlichen Aktivitäten und unser Denkorgan.

zeigen jedoch, dass die Ergebnisse der Studien bei Split-Brain-Patienten auf Menschen mit normalem Gehirn übertragbar sind.

Es steckt mehr als ein Körnchen Wahrheit in der Behauptung, dass Schriftsteller die linke und bildende Künstler die rechte Hirnhälfte benutzen. Richtig ist auch, dass die Bildungssysteme der westlichen Welt eher die analytischen Fähigkeiten der linken Hemisphäre schulen als die kreativen Talente der rechten.

In diesem Buch haben Philip Carter und Ken Russell eine Auswahl faszinierender Tests und Übungen zusammengestellt. Wenn Sie damit arbeiten, finden Sie mehr über Ihre Art zu denken heraus. Sie erfahren, ob bei Ihnen die linke oder die rechte Hirnhälfte dominiert und welche Aufgaben Sie gut oder weniger gut lösen. Vielleicht entdecken Sie sogar unbekannte Begabungen und können Fähigkeiten entwickeln, von denen Sie gar nichts wussten.

Dieses Buch macht Sie zwar nicht zum Genie, aber es enthüllt Ihre mentalen Stärken und hilft Ihnen, an Ihren Schwächen zu arbeiten. Und außerdem sind die Übungen interessant und machen Spaß.

Dr. Christopher Martyn, M. A.
Leitender klinischer Wissenschaftler,
Rat für medizinische Forschung
Abteilung Umweltepidemiologie,
Universität Southampton, England
Beratender Neurologe,
Neurologisches Zentrum Wessex
Southampton General Hospital, England

Die Hemisphären des Gehirns

Zwei eigenständige Gehirnhälften

»Jede Hemisphäre des menschlichen Gehirns hat ihre eigenen, privaten Empfindungen, Wahrnehmungen, Gedanken und Ideen, die alle von den entsprechenden Erfahrungen der anderen Hemisphäre abgeschnitten sind ... Jede Hemisphäre scheint in mancherlei Hinsicht ihren eigenen Geist zu haben.«

Dr. Roger Sperry, Nobelpreis für Medizin 1981

Die Wissenschaft lehrt, dass wir nur drei Prozent unseres Gehirns nutzen. Dies ist die Informationsmenge, die dem Bewusstsein zur Verfügung steht. Der Rest bleibt im Unbewussten verborgen. Meist nutzen wir dabei nur die bewusste linke Hemisphäre, und so gelingt es uns, die Anforderungen des Alltags zu bewältigen, ohne auf die gewaltige Menge an Kreativität, Erinnerungen und Intuition in der unbewussten rechten Hälfte zurückzugreifen.

Niemand hat je bestritten, dass alle Menschen verschieden sind. Mit anderen Worten: Wir alle sind Individuen. Körperliche Merkmale, Fingerabdrücke, DNS, Gesichtszüge, Persönlichkeit, Träume und Hoffnungen unterscheiden uns von anderen. Diese Charakteristika werden schon lange analysiert und kategorisiert; doch erst vor kurzem entdeckte man, dass wir zwei Hirnhälften mit ganz verschiedenen Funktionen und Eigenschaften haben.

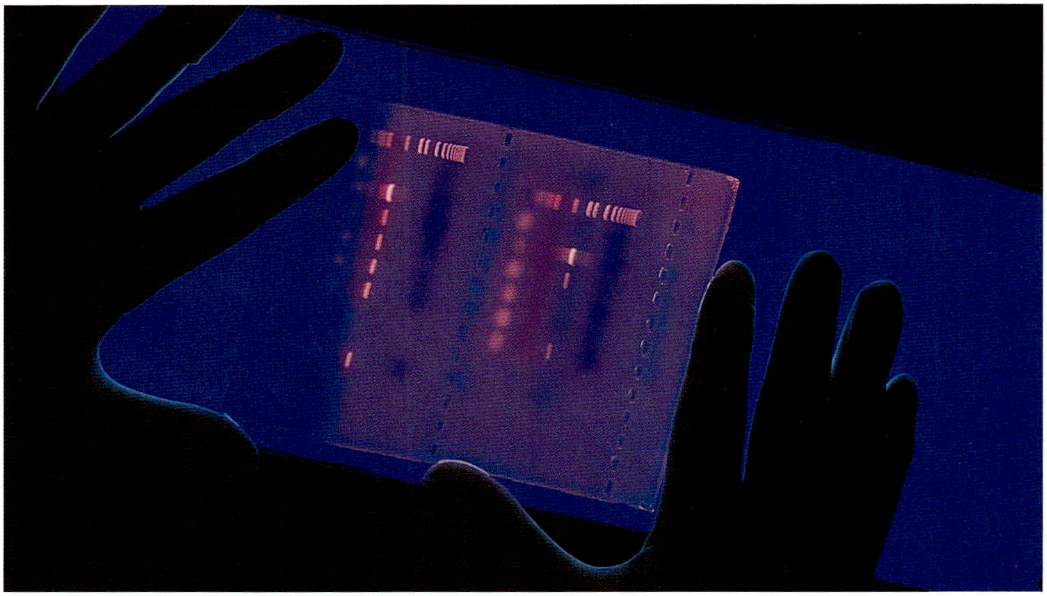

→ **Die Struktur der DNS** besteht aus zwei gewundenen Ketten mit abwechselnd angeordneten Zucker- und Phosphorsäuremolekülen.

Ein uraltes Konzept?

Die Chinesen entwickelten diese Vorstellung schon vor Jahrtausenden. Sie sprachen von Yin und Yang, zwei grundlegenden, gegensätzlichen Kräften, mit denen der Konfuzianismus der Han-Dynastie sich eingehender befasste. Yang wurde mit dem männlichen Pol sowie mit Kälte, Helligkeit, Himmel, Schöpfung und Herrschaft in Zusammenhang gebracht, Yin mit dem weiblichen Pol sowie mit Wärme, Dunkelheit, Erde, Nahrung und Passivität. Diese beiden Kräfte wirken angeblich in allen Dingen und sorgen für zyklischen Wandel.

Im Yin-Yang-Symbol erkennen Sie einen hellen Punkt in der dunklen Hälfte und einen dunklen Punkt in der hellen Hälfte. Das bedeutet, dass jeder Mann auch weibliche Merkmale und jede Frau auch männliche Merkmale aufweist. Die alten Chinesen erfassten das Konzept der beiden Hirnhälften zwar nicht ganz, kamen der korrekten Analyse unseres Denkens bzw. Verhaltens aber erstaunlich nahe.

Heute wissen wir, dass die Großhirnrinde aus zwei Hälften besteht. Diese separaten Hemisphären werden durch Nervenstränge – das Corpus callosum – miteinander verbunden. Die linke Hirnhälfte ist für die rechte Körperseite zuständig, die rechte Hemisphäre für die linke Seite – und jede Hemisphäre steuert verschiedene Funktionen.

←**Der Winter** symbolisiert Yin, das Weibliche. Zu Yin gehört aber auch die Herzenswärme.

→**Die meisten Spitzensportler** besitzen eine gewisse Aggressivität, die wichtig ist, um zu siegen.

Die Hemisphären des Gehirns

Wichtige Funktionen der beiden Hemisphären

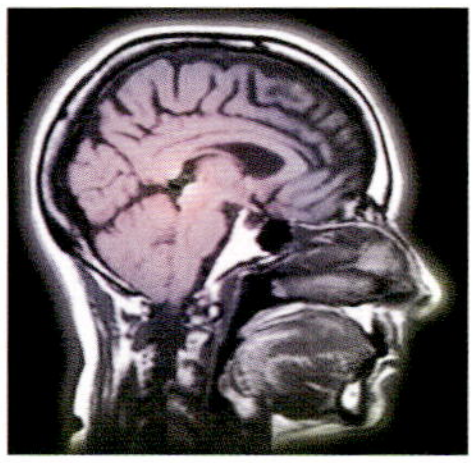

Den bevorzugten Gebrauch einer Organ- oder Körperseite nennt man Seitigkeit oder Seitenbetonung. Das häufigste Beispiel dafür ist wohl die Rechts- oder Linkshändigkeit. Seitigkeit gibt es aber auch beim Gehirn. Wir wissen heute, dass die beiden Hirnhälften sich im Wahrnehmen und Denken erheblich voneinander unterscheiden und dass jeder Mensch wahlweise die eine oder andere Hemisphäre bevorzugt.

Wenn wir ein Gehirn aus dem Schädel entfernen, sehen wir zwei fast identische Hälften. Jede hat spezielle Funktionen und ihre eigenen Empfindungen, Wahrnehmungen, Ideen und Gedanken, unabhängig von den Erfahrungen der anderen Hemisphäre.

↑ **Newton von William Blake**
Bei dem Autor und Künstler William Blake arbeiten die rationale und die intuitive Hirnhälfte harmonisch zusammen.

Der Reihe nach oder ganzheitlich?

Bei den meisten Menschen ist die linke Hemisphäre für Sprache und Sprechen zuständig, und diese Fähigkeiten sind ganz eindeutig seitenbetont (lateral). Es gibt jedoch immer mehr Beweise dafür, dass andere Bereiche des Denkens und Wahrnehmens ebenfalls lateral sind, vor allem dafür, dass die linke Hirnhälfte analytisch ist und Aufgaben der Reihe nach und »vernünftig« löst, während die rechte Hemisphäre synthetisch ist und ganzheitlich arbeitet. Die Denkprozesse der linken Hirnhälfte sind von Ordnung, Reihenfolge und Logik bestimmt. Dagegen steuert die rechte Hälfte das Raumvorstellungsvermögen, das Kunstverständnis und die Kreativität.

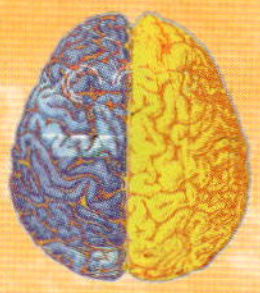

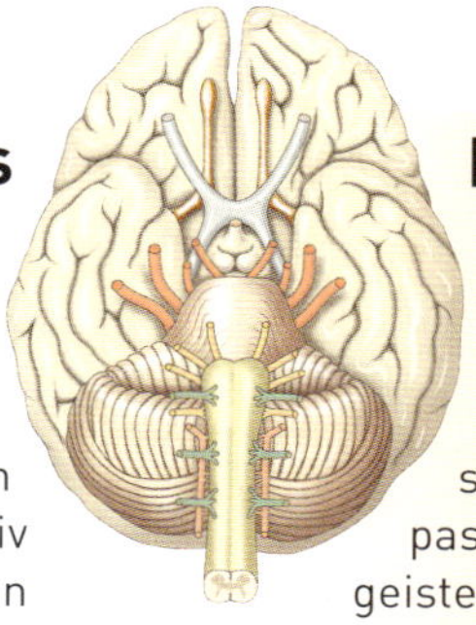

Links

gliedernd
der Reihe nach
logisch
konzentrierte Wahrnehmung
analytisch
aggressiv
Zeitsinn
literarisch
sprachlich/symbolisch
verbale Intelligenz
Intellekt
quantifizierbares Wissen
Rechnen/Mathematik

Rechts

ganzheitlich
gleichzeitig
Gestalt-Ausdruck
Richtungssinn
synthetisch
passiv
geistesgegenwärtig
metaphorisch
formorientiert
praktische Intelligenz
Sinnlichkeit
Erfahrungswissen
Wahrnehmung von Mustern

Die Hemisphären des Gehirns

Der Vorteil der doppelten Verarbeitung

Dadurch, dass das Gehirn verschiedenen Arealen spezielle Funktionen zuweist, steigert es seine Leistungsfähigkeit. Jede Hemisphäre neigt dazu, ihre eigenen Wahrnehmungen zuerst zu analysieren, und tauscht mit der anderen Hälfte nur dann Informationen aus, wenn sie bereits eine beträchtliche Menge davon verarbeitet hat. Da beide Hirnhälften diese Aufgabe unabhängig voneinander lösen können, sind Menschen in der Lage, zwei Datenströme gleichzeitig zu verarbeiten. Das Gehirn vergleicht und integriert dann die Informationen und kann sich so ein besseres Bild von einer Idee oder einem Objekt machen.

↑ **Das Corpus callosum** ist die Brücke, die den Informationsaustausch zwischen den beiden Hirnhälften ermöglicht.

→ **Ein Pianist** benutzt beide Hände gleichzeitig, um Rhythmen und Melodien zu erzeugen.

Medizinische Studien, die in den 1950er-Jahren begonnen wurden, belegten, dass das Gehirn aus zwei Hälften besteht, die durch das Corpus callosum verbunden sind. Diese Brücke ist das kommunikative Netzwerk zwischen den beiden Hemisphären. Erst in den 1960er-Jahren verstand man allmählich, wie die Hirnhälften arbeiten, nachdem ein Team aus Psychologen und Neurochirurgen unter der Leitung von Roger Sperry, Joseph Bogen und Michael Gazzaniga mit einer Reihe von bahnbrechenden Experimenten begonnen hatte, die zu beweisen schienen, dass bestimmte Arten des Denkens mit bestimmten Teilen des Gehirns verbunden sind.

Eine bahnbrechende Entdeckung

Sperrys Team beobachtete Patienten, deren Corpus callosum durchtrennt worden war, um schwere epileptische Anfälle zu lindern. Dadurch wurde zwar die Epilepsie weitgehend geheilt, aber die Patienten litten an seltsamen Nebenwirkungen: Die beiden Hemisphären schienen nun selbstständig zu handeln. Die linke Seite war offenbar für Sprache und logisches Denken zuständig, während die rechte die künstlerischen Fähigkeiten, die Intuition und die Kreativität steuerte.

1981 erhielt Dr. Sperry den Medizin-Nobelpreis für seine Split-Brain-Forschung. Diese bildet die Grundlage unseres Wissens über die Spezialisierung der Hirnhälften und ist für die Entwicklungsneurobiologie und die Psychobiologie von großer Bedeutung.

Die Hemisphären des Gehirns

Das KEY/CASE-Experiment

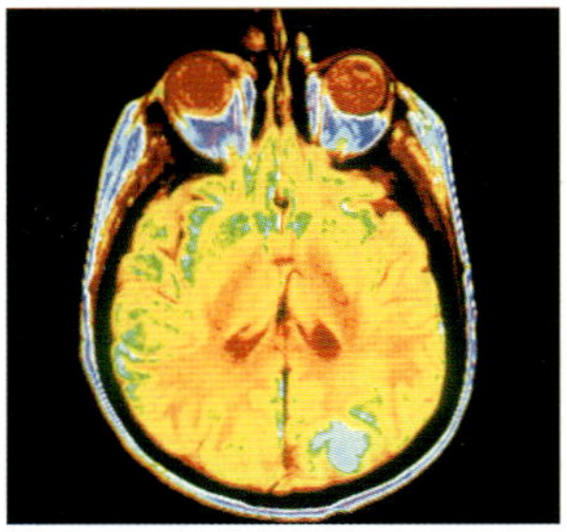

Dieses Experiment, das Sperry durchführte, belegt, dass die beiden Hirnhälften Informationen unterschiedlich verarbeiten. Ein Patient, dessen Hirnhälften chirurgisch getrennt worden waren, saß dabei vor einer Leinwand, auf die von hinten ein Bild projiziert wurde. Er wurde angewiesen, den Blick auf einen Punkt in der Mitte des Schirms zu richten. Für einen Sekundenbruchteil erschienen auf der linken Seite des Schirms die Buchstaben K-E-Y und auf der rechten die Buchstaben C-A-S-E. Da die Sehnerven des rechten Auges in der linken und die des linken Auges in der rechten Hirnhälfte entspringen, verarbeitete die linke Hemisphäre das Bild auf der rechten Seite des Schirms und die rechte Hemisphäre das Bild auf der linken Seite des Schirms.

Als der Patient gefragt wurde, was er auf dem Schirm gesehen habe, erklärte er, er habe das Wort CASE (Schachtel) erkannt. Die linke Hirnhälfte ist also darauf spezialisiert, Sprache zu verarbeiten. Sie liest C-A-S-E, weil sie einen Buchstaben, ein Wort und einen Satz nach dem anderen erkennt. Die Buchstaben haben also in der linken Hemisphäre einen Schritt-für-Schritt-Gedankengang ausgelöst.

Wurde derselbe Patient jedoch gebeten, mit der linken Hand (die mit der rechten Hirnhälfte verbunden ist, welche K-E-Y las) in eine Schublade unter dem Schirm zu greifen und einen Gegenstand herauszuholen, wählte er einen Schlüssel.

Das zeigt, dass die rechte Hemisphäre Informationen nicht der Reihe nach ordnet und daher nicht verbal mitteilt, was sie gesehen hat – sie verarbeitet alle Daten auf einmal, anstatt sie in kleine Stücke zu zerlegen.

→ Das Wort CASE wird auf die rechte, das Wort KEY auf die linke Seite der Leinwand projiziert.

↑ **Die linke Hemisphäre** sieht das Wort CASE, die rechte erkennt den Gegenstand KEY.

Die Hemisphären des Gehirns

Das Löffel-Experiment

Roger Sperrys zweites Experiment mit demselben Patienten zeigt, dass die rechte Hirnhälfte von Bild zu Bild denkt, so wie ein Künstler aus einer Skizze ein fertiges Gemälde entwickelt.

Wie beim vorigen Versuch zeigte man dem Versuchsteilnehmer ein Bild, das von hinten auf eine Leinwand projiziert wurde. Diesmal handelte es sich nicht um Buchstaben, sondern um das Bild eines Löffels, das kurz auf der linken Schirmhälfte zu sehen war und daher von der rechten Hirnhälfte wahrgenommen wurde. Diesmal konnte der Patient nicht sagen, was er gesehen hatte, obwohl er genau wusste, dass er etwas gesehen hatte. Als er jedoch in die Schublade unter dem Schirm griff, wählte er den Löffel. Allerdings konnte er das Objekt erst benennen, nachdem er es herausgeholt hatte und seine linke Hirnhälfte es sehen konnte. Daraus lässt sich schließen, dass die beiden Hemisphären nach der Durchtrennung des Balkens nicht mehr miteinander kommunizieren. Deshalb kann man die Funktionen der Hemisphären durch Tests bestimmen. Das Corpus callosum ermöglicht es den beiden Hirnhälften, bei fast jeder Aktivität zusammenzuarbeiten, obwohl jeweils die eine oder andere Hälfte dominiert.

↓ **Unten: Die Versuchsperson greift unter den Bildschirm** und wählt das Objekt aus, das sie gesehen hat, aber nicht benennen kann.

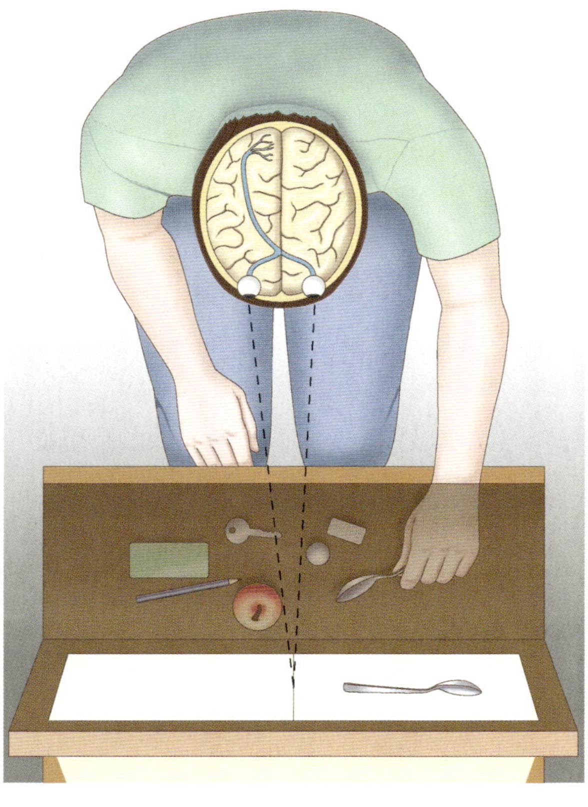

Die linke Hemisphäre ist die logische Hälfte. Sie setzt Wahrnehmungen zu vernünftigen und phonetischen Darstellungen der Wirklichkeit zusammen und kommuniziert mit der äußeren Welt auf der Basis dieser logischen Analyse. Sie ist für Lesen, Schreiben, Zählen und Rechnen zuständig und verarbeitet Informationen Stück für Stück und auf lineare, vernünftige Weise. Dies nennt man lineares, vertikales oder gewohnheitsmäßiges Denken. Die linke Hirnhälfte steuert die meisten unserer Systeme und Institutionen, zum Beispiel das Militär und die Regierung.

Die rechte Hemisphäre ist dagegen die intuitive Seite, die Fantasie hat und die Welt ganzheitlich wahrnimmt. Sie schätzt Kunst und Musik und macht uns für Religion, Rituale, Mystik und Gefühle empfänglich. Diese Hirnhälfte stellt aus Einzelteilen ein Gesamtbild zusammen und ist zugleich die Quelle neuer Ideen. Dieses ganzheitliche, laterale, intuitive

↑ **Die analytische linke Hirnhälfte** setzt Wahrnehmungen zu logischen und phonetischen Darstellungen der Realität zusammen.

oder metaphorische Denken befähigt uns, komplexe Beziehungen, Muster und Strukturen zu erfassen.

Es ist für jeden Menschen enorm wichtig, beide Hirnhälften zu nutzen. Die linke Hemisphäre lernt bewusst und methodisch, die rechte unbewusst, kreativ und intuitiv. Wenn wir das ganze Gehirn schulen wollen, sind Funktion, Logik und Intuition also gleich wichtig.

Zusammenfassung

Linke Hirnhälfte	Rechte Hirnhälfte
bewusstes Denken	unbewusstes Denken
logische Analyse	emotionale Reaktion
äußere Bewusstheit	innere Bewusstheit
Sprechen	Intuition
Methoden und Regeln	Kreativität

← **Die rechte Hemisphäre** steuert das unbewusste Denken und die innere Bewusstheit. Sie ist für Religion, Rituale und Mystik zuständig.

Das Gehirn – ein Rätsel

Wie das Gehirn arbeitet

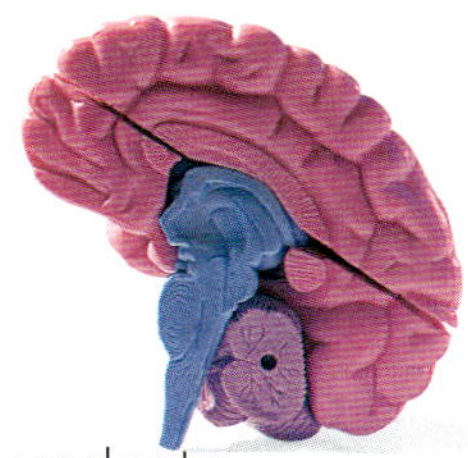

»Was seine eigenen, speziellen Aktivitäten anbelangt, ist das Gehirn meist undiszipliniert und unzuverlässig. Wir wissen nie, was es als Nächstes tun wird.«

Arnold Bennett, Romancier, Anfang des 20. Jahrhunderts

Im vorigen Jahrhundert hat die medizinische Forschung viele Rätsel des »unzuverlässigen« Gehirns gelöst. Um das Konzept der Seitigkeit zu verstehen, müssen wir uns die Physiologie des Gehirns genauer ansehen.

Das Gehirn ist jener Teil des Zentralnervensystems, der sich bei Wirbeltieren im Schädel befindet. Das menschliche Gehirn besteht aus einem rosafarbenen bis grauen Gewebe, das rund 10 Milliarden miteinander verbundene Nervenzellen enthält, die zusammen alle mentalen Funktionen steuern.

Das Gehirn ist die größte Errungenschaft der natürlichen Auslese. Es ist unendlich komplexer als jeder Computer und das Produkt einer Evolution, die Hunderttausende von Jahren dauerte. Mit einem durchschnittlichen Gewicht von nur 1,36 kg gelingt es diesem Nervengewebe, alle Körpersysteme zu steuern und gleichzeitig einen unaufhörlichen Strom von Gedanken, Gefühlen und Erinnerungen zu verarbeiten

↓ **Das Gehirn** wiegt etwa 1,36 kg und ist komplexer als jeder Computer. Dennoch nutzen wir nur drei Prozent seiner Kapazität.

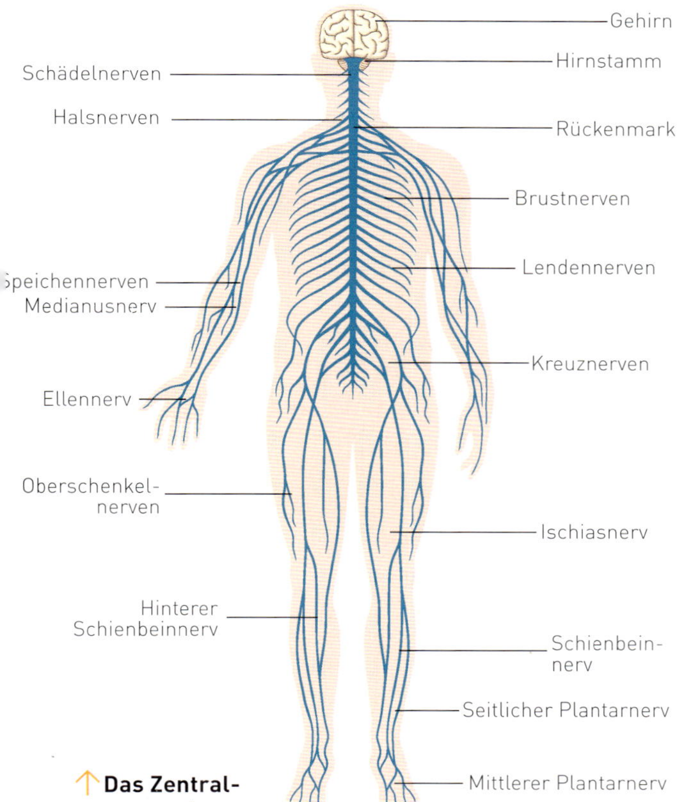

↑ **Das Zentralnervensystem** verarbeitet Informationen, die es vom peripheren Nervensystem empfängt, und handelt danach.

und daraus zu lernen. Das Gehirn ist die Steuerzentrale für Bewegungen, Schlaf, Hunger und Durst – für fast jede Aktivität, die wir zum Überleben brauchen. Auch alle Emotionen – zum Beispiel Liebe, Hass, Begeisterung, Aggression und Furcht – regelt das Gehirn. Außerdem empfängt und deutet es zahllose Signale, die andere Körperteile und die Außenwelt ihm schicken. Obwohl wir seit Jahrhunderten über das Gehirn nachdenken und forschen, sind uns viele seiner Funktionen immer noch ein Rätsel. Je mehr wir von ihm wissen, desto klarer wird uns, wie wenig wir wissen.

Das Gehirn aus der Nähe betrachtet

Das menschliche Gehirn besteht aus drei Hauptteilen: dem großen, kuppelförmigen Cerebrum oben, dem kleineren und etwa kugelförmigen Cerebellum oder Kleinhirn unten rechts und dem Hirnstamm in der Mitte. Auffallend im Hirnstamm sind die Medulla oblongata, eine eiförmige Knolle im Zentrum, und der Thalamus zwischen Medulla und Cerebrum. Das Cerebrum ist für Intelligenz und logisches Denken zuständig und hilft uns, das Gleichgewicht und die aufrechte Haltung zu bewahren. Die Medulla ist an unwillkürlichen Funktionen beteiligt, zum Beispiel an der Atmung. Der Thalamus ist die Schaltzentrale für elektrische Impulse, die von der Großhirnrinde ausgehen oder sie erreichen.

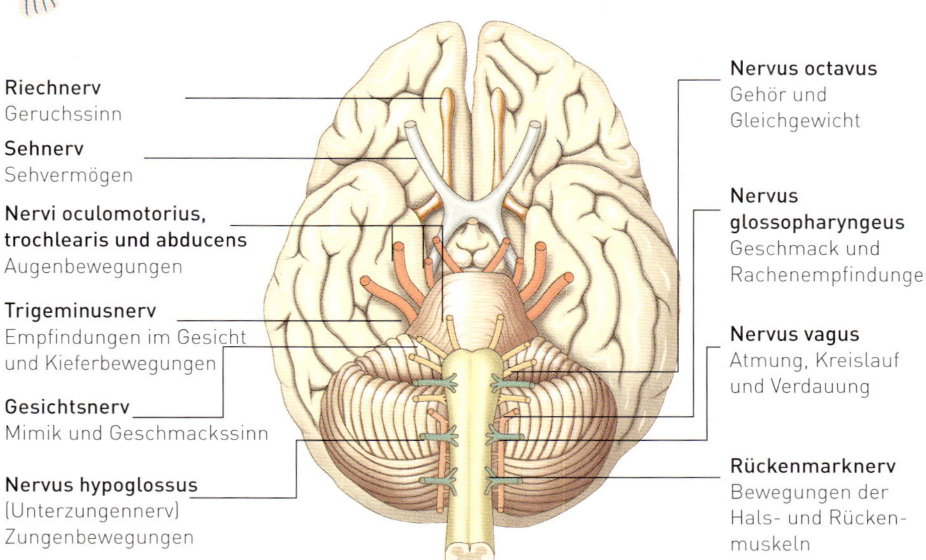

→ **Das Gehirn** ist der Teil des Zentralnervensystems, der die Körperfunktionen koordiniert und steuert.

Das Gehirn – ein Rätsel

→ **Die komplexe Entwicklung** des Kortex erklärt die überlegene Intelligenz des Men-schen im Vergleich zu Tieren.

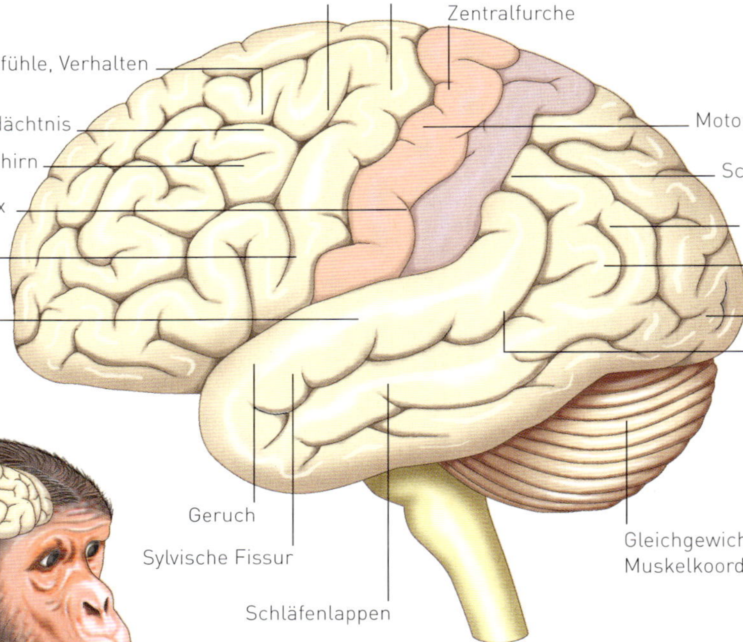

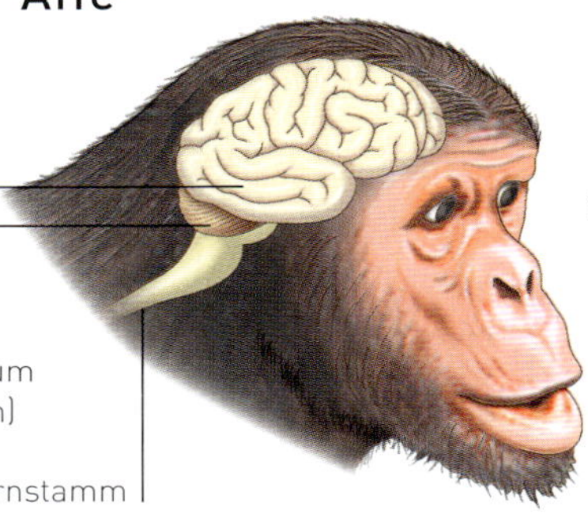

Das Cerebrum

Der größte Teil des menschlichen Gehirns ist das Cerebrum, das Großhirn, das etwa 85 Prozent des Gewichts und der großen Oberfläche (Kortex) des Gehirns ausmacht. Die Komplexität des Cerebrums erklärt, warum Menschen intelligenter sind als Tiere.

Das Cerebrum wird durch eine zentrale senkrechte Furche in zwei Hemisphären geteilt. Das Corpus callosum besteht aus weißen Nervenfasern, die diese beiden Hälften miteinander verbinden und Informationen von einer Seite zur anderen übertragen.

In jeder Hemisphäre befindet sich je eine Seitenkammer (Ventrikel), die mit Flüssigkeit gefüllt und mit einem dritten Ventrikel über das Foramen Monroi verbunden ist. Dieses liegt zwischen den Hemisphären und führt über einen schmalen Kanal namens Aquäductus cerebri zu einem vierten Ventrikel vorne in der Medulla und im Cerebellum. Jede Hemisphäre besteht aus einer etwa drei bis vier Zentimeter dicken äußeren Schicht aus grauer Masse, Kortex (Rinde) genannt. Fasern verbinden das Cerebrum mit anderen Gehirnteilen: den vorderen Teil des Gehirns mit dem hinteren, verschiedene Gebiete auf derselben Seite des Cerebrums untereinander und eine Seite des Gehirns mit der anderen. Jede Hemisphäre besteht aus fünf Lappen: Stirn-, Scheitel-, Schläfen- und Hinterhauptlappen außen sowie die innen gelegene Insula.

Das Cerebellum

Das Cerebellum, das Kleinhirn, liegt im hinteren Teil des Schädels unter den Hemisphären und besteht ebenfalls aus grauen Zellen. Es teilt sich in zwei Hemisphären, verbunden durch eine Struktur weißer Fasern, das Vermis cerebelli, die das Cerebellum auch mit anderen Gehirnteilen verbindet.

Das Cerebellum steuert Bewegungen und ist das Reflexzentrum für die Koordination und Aufrechterhaltung des Gleichgewichts. Diesen Teil des Gehirns nutzt ein Tennisspieler, der ein Ass schlägt, ebenso wie ein Neurochirurg bei einer heiklen Operation.

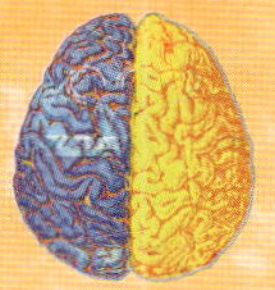

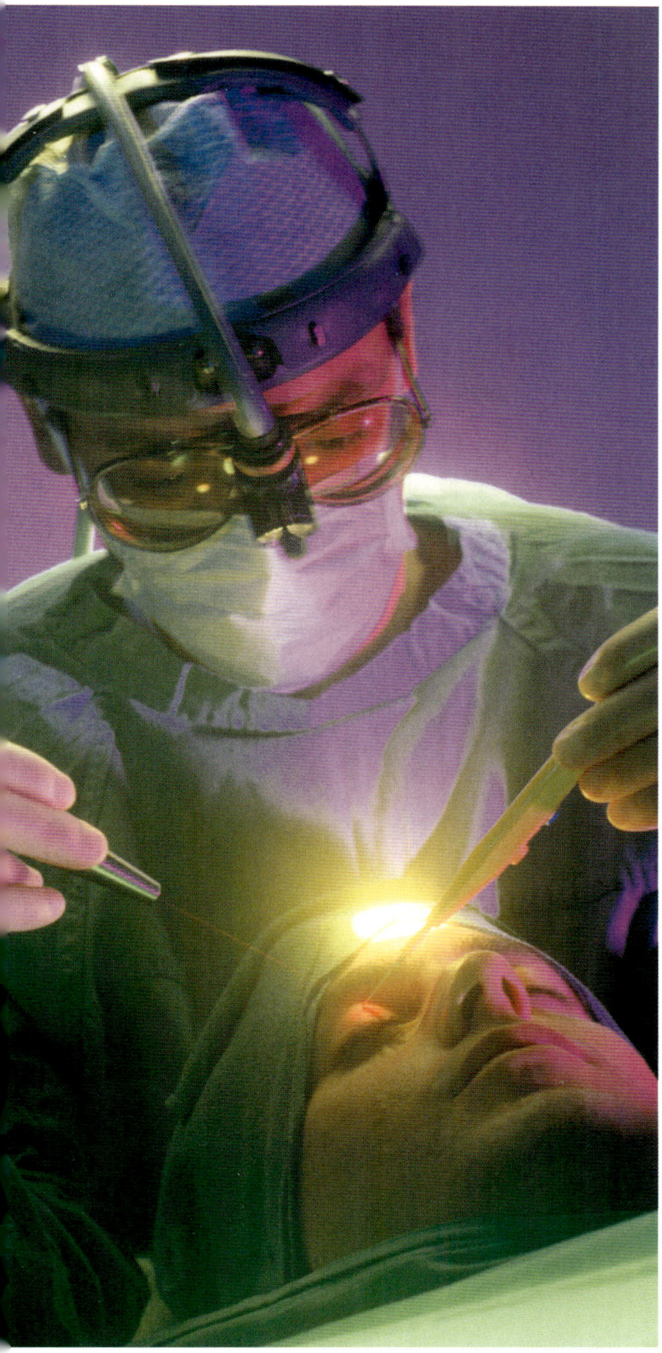

Der Hirnstamm

Der Hirnstamm (hier im Querschnitt abgebildet) besteht aus mehreren Teilen und ist der tiefste Teil des Gehirns. Er übermittelt vor allem Signale zwischen dem oberen Gehirn und dem Rückenmark, aber er ist auch die Basis vitaler Funktionen wie Atmung und Herzschlag und steuert die Augenbewegungen und andere Reflexe.

← **Bei einer heiklen** Operation nutzt der Chirurg beide Hemisphären, um Wissen und Geschicklichkeit zu koordinieren.

→ **Der Hirnstamm** ist der Sitz fundamentaler und lebensnotwendiger Funktionen wie Atmung, Blutdruck und Herzschlag.

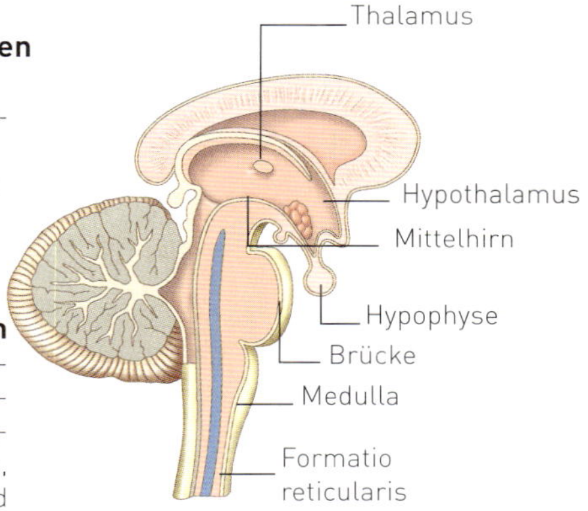

Der Hirnstamm besteht aus drei Hauptteilen: Medulla oblongata, Brücke (Pons) und Mittelhirn. Den Hirnstamm entlang verläuft ein Netzwerk aus Zellen (Formatio reticularis), das die Aufmerksamkeit reguliert. Bestimmte Teile des Hirnstamms sind notwendig für die meisten Vitalfunktionen, die wir zum Überleben brauchen.

Dazu gehören der Thalamus, der Sinneseindrücke zum Kortex und dessen motorische Signale zu den Muskeln leitet; der Hypothalamus, der Essen, Trinken, Schlaf, Körpertemperatur und Gefühle reguliert; sowie die Medulla, die Steuerzentralen für das Herz und die Atmung enthält und auch andere Reflexe steuert, zum Beispiel das Erbrechen.

→ **Ein guter** Golfspieler muss visuelle Eindrücke und Muskeln koordinieren.

Das Gehirn – ein Rätsel

Viele motorische und sensorische Funktionen gehen von bestimmten Abschnitten des Kortex aus. Meist sind diese Bereiche in beiden Hirnhälften zu finden und bedienen die jeweils andere Körperseite.

Der Kortex lässt sich in mehrere funktionale Bereiche einteilen. Der somatomotorische Bereich befindet sich beispielsweise genau vor der Zentralfurche und steuert fast alle Muskelbewegungen. Hinter der Zentralfurche liegt die somatosensorische Zone, die Signale von der Hautoberfläche und dem darunter liegenden Gewebe empfängt und Sinnesreize wie Geschmack und Berührung verarbeitet. Oben in diesem Bereich befinden sich die Nervenzellen für Sinnessignale von den Zehen, unten liegen die für Signale vom Gesicht. Das Hörzentrum befindet sich im oberen Schläfenlappen, das Sehzentrum im Hinterhauptlappen und das Riechzentrum ist im inneren Bereich vorne gelegen.

Auch zwei Bereiche, die für die Sprache zuständig sind, wurden im Kortex lokalisiert: das Wernicke-Zentrum für das Sprechen und das Broca-Zentrum

↓ **Das Hörzentrum** befindet sich im oberen Schläfenlappen.

→ Dass **dieser Spitzensprinter** so zielstrebig und entschlossen ist, verdankt er seiner linken Hirnhälfte.

für die Muskelbewegungen des Halses und Mundes, die wir zum Sprechen benötigen. Ein großer Bereich vorne im Kortex ist für Bewusstheit, Intelligenz und Gedächtnis zuständig.

↑ **Opernsänger** brauchen den Sinn fürs Detail der linken Hemisphäre. Jazzsänger improvisieren dagegen mit der Kreativität der rechten Hirnhälfte.

Die beiden Hemisphären des Kortex sind stark spezialisiert und bedienen verschiedene Körperseiten. Eine Berührung auf der rechten Seite wird zum Beispiel von der linken somatosensorischen Zone wahrgenommen, und um den rechten Arm zu bewegen, müssen wir Neuronen im linken motorischen Kortex aktivieren. Bei den meisten Menschen dominiert die linke Hirnhälfte; deshalb gibt es auch mehr Rechtshänder.

Zum Gebrauch dieses Buches

Beachten Sie folgende Tipps

Teil eins

Teil eins enthält eine Reihe von Tests, die jeweils eine andere Funktion Ihres Gehirns messen. Wichtig ist, dass Sie jeden Test versuchen, denn sonst gewinnen Sie kein vollständiges Bild von Ihren Fähigkeiten. Die Lösungen zu den Tests finden Sie auf Seite 60 bis 65, ebenso die Auswertung. Tragen Sie die Ergebnisse jedes Tests in die Tabelle auf Seite 69 ein, und bestimmen Sie Ihre Seitigkeit anhand der Grafik auf dieser Seite.

Dieser Teil enthält mehrere psychometrische oder Persönlichkeitstests. Es gibt weder richtige noch falsche Antworten. Antworten Sie intuitiv und ehrlich. Das Einzige, was Sie beachten müssen, ist das Zeitlimit bei einigen Tests.

Am Ende des ersten Teils erfahren Sie, auf welche Seitenbetonung Ihre Antworten hinweisen und an welchen Bereichen jeder Hemisphäre Sie arbeiten sollten. Wenn Sie beispielsweise eine Linksseitigkeit feststellen, kann es dennoch notwendig sein, die verbale Intelligenz zu verbessern; und selbst wenn Sie leicht Muster erkennen und ein gutes Raumvorstellungsvermögen haben – Qualitäten der rechten Hirnhälfte –, lässt das kreative Schreiben vielleicht zu wünschen übrig. Egal, wie Sie bei einzelnen Fähigkeiten abschneiden, Sie können sich immer steigern.

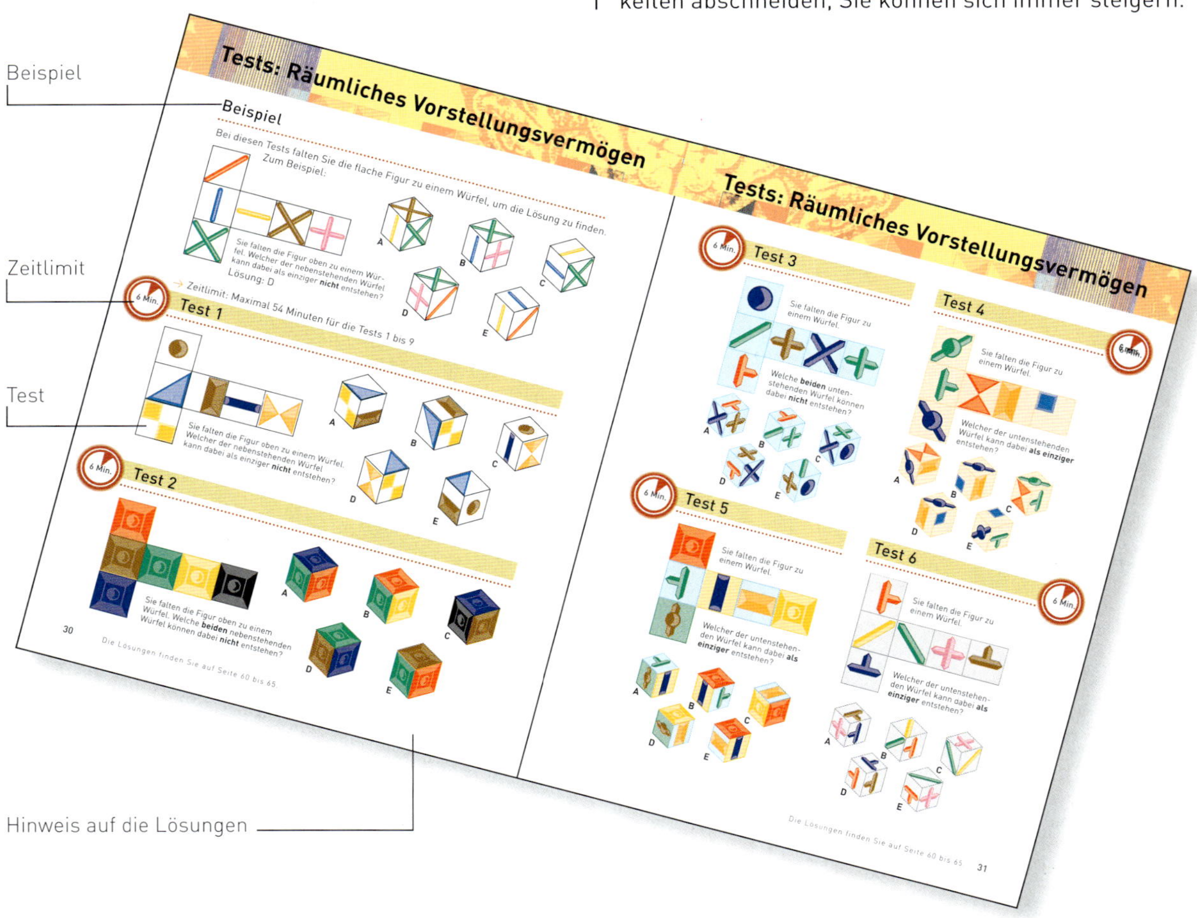

Teil zwei

Im zweiten Teil finden Sie eine Reihe von Übungen und Rätsel, um Ihr Gehirn zu optimieren. Dabei werden unterschiedliche Funktionen des Gehirns trainiert. Damit Sie von diesem Buch optimal profitieren, befinden sich alle Übungen für die linke Hemisphäre auf der linken Buchseite und alle Übungen für die rechte Hemisphäre auf der rechten Seite.

Nutzen Sie Ihr Wissen über Ihr Gehirn, um jene Bereiche der linken oder rechten Seite zu schulen, die es am nötigsten haben. Um in Topform zu kommen und beide Hirnhälften auszubalancieren, ist es ratsam, die Übungen für die rechte und für die linke Hemisphäre durchzuarbeiten.

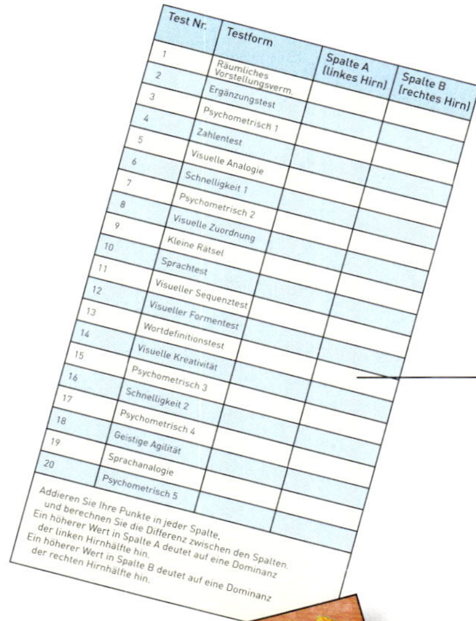

Test Nr.	Testform	Spalte A (linkes Hirn)	Spalte B (rechtes Hirn)
1	Räumliches Vorstellungsverm.		
2	Ergänzungstest		
3	Psychometrisch 1		
4	Zahlentest		
5	Visuelle Analogie		
6	Schnelligkeit 1		
7	Psychometrisch 2		
8	Visuelle Zuordnung		
9	Kleine Rätsel		
10	Sprachtest		
11	Visueller Sequenztest		
12	Visueller Formentest		
13	Wortdefinitionstest		
14	Visuelle Kreativität		
15	Psychometrisch 3		
16	Schnelligkeit 2		
17	Psychometrisch 4		
18	Geistige Agilität		
19	Sprachanalogie		
20	Psychometrisch 5		

Addieren Sie Ihre Punkte in jeder Spalte, und berechnen Sie die Differenz zwischen den Spalten. Ein höherer Wert in Spalte A deutet auf eine Dominanz der linken Hirnhälfte hin. Ein höherer Wert in Spalte B deutet auf eine Dominanz der rechten Hirnhälfte hin.

Tabelle zur Bestimmung der Seitigkeit

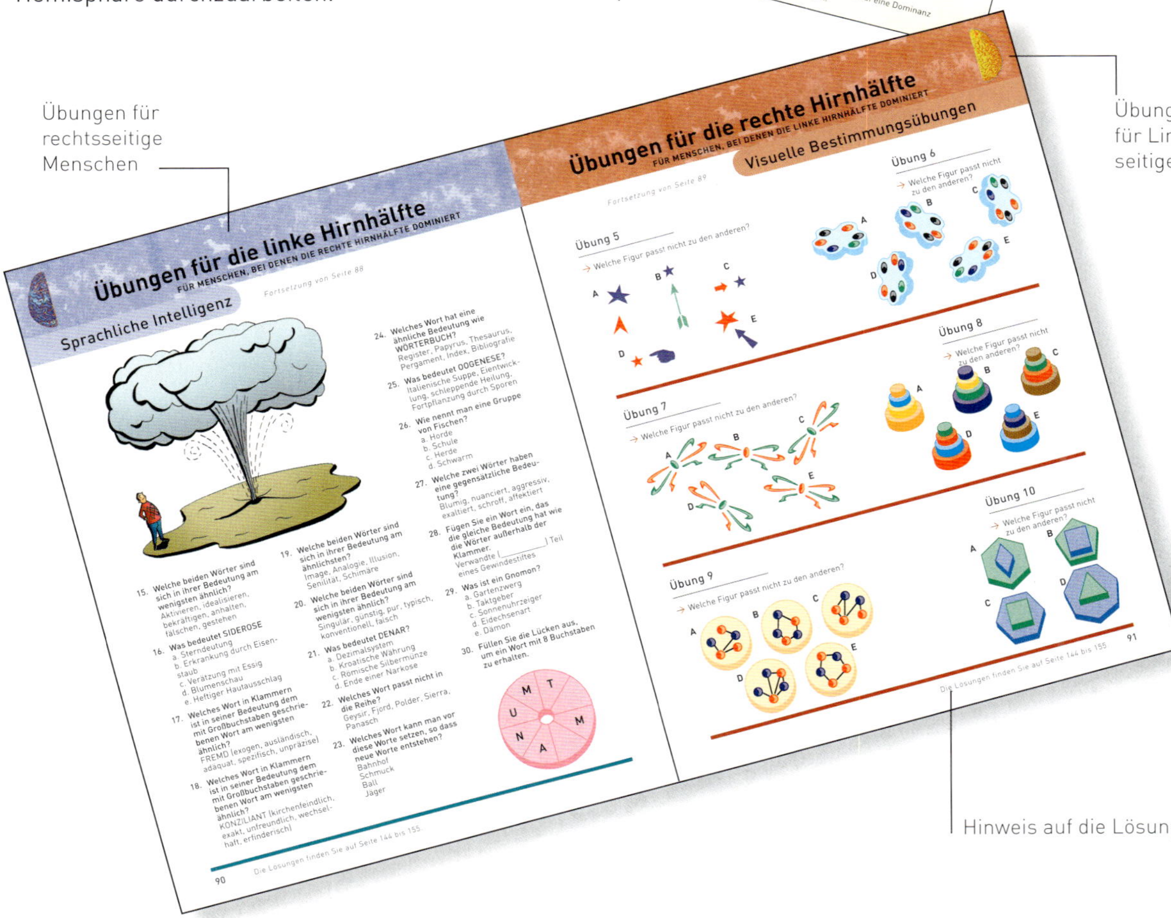

Übungen für rechtsseitige Menschen

Übungen für Linksseitige

Hinweis auf die Lösungen

Tests zur Bestimmung Ihrer **dominanten Hirnhälfte**

Machen Sie die folgenden Tests innerhalb der angegebenen Zeit, um herauszufinden, welche Seite Ihres Gehirns dominiert.

Teil

Psychometrische Tests

Die Persönlichkeit eines Menschen resultiert aus dem tief eingeprägten und in der Regel dauerhaften Muster seiner Gedanken, Gefühle und Verhaltensweisen. Dieses Muster ist bei jedem von uns einzigartig. Die Persönlichkeit bestimmt, wie ein Mensch unter verschiedenen Umständen handelt. Psychometrische Tests gibt es seit Beginn des 20. Jahrhunderts, und seit 25 bis 30 Jahren sind sie in der Wirtschaft und in der Industrie sehr gebräuchlich. Es gibt zwei Hauptarten von psychometrischen Tests: Persönlichkeitsfragebögen und Eignungstests.

Laut der Britischen Psychologischen Gesellschaft ist ein psychometrischer Test »jedes Verfahren, auf deren Grundlage Schlussfolgerungen möglich sind über die Fähigkeit, Neigung oder Anfälligkeit einer Person, auf bestimmte Weise zu handeln, zu reagieren, ihre Umwelt zu erfahren oder ihr Denken oder Verhalten zu strukturieren oder zu ordnen«.

Es ist irreführend, Fragebögen zur Persönlichkeit als Tests zu bezeichnen, weil sie Einstellungen, Gewohnheiten und Werte bestimmen sollen und dabei keine Antwort als richtig oder falsch gilt. Außerdem gibt es meist kein Zeitlimit. Eine Firma kann solche Fragebögen ihren Bewerbungsformularen beilegen oder sie im zweiten Stadium des Auswahlverfahrens verwenden.

Seien Sie ehrlich

Halten Sie sich an die Anweisungen, wenn Sie einen Fragebogen vor sich haben, und geben Sie ehrliche Antworten. Bei einem Vorstellungsgespräch sollten Sie nicht sagen, was der potenzielle Arbeitgeber Ihrer Meinung nach hören will; bei der Auswertung wird sich diese Schummelei wahrscheinlich herausstellen – oder Sie bekommen einen Job, der nicht zu Ihnen passt.

Eine andere Art psychometrischer Tests sind Eignungstests. Sie erlauben eine objektive Einschätzung der sprachlichen und rechnerischen Fähigkeiten oder des Raumvorstellungsvermögens. Für diese Tests steht oft eine begrenzte Zeit zur Verfügung, und meist werden Sie abgelehnt oder noch einmal getestet, wenn Sie eine bestimmte Punktzahl nicht erreichen. Darum geht es in Teil 1 dieses Buches jedoch nicht. Wir wollen lediglich herausfinden, ob bei Ihnen die rechte oder die linke Hirnhälfte dominiert. Das hängt von vielen Faktoren ab, und die Persönlichkeit ist dabei häufig ein guter Anhaltspunkt. Die fünf psychometrischen Tests in Teil 1 untersuchen mehrere Aspekte Ihres Charakters und Ihrer Persönlichkeit. Sie brauchen sie nicht zuerst durchzulesen. Beantworten Sie die Fragen intuitiv und ohne langes Nachdenken. Es gibt keine richtigen oder falschen Antworten.

↑→ **Psychometrische Tests** werden zusammen mit konventionellen Befragungstechniken häufig bei der Bewerberauswahl eingesetzt. Es ist wichtig, jede Frage eines Persönlichkeitsfragebogens ganz ehrlich zu beantworten.

← **Wenn unsere rechte Hirnhälfte** dominiert, fällt uns die totale Konzentration auf ein Thema schwer.

Beispiel

Bei diesen Tests falten Sie die flache Figur zu einem Würfel, um die Lösung zu finden.

Zum Beispiel:

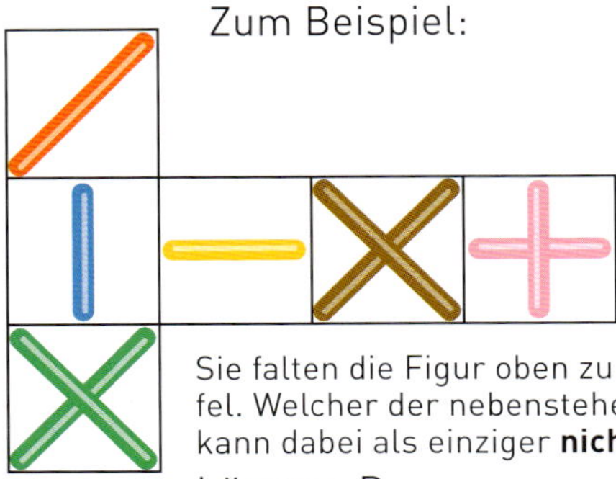

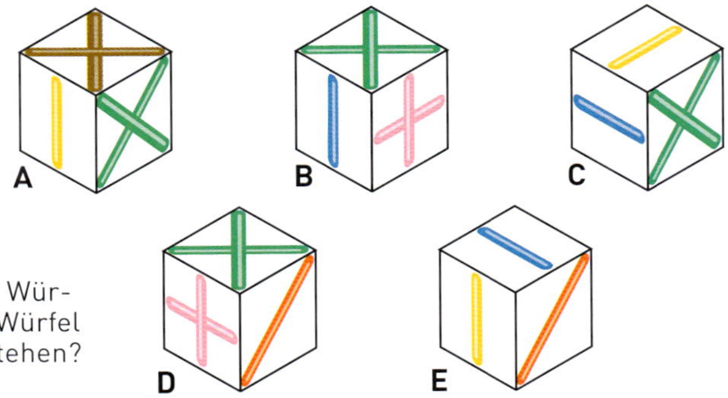

Sie falten die Figur oben zu einem Würfel. Welcher der nebenstehenden Würfel kann dabei als einziger **nicht** entstehen?

Lösung: D

→ Zeitlimit: Maximal 54 Minuten für die Tests 1 bis 9

6 Min.

Test 1

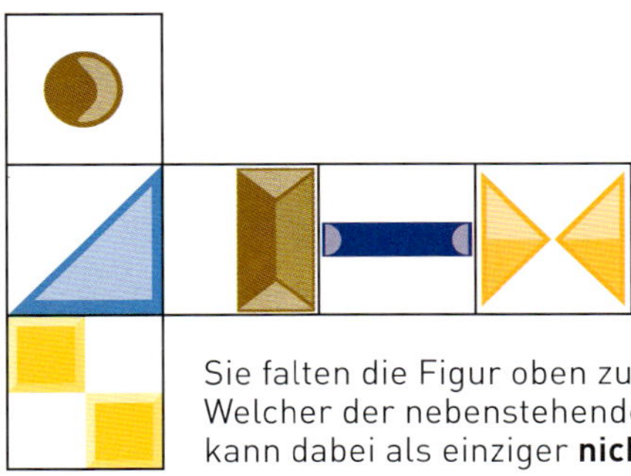

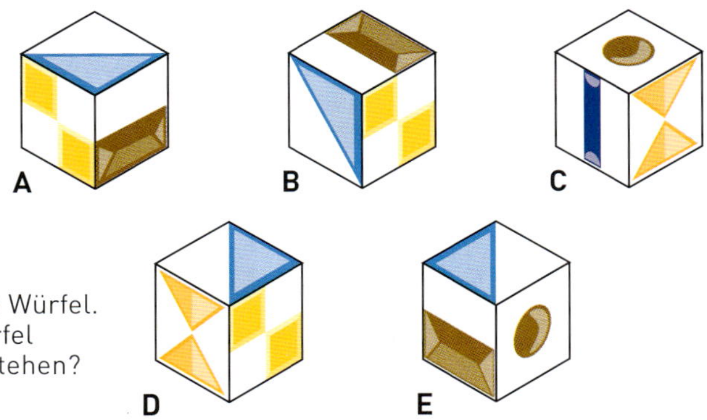

Sie falten die Figur oben zu einem Würfel. Welcher der nebenstehenden Würfel kann dabei als einziger **nicht** entstehen?

6 Min.

Test 2

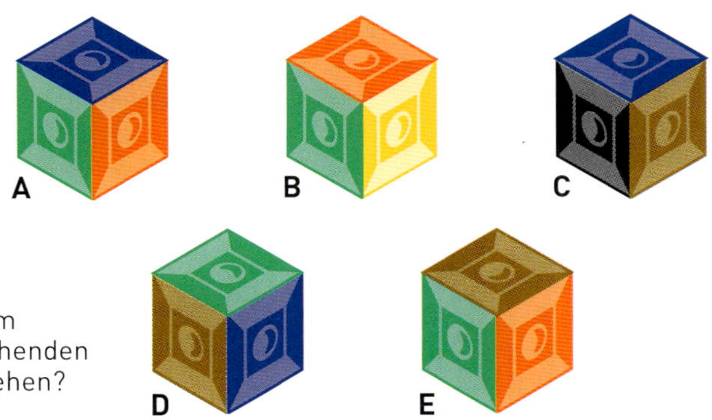

Sie falten die Figur oben zu einem Würfel. Welche **beiden** nebenstehenden Würfel können dabei **nicht** entstehen?

Die Lösungen finden Sie auf Seite 60 bis 65.

Test 3

6 Min.

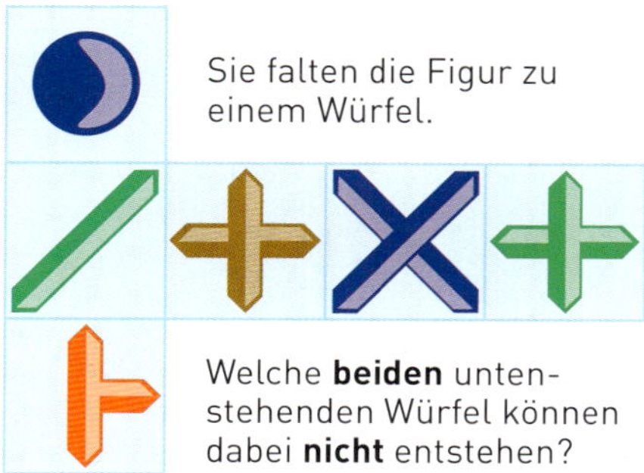

Sie falten die Figur zu einem Würfel.

Welche **beiden** untenstehenden Würfel können dabei **nicht** entstehen?

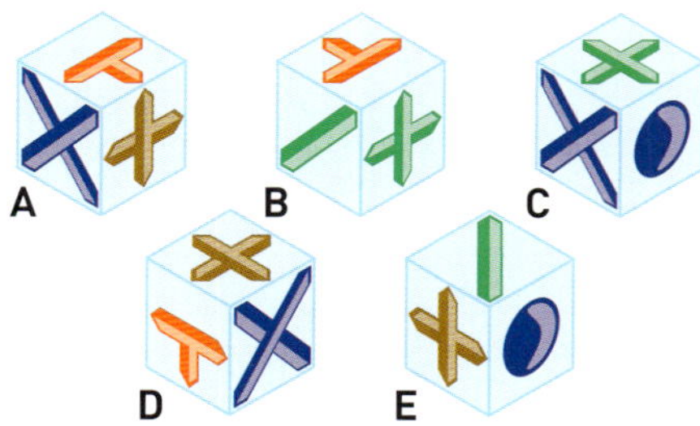

Test 4

6 Min.

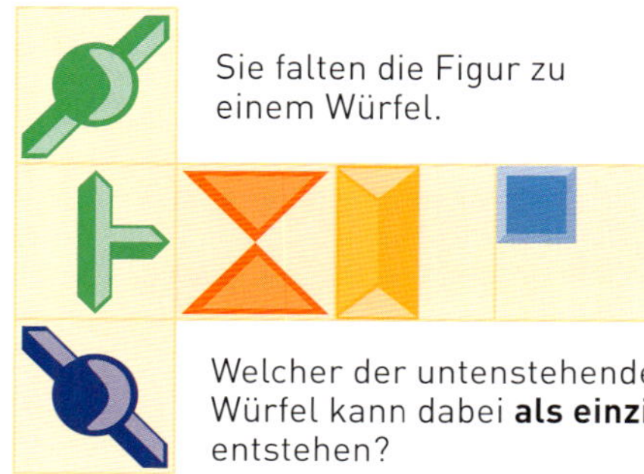

Sie falten die Figur zu einem Würfel.

Welcher der untenstehenden Würfel kann dabei **als einziger** entstehen?

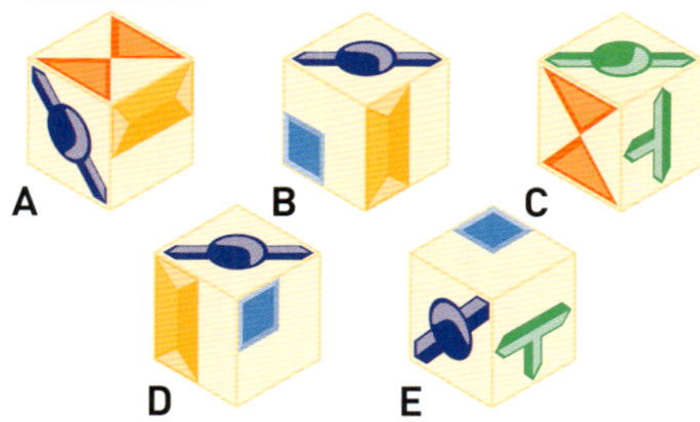

Test 5

6 Min.

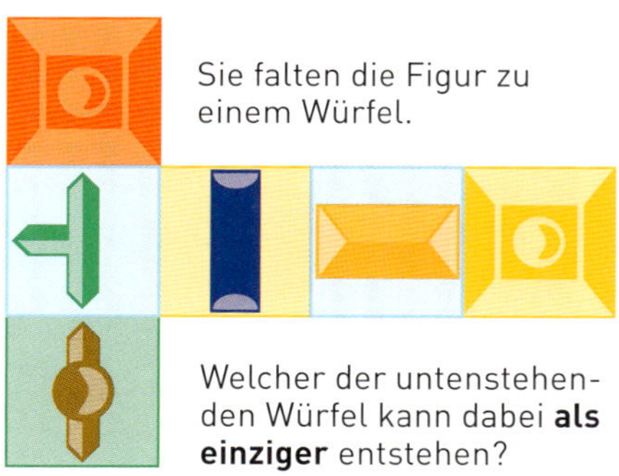

Sie falten die Figur zu einem Würfel.

Welcher der untenstehenden Würfel kann dabei **als einziger** entstehen?

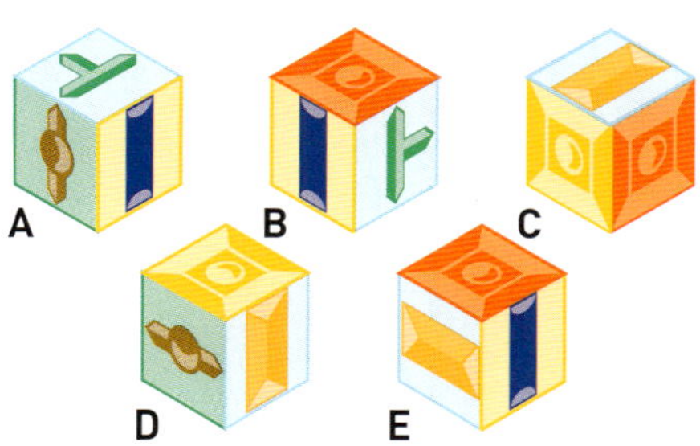

Test 6

6 Min.

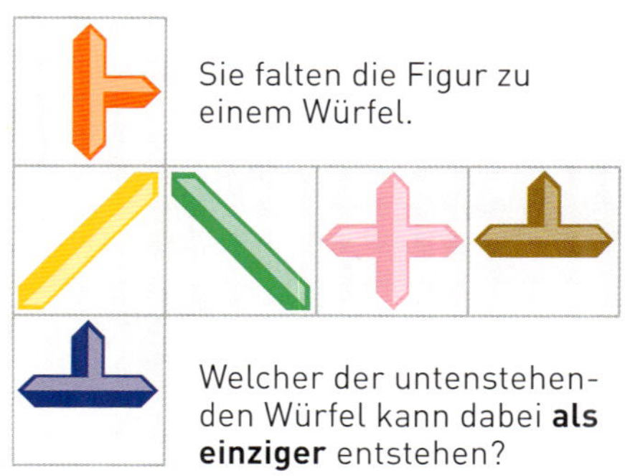

Sie falten die Figur zu einem Würfel.

Welcher der untenstehenden Würfel kann dabei **als einziger** entstehen?

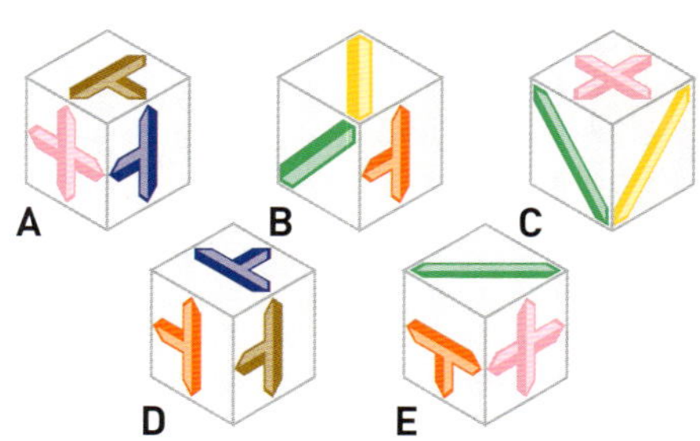

Die Lösungen finden Sie auf Seite 60 bis 65.

Tests: Räumliches Vorstellungsvermögen

6 Min.

Test 7

Sie falten die Figur oben zu einem Würfel. Welcher der nebenstehenden Würfel kann dabei **als einziger** entstehen?

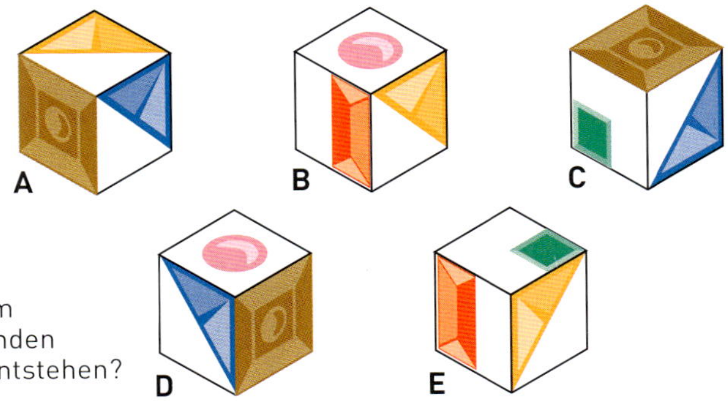

6 Min.

Test 8

Sie falten die Figur oben zu einem Würfel. Welche **beiden** nebenstehenden Würfel können dabei **als einzige** entstehen?

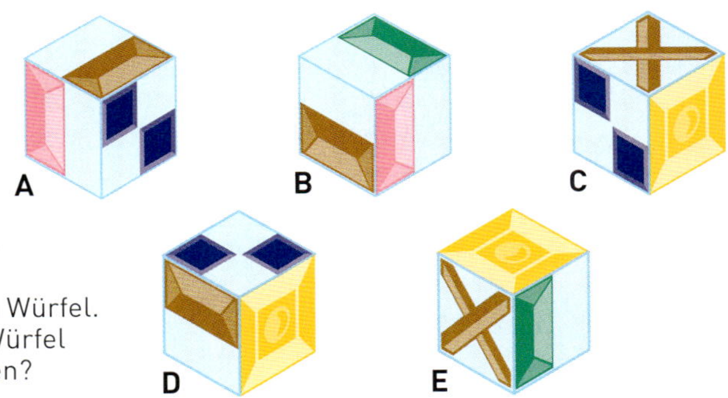

6 Min.

Test 9

Sie falten die Figur oben zu einem Würfel. Welche **beiden** nebenstehenden Würfel können dabei **als einzige** entstehen?

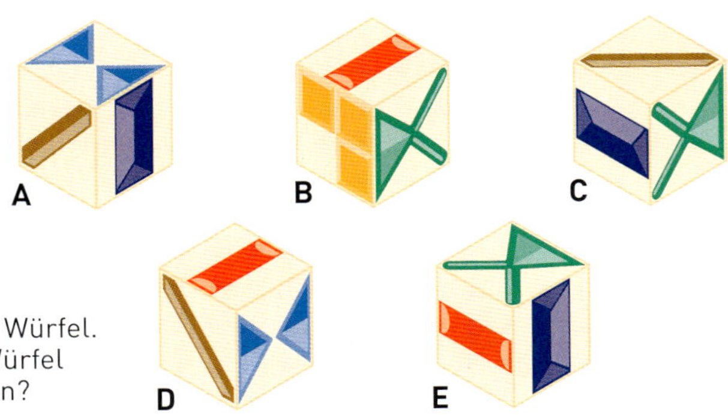

Die Lösungen finden Sie auf Seite 60 bis 65.

Ergänzungstest

Beispiel

Bestimmen Sie bei jedem Test das Teil, welches das Rechteck korrekt vervollständigt. Zum Beispiel:

Lösung:
Teil C vervollständigt das Muster aus abwechselnd roten und gelben Kreisen.

→ Zeitlimit: Maximal 60 Minuten für die Tests 1 bis 10

Test 1

6 Min.

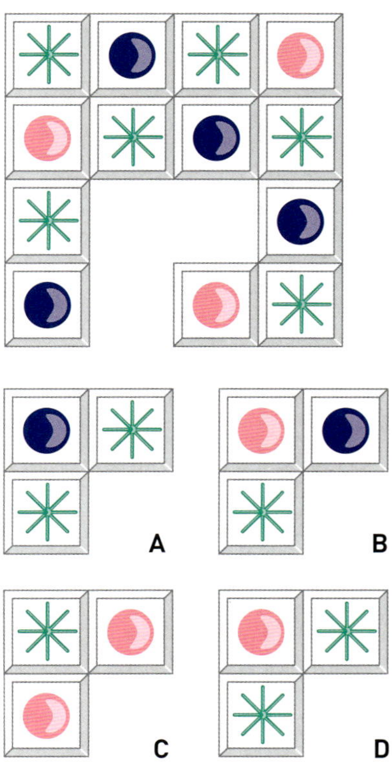

Test 2

6 Min.

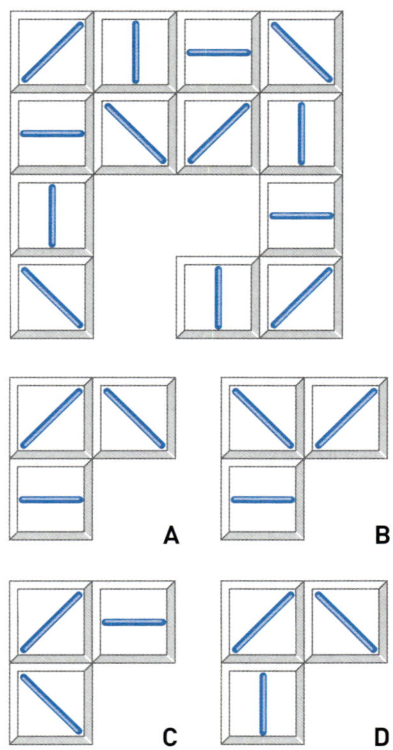

Ergänzungstest

Test 3

6 Min.

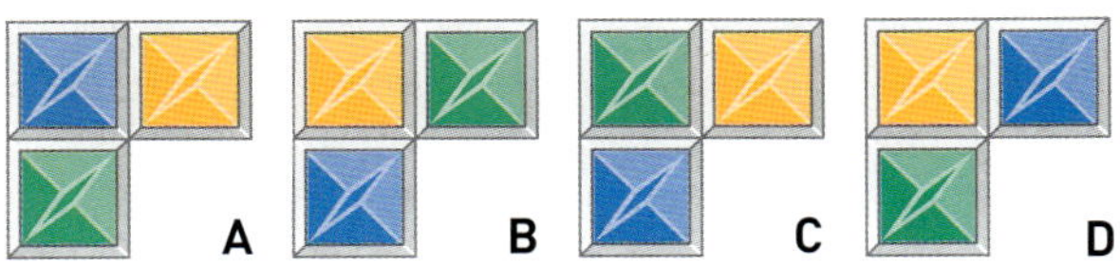

Test 4

6 Min.

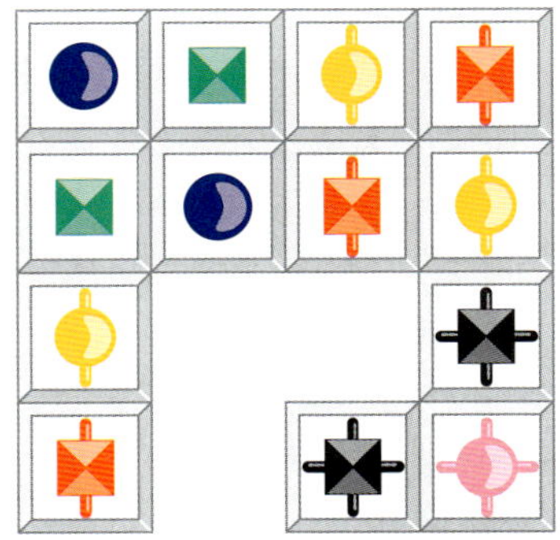

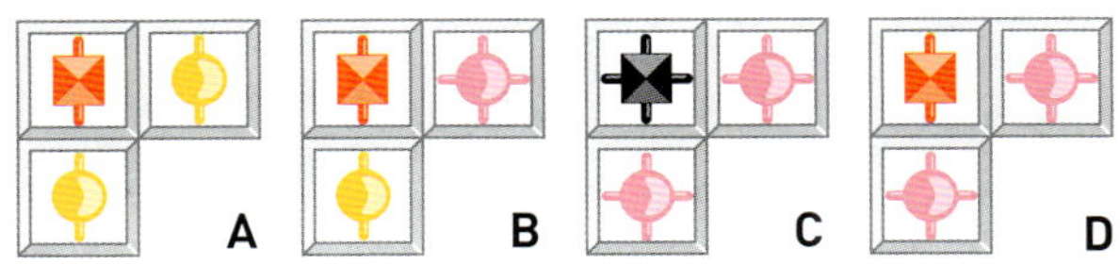

Test 5

6 Min.

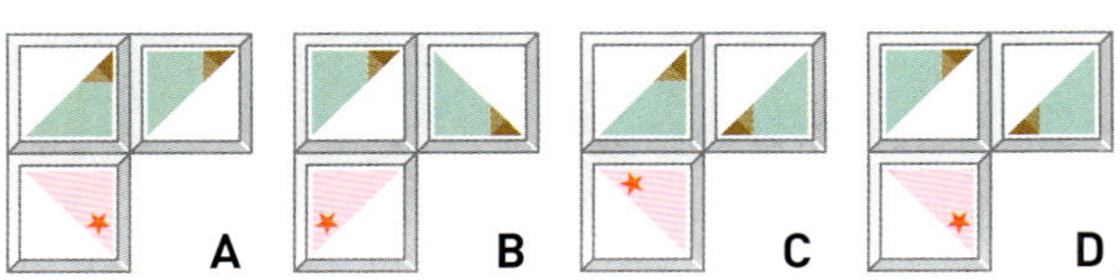

Test 6

6 Min.

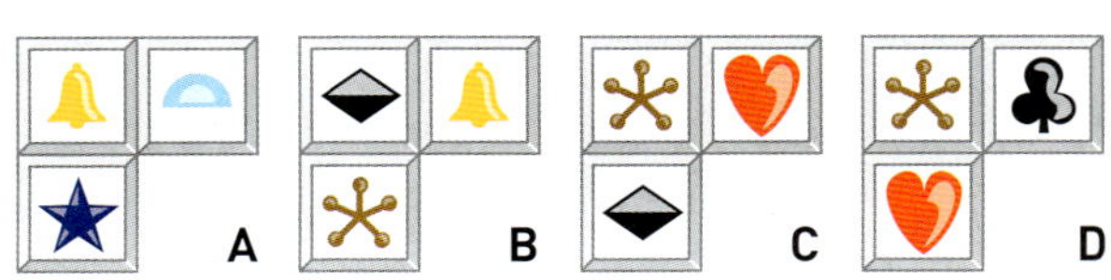

Die Lösungen finden Sie auf Seite 60 bis 65.

Ergänzungstest

Test 7

6 Min.

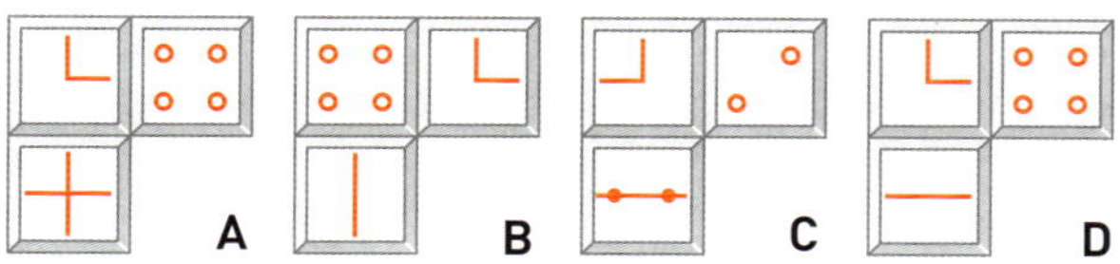

Test 8

6 Min.

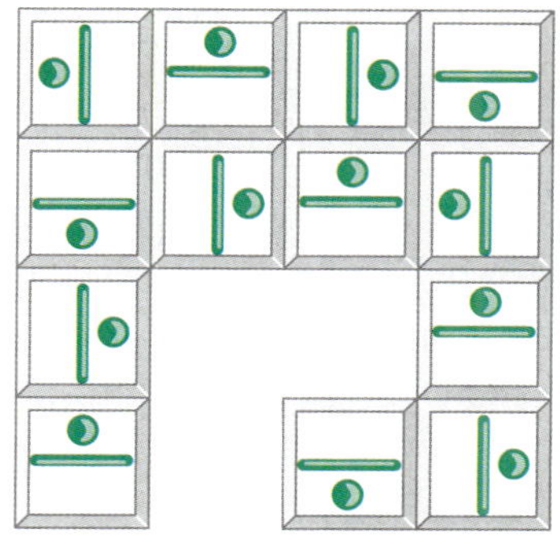

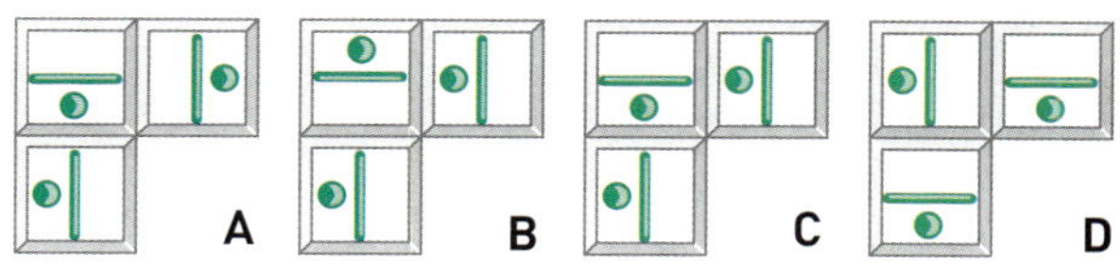

Test 9

6 Min.

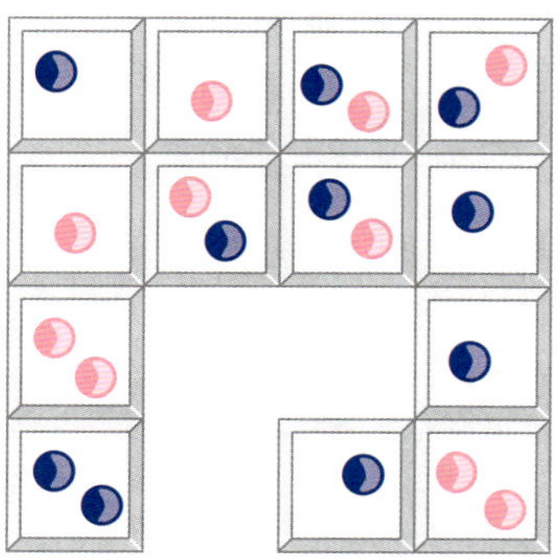

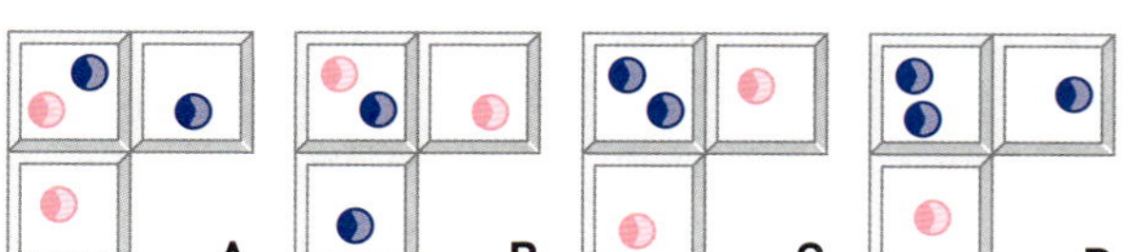

Test 10

6 Min.

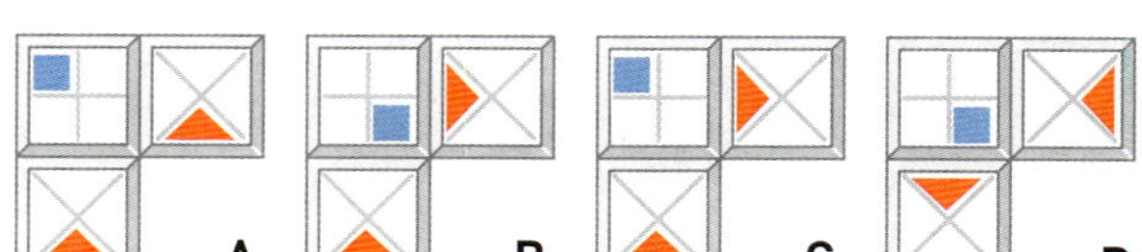

Die Lösungen finden Sie auf Seite 60 bis 65.

Psychometrischer Test 1

Wählen Sie aus den drei zur Auswahl stehenden Antworten diejenige aus, die Ihrer Meinung nach am besten auf Sie zutrifft.

→ Zeitlimit: Maximal 15 Minuten für die Fragen 1 bis 15

15 Min.

1. **Sie fühlen sich am sichersten, wenn Sie**
   a. Entscheidungen mit einem Partner treffen
   b. Anweisungen von einem Fachmann bekommen
   c. selbst entscheiden

2. **Welches Wort beschreibt Sie am besten?**
   a. Flexibel
   b. Versöhnlich
   c. Energisch

3. **Welches Wort gefällt Ihnen am besten?**
   a. Frei
   b. Fair
   c. Berühmt

4. **Was bewundern Sie am meisten?**
   a. Ein großartiges Bauwerk, z. B. das Tadsch Mahal
   b. Natürliche Schönheit, z. B. das Große Barriere-Riff
   c. Eine großartige Opernstimme, z. B. die von Pavarotti

5. **Was gefällt Ihnen auf einem Rummelplatz am besten?**
   a. Autoskooter
   b. Flipperautomat
   c. Geisterbahn

6. **Sie werden um Ihre Geburtsurkunde gebeten. Wie lange brauchen Sie, um sie zu finden?**
   a. Weniger als 5 Minuten
   b. Über 1 Stunde
   c. Weniger als 1 Stunde

7. **Welches Wort beschreibt Sie am besten?**
   a. Intellektuell
   b. Impulsiv
   c. Intuitiv

8. **Was ärgert Sie am meisten?**
   a. Unehrlichkeit
   b. Intoleranz
   c. Frechheit

9. **Wie möchten Sie am liebsten beschrieben werden?**
   a. Als rechtschaffener, gesetzestreuer Bürger
   b. Als großartige Persönlichkeit
   c. Als großer Innovator

10. **Was interessiert Sie am Gärtnern am meisten?**
    a. Gartengestaltung
    b. Die Arbeit mit der Erde
    c. Der Anbau von Pflanzen und Blumen

11. **Welche Aussage trifft Ihre Meinung über die globale Erwärmung am besten?**
    a. Die Natur nimmt ohnehin ihren Lauf.
    b. Die globale Erwärmung wird aufgebauscht.
    c. Wir müssen etwas dagegen tun, bevor es zu spät ist.

12. **Sie bestellen in einem Restaurant ein Menu mit drei Gängen. Was wählen Sie?**
    a. Etwas, was Sie noch nie probiert haben, als ersten Gang
    b. Etwas Neues, das der Ober Ihnen sehr empfiehlt, als Hauptgericht
    c. Eine Ihrer Lieblingsspeisen

13. **Welcher Satz beschreibt Sie am besten?**
    a. Ich halte mich an Regeln.
    b. Ich bin eine Art Rebell.
    c. Mein Motto ist »Leben und leben lassen«.

14. **Welche der folgenden Personen bewundern Sie am meisten?**
    a. Stephen Hawking
    b. Angela Merkel
    c. Bill Gates

15. **Was hat Sie als Kind am meisten fasziniert?**
    a. Puzzles
    b. Comic-Hefte
    c. Kaleidoskope

Die Auswertung finden Sie auf Seite 60 bis 65.

Zahlentest

Beispiel

Bei den folgenden Tests sollen Sie die Zahl finden, welche die Zahlenreihe korrekt fortsetzt. Zum Beispiel:

0, 1, 3, 6, 10, ? Lösung: 15

→ Zeitlimit: Maximal 40 Minuten für die Fragen a bis s

40 Min.

a 100, 101, 103, 107, 115, 122, ?

b 1, 2, 4, 3, 7, 4, ?

c 135, 791, 113, 151, 719, ?

d 1, 2, 4, 7, 8, 10, ?

e 100, 99, 96.5, 92.5, 87, ?

f 10, 10, 11.5, 15, 13, 22.5, 14.5, ?

g 1, 3, 7, 15, 31, ?

h 0, 4, 4, 8, 12, 20, ?

i 0, 1, -1, 0, -2, ?

j 85, 95, 91, 89, 97, 83, 103, ?

k 1.5, 4.5, 13.5, 10.5, 3.5, ?

l 10, 11, 12.1, 13.31, ?

m 18, 9, 10, 2, 4, -3, ?

n 25, 5, 10, 2, 7, ?

o 1, 3, 5, 15, 17, ?

p 100, 80, 70, 65, ?

q 16, 17, 21, 30, 46, ?

r 79, 88, 96, 102, 104, ?

s 12, 30, 75, ?

Die Lösungen finden Sie auf Seite 60 bis 65.

Beispiel

Suchen Sie die Abbildung, die das gezeigte Beispiel widerspiegelt. Zum Beispiel:

verhält sich zu

Lösung:
D. Die schwarze Figur kommt nach vorne.

wie

verhält sich zu

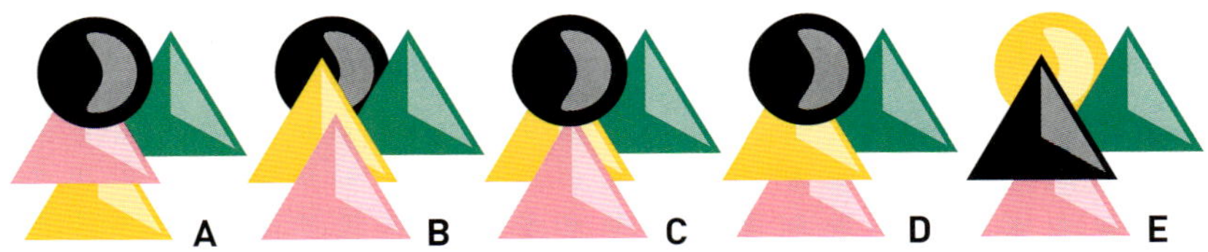

→ Zeitlimit: Maximal 27 Minuten für die Tests 1 bis 9

Test 1

3 Min.

verhält sich zu

wie

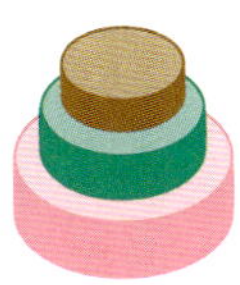

zu

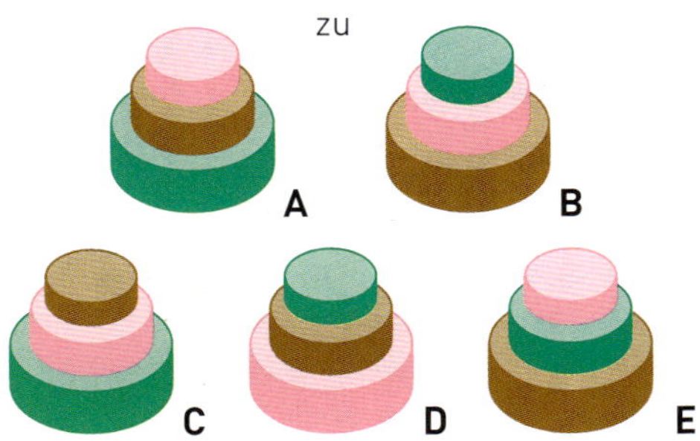

Test 2

3 Min.

verhält sich zu

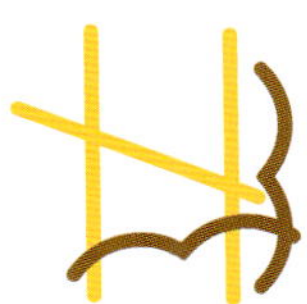

wie

zu

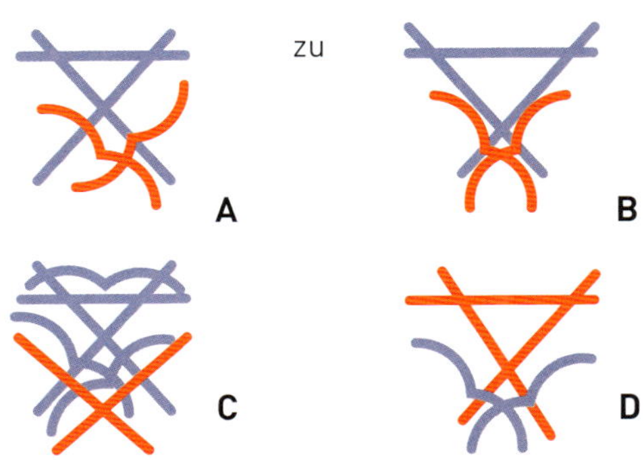

Die Lösungen finden Sie auf Seite 60 bis 65.

Visueller Analogietest

Test 3

3 Min.

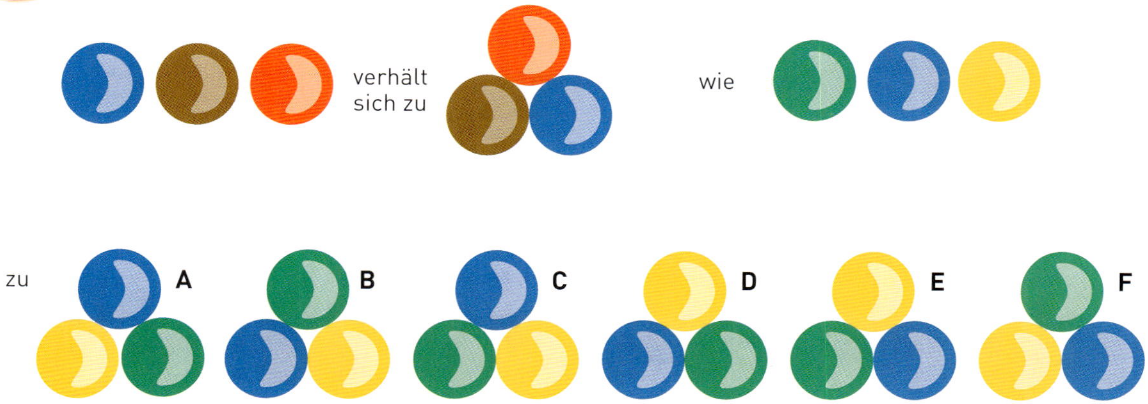

Test 4

3 Min.

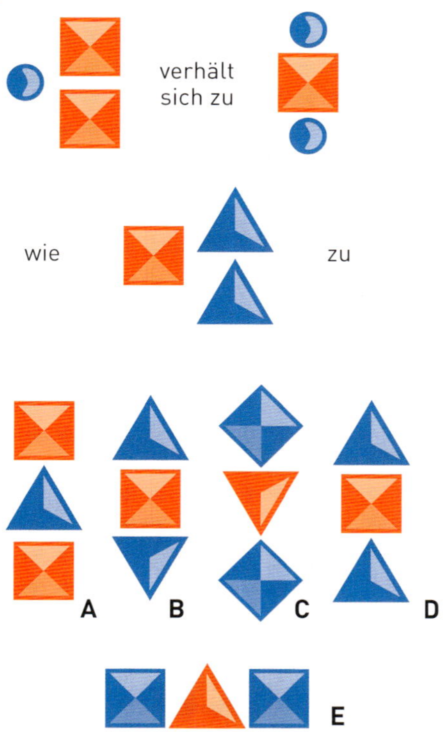

Test 5

3 Min.

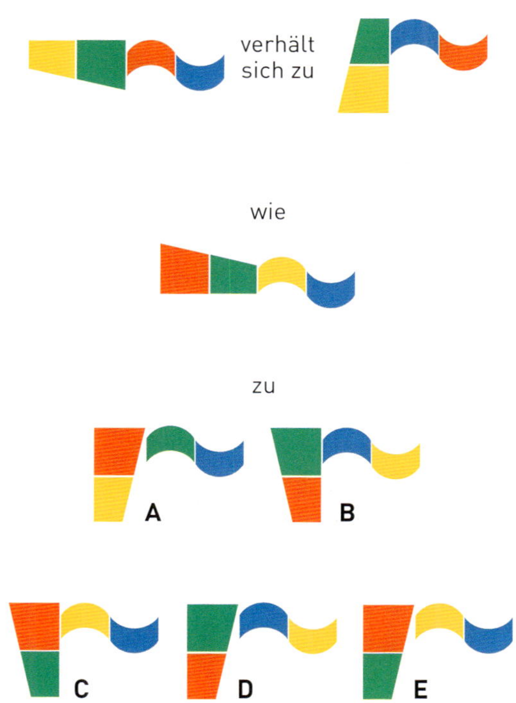

Die Lösungen finden Sie auf Seite 60 bis 65.

Visueller Analogietest

Test 6

3 Min.

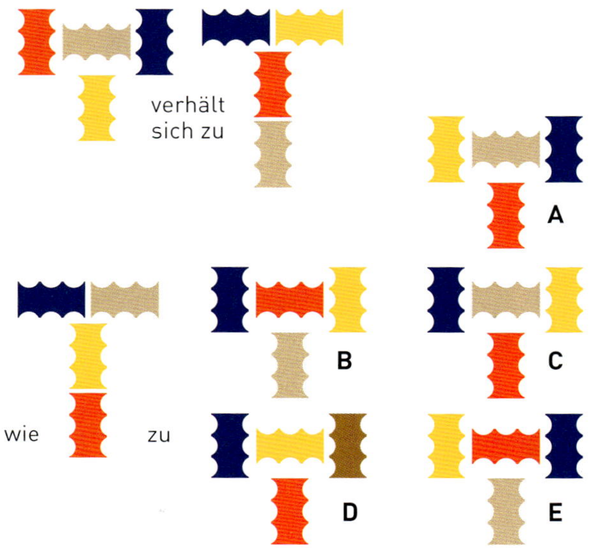

Test 7

3 Min.

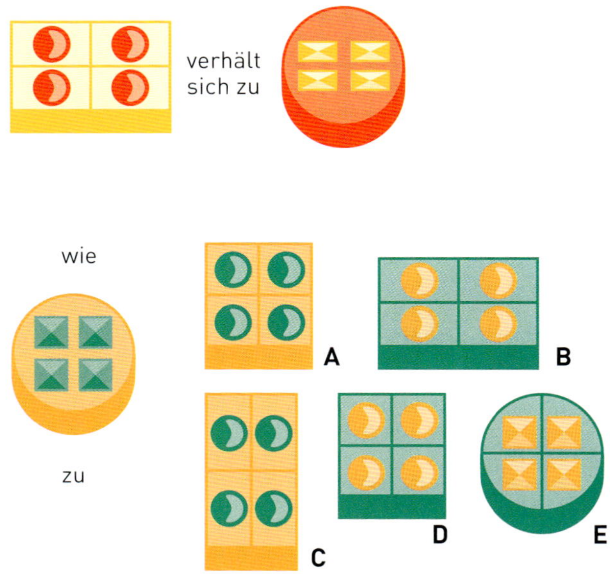

Test 8

3 Min.

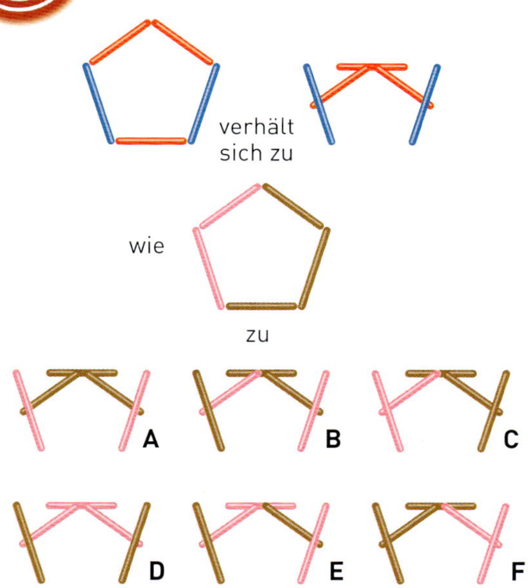

Test 9

3 Min.

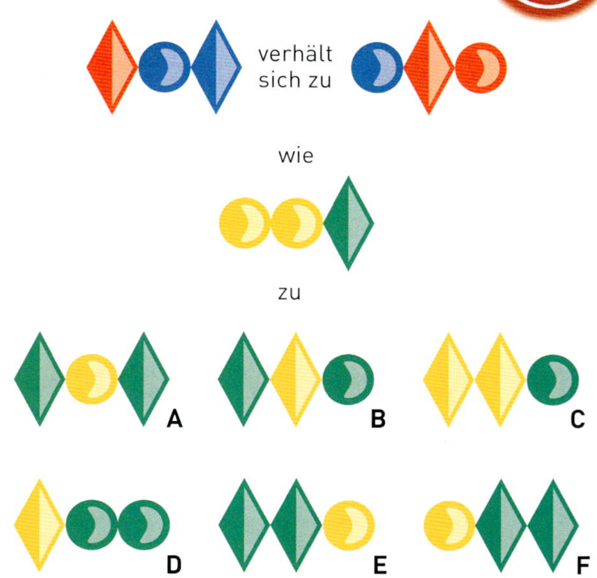

Die Lösungen finden Sie auf Seite 60 bis 65.

Schnelligkeitstest 1

Beispiel

Jede Aussage ist entweder RICHTIG oder FALSCH. Zum Beispiel:

49 Minuten nach 9.00 Uhr ist dasselbe wie 11 Minuten vor 10.00 Uhr. Lösung: RICHTIG

→ Zeitlimit: Maximal 15 Minuten für die Fragen 1 bis 29

15 Min.

1. Man kann das Wort MAGNETISCH schreiben, indem man alle Buchstaben außer einem des Wortes ENIGMATISCH benutzt.
   RICHTIG FALSCH

2. Wenn man das Wort TOP unter das Wort BAD und die Abkürzung DIN unter das Wort TOP schreibt, kann man diagonal das Wort BIN lesen.
   RICHTIG FALSCH

3. Wenn Freitag der dritte Tag des Monats ist, dann ist der nächste Dienstag der siebente Tag des Monats.
   RICHTIG FALSCH

4. Zwei der folgenden Zahlen ergeben zusammen 19: 3, 4, 8, 10, 13, 17
   RICHTIG FALSCH

5. Dieser Satz enthält den Buchstaben e fünf Mal.
   RICHTIG FALSCH

6. Das Wort GEOGRAPHIE kann man mit den ersten Buchstaben der Wörter im folgenden Satz schreiben: *Georg Elsners Oma Gerda randalierte an Pfingsten im Edelrestaurant.*
   RICHTIG FALSCH

7. *Ella rüffelte Detlef für alle* ist ein Satz, den man vorwärts und rückwärts lesen kann.
   RICHTIG FALSCH

8. Die ungeraden Zahlen in der Zahlenfolge 78432169 ergeben zusammen 21.
   RICHTIG FALSCH

9. Der Minutenzeiger einer auf dem Kopf stehenden Uhr zeigt nach links, wenn es Viertel nach eins ist.
   RICHTIG FALSCH

10. Im Alphabet ist der erste Buchstabe vor dem zweiten Buchstaben nach dem Buchstaben F der Buchstabe G.
    RICHTIG FALSCH

11. Die Zahl 717328162 ergibt umgekehrt geschrieben 261823717
    RICHTIG FALSCH

12. Wenn mein Haus von einem Ende der Reihe aus das Zehnte und vom anderen Ende aus das Sechste ist, stehen in der Reihe 17 Häuser.
    RICHTIG FALSCH

→ Fortsetzung auf der nächsten Seite

Die Lösungen finden Sie auf Seite 60 bis 65.

Schnelligkeitstest 1

13. Acht Strauße und sechs Tiger haben 40 Beine.
RICHTIG FALSCH

14. Die Zahl 4 ist um 20 kleiner als die Zahl, die man erhält, wenn man 4 mit 6 multipliziert.
RICHTIG FALSCH

15. Aus den mittleren zwei Buchstaben der Worte ALFRED, STEREO und BLEIBE kann man das Wort FREIER bilden.
RICHTIG FALSCH

16. Wenn ich drei Kilometer nach Norden gehe, dann zwei Kilometer nach rechts und dann zwei Kilometer nach Süden, muss ich zwei Kilometer nach Osten gehen, um wieder meinen Ausgangspunkt zu erreichen.
RICHTIG FALSCH

17. Wenn ich alle Zahlen von 1 bis 20 aufschreibe, steht die Zahl eins zwölf Mal da.
RICHTIG FALSCH

18. Ich habe 100 Euro und verschenke davon 40 Prozent, dann weitere 25 Euro. Jetzt habe ich nur noch 45 Euro.
RICHTIG FALSCH

19. Ein Quadrat mit einer Seitenlänge von 20 cm passt in einen Kreis mit einem Radius von 20 cm.
RICHTIG FALSCH

20. Toni ist kleiner als Anna, und Bernd ist größer als Toni. Darum ist Toni der Kleinste der drei.
RICHTIG FALSCH

21. 1, 3, 7 ,15, ?
Die Zahl 31 ist die logische Fortsetzung der Reihe.
RICHTIG FALSCH

22. Wenn drei Leute einander jeweils mit »Hallo!« begrüßen, wird das Wort hallo sechs Mal ausgesprochen.
RICHTIG FALSCH

23. Der Satz *»Ist Berlin deine Lieblingsstadt?«* enthält den Namen eines Baumes.
RICHTIG FALSCH

24. Ich kenne drei Wege von A nach B und zwei von B nach C. Also kenne ich fünf Wege von A nach C.
RICHTIG FALSCH

25. Wenn ich in den Spiegel schaue und meine Digitaluhr 11 nach 12 anzeigt, ist es in Wirklichkeit 12 nach 11.
RICHTIG FALSCH

26. Zwei der Zahlen 18, 56, 32, 54, 24, 68 ergeben zusammen 100.
RICHTIG FALSCH

27. Man kann ein Dreieck durch zwei Linien in drei kleine Dreiecke teilen.
RICHTIG FALSCH

28. Wenn Sie vier Fünftel von 100 Euro haben und 22 Euro ausgeben, bleiben Ihnen 58 Euro.
RICHTIG FALSCH

29. Der 15. Dezember kommt 35 Tage nach dem 10. November.
RICHTIG FALSCH

Die Lösungen finden Sie auf Seite 60 bis 65.

Psychometrischer Test 2

Wählen Sie aus den drei zur Auswahl stehenden Antworten diejenige aus, die Ihrer Meinung nach am besten auf Sie zutrifft.

→ Zeitlimit: Maximal 15 Minuten für die Fragen 1 bis 15

15 Min.

1. **Halten Sie sich für rücksichtslos?**
   a. Nein, ich kann rücksichtlose Leute nicht leiden.
   b. Vielleicht ein bisschen.
   c. Ja, wenn ich etwas unbedingt haben will.

2. **Welcher der folgenden historischen Persönlichkeiten würden Sie am liebsten die Hand schütteln und sie beglückwünschen?**
   a. Mutter Teresa
   b. Otto von Bismarck
   c. Jesse James

3. **Angenommen, zwei Kollegen streiten sich lautstark. Was tun Sie?**
   a. Ich schaue nicht hin und mische mich nicht ein.
   b. Wenn es vernünftig erscheint, versuche ich vielleicht, sie zu beruhigen.
   c. Ich mische mich fast immer ein – entweder streite ich mit, oder ich versuche, die Streithähne zu beruhigen.

4. **Was halten Sie von dem Sprichwort *Angriff ist die beste Verteidigung*?**
   a. Ich bin ganz anderer Meinung.
   b. Manchmal trifft es zu.
   c. Es ist meist die beste Lösung.

5. **Wie oft verlieren Sie die Selbstbeherrschung?**
   a. Nie
   b. Bis zu vier Mal im Jahr
   c. Öfter als vier Mal im Jahr

6. **Sie fahren Auto, und ein anderer Fahrer verwickelt Sie beinahe in einen Unfall. Was tun Sie?**
   a. Ich zucke mit den Schultern und bin froh, dass es keinen Unfall gab.
   b. Ich schimpfe auf den anderen.
   c. Ich gestikuliere oder schreie den anderen Fahrer an, damit er weiß, was ich von ihm halte.

7. **Würden Sie unter bestimmten Umständen zur Gewalt greifen?**
   a. Nie
   b. Vielleicht
   c. Ja

8. **Wie oft benutzen Sie gemäßigte Kraftausdrücke?**
   a. Nie oder gelegentlich
   b. Ziemlich oft
   c. Sehr oft

9. **Sind Sie je mit geballten Fäusten herumgelaufen?**
   a. Nicht, dass ich wüsste
   b. Gelegentlich, wenn ich verspannt oder verärgert bin
   c. Ja

10. **Was halten Sie von folgender Aussage: *Aggressives Verhalten ist als Mittel zum Zweck manchmal notwendig*?**
    a. Ich bin ganz anderer Meinung.
    b. Es mag in bestimmten Situationen stimmen.
    c. Es stimmt.

11. **Wie oft benutzen Sie heftige Flüche?**

    a. Nie
    b. Gelegentlich
    c. Öfter mal

12. **Sie sind im Kino und können zwischen drei Filmen wählen. Welchen sehen Sie sich an?**
    a. Meine Lieder, meine Träume
    b. Mamma Mia – Musical von ABBA
    c. Einen Psychothriller

13. **Jemand spielt Ihnen einen wirklich üblen Streich. Was tun Sie?**
    a. Ich frage mich, warum er es getan hat, und gehe dann zur Tagesordnung über.
    b. Ich stelle ihn und frage ihn nach dem Grund.
    c. Ich versuche, es ihm heimzuzahlen.

14. **Wie oft stellen Sie Ihr Verhalten in Frage oder analysieren es?**
    a. Oft
    b. Manchmal
    c. Selten

15. **Wie oft lassen Sie Ihren Ärger an einer wenig hilfsbereiten Verkäuferin aus?**
    a. Sehr selten oder nie
    b. Gelegentlich
    c. Öfter mal

Die Lösungen finden Sie auf Seite 60 bis 65.

Visueller Zuordnungstest

Beispiel

Betrachten Sie in jedem Test genau die Kästchen und suchen Sie die Gemeinsamkeit. Zum Beispiel:

In welchem der fünf Kästchen unten würde ein hinzugefügter Punkt die gleichen Bedingungen erfüllen wie im Kästchen links?

A B C D E

Lösung: C. Der Punkt befindet sich im Dreieck und in einem Kreis.

→ Zeitlimit: Maximal 27 Minuten für die Tests 1 bis 9

Test 1

3 Min.

In welchem der folgenden Kästchen würde ein hinzugefügter Punkt die gleichen Bedingungen erfüllen wie im Kästchen links?

A B C D E

Test 2

3 Min.

Welches der untenstehenden Kästchen hat mit dem Kästchen links am meisten gemeinsam?

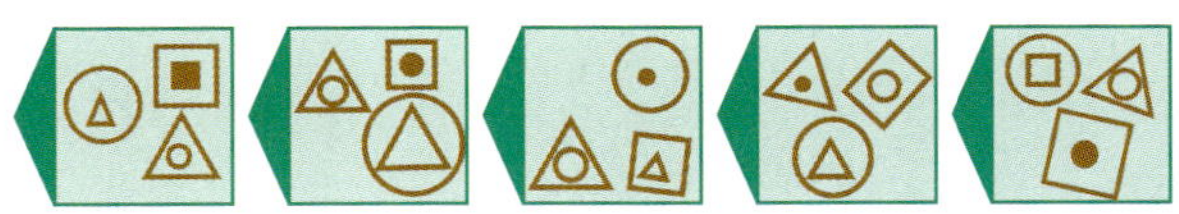

A B C D E

Test 3

3 Min.

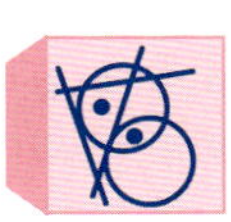

In welchem der folgenden Kästchen würde ein hinzugefügter Punkt bewirken, dass beide Punkte die gleichen Bedingungen erfüllen wie im Kästchen links?

A B C D E

Test 4

3 Min.

Welches der untenstehenden Kästchen hat mit dem Kästchen links am meisten gemeinsam?

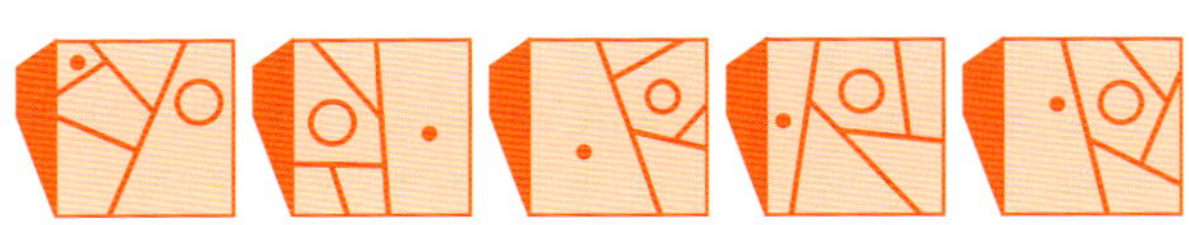

A B C D E

 Die Lösungen finden Sie auf Seite 60 bis 65.

Visueller Zuordnungstest

3 Min.

Test 5

In welchem der folgenden Kästchen würde ein hinzugefügter Punkt bewirken, dass beide Punkte die gleichen Bedingungen erfüllen wie im Kästchen links?

A B C D E

Test 6

3 Min.

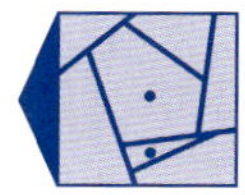

In welchem der folgenden Kästchen würde ein hinzugefügter Punkt bewirken, dass beide Punkte die gleichen Bedingungen erfüllen wie im Kästchen links?

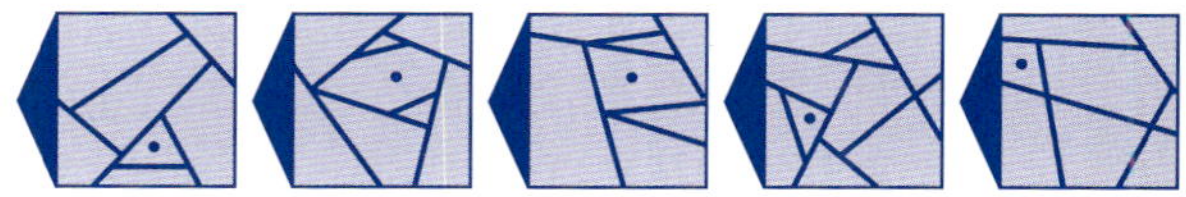

A B C D E

3 Min.

Test 7

In welchem der folgenden Kästchen würde ein hinzugefügter Punkt bewirken, dass beide Punkte die gleichen Bedingungen erfüllen wie im Kästchen links?

A B C D E

3 Min.

Test 8

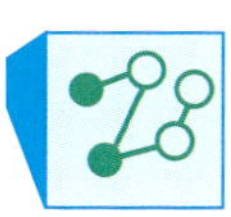

Welches der untenstehenden Kästchen hat mit dem Kästchen links am meisten gemeinsam?

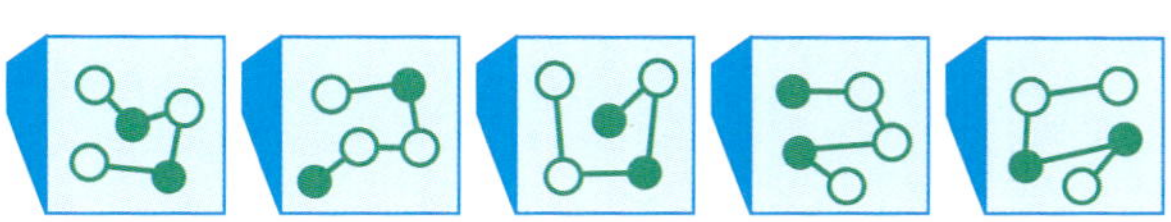

A B C D E

Test 9

3 Min.

Welches der untenstehenden Kästchen hat mit dem Kästchen links am meisten gemeinsam?

A B C D E

Die Lösungen finden Sie auf Seite 60 bis 65.

Kleine Rätseltests

Beispiel

Welche vier Zahlen ersetzen die Fragezeichen?

9	8	7	3	9
3	7	8	?	?
7	3	9	?	?
8	9	3	7	8
9	8	7	3	9

Lösung:

9	3
8	7

→ Zeitlimit: Maximal 56 Minuten für die Tests 1 bis 14

Test 1

4 Min.

Welche Zahl ersetzt das Fragezeichen?

		13		
				25
	?			
			44	
51				

Test 2

4 Min.

3829 verhält sich zu 2398 wie 5672 zu 7526

wie 1534 zu ?

Test 3

4 Min.

Was haben die folgenden Namen gemeinsam?

Milford Haven
Ludwigshafen
Westmorland
Schweiz
Persischer Golf
Glastonbury
Charleston

Test 4

4 Min.

Ein Mann befindet sich allein auf einer Insel. Er hat keine Nahrung, kein Wasser und kein Transportmittel. Trotzdem macht er sich keine Sorgen. Warum?

Test 5

4 Min.

5
7 9
10 4 8
4 7 10 3
7 10 4 7 ?

Welche Zahl ersetzt das Fragezeichen?

Test 6

4 Min.

Vor drei Jahren besuchte ich Pasadena, vor zwei Jahren Adelaide, und vor einem Jahr verlor ich mein ganzes Geld in Las Vegas. Nächstes Jahr möchte ich entweder Anglesey in Wales, Veracruz in Mexiko oder Thailand besuchen. Wofür werde ich mich Ihrer Meinung nach entscheiden?

Test 7

4 Min.

Welche Zahl ersetzt das Fragezeichen?

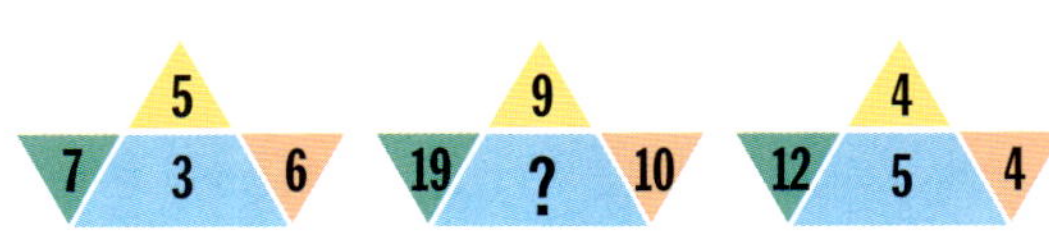

Die Lösungen finden Sie auf Seite 60 bis 65.

Kleine Rätseltests

Test 8

4 Min.

Welche Zahl ersetzt das Fragezeichen?

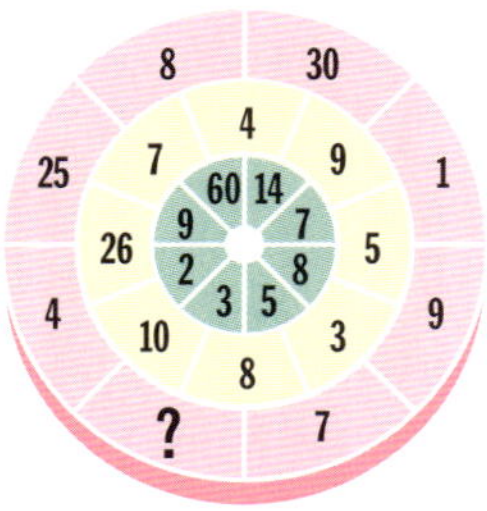

Test 9

4 Min.

Welche Symbole ersetzen das Fragezeichen?

Test 10

4 Min.

Welche Zahl ersetzt das Fragezeichen?

7564928

4928756

8756492

?

Test 11

4 Min.

Welche Zahl ersetzt das Fragezeichen?

21.3, 21.9, 23.1, 23.7, 24.9, 26.4, ?

Test 12

4 Min.

I L A

Welcher Buchstabe vervollständigt die obige Reihe?

Test 13

4 Min.

Welcher Buchstabe ersetzt das Fragezeichen?

Test 14

4 Min.

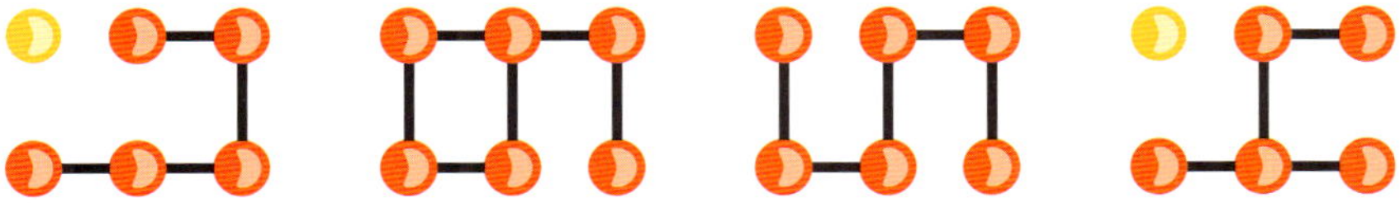

Welches ist die nächste Figur in der obigen Reihe?

Die Lösungen finden Sie auf Seite 60 bis 65.

Beispiel

Nutzen Sie Ihren Wortschatz, um die Testfragen zu lösen. Zum Beispiel:

Welches Wort in Klammern kommt in seiner Bedeutung dem mit Großbuchstaben geschriebenen Wort am nächsten?

STREIT (Wahrnehmung, Atrophie, Bangigkeit, Zwist) Lösung: Zwist

→ Zeitlimit: Maximal 20 Minuten für die Fragen 1 bis 19

20 Min.

1. **Welche beiden Wörter sind hinsichtlich ihrer Bedeutung am gegensätzlichsten?**
   Irrational, angenehm, eingeweiht, weise, wahrnehmbar
2. **Welche beiden Wörter sind hinsichtlich ihrer Bedeutung am ähnlichsten?**
   Wandel, Klischee, tilgen, Vorurteil, Identität
3. **Welches Wort in der Klammer bedeutet das Gegenteil des mit Großbuchstaben geschriebenen Wortes?**
   PLAUSIBEL (geschickt, unglaubwürdig, banal, feindselig)
4. **Welche beiden Wörter sind hinsichtlich ihrer Bedeutung am ähnlichsten?**
   Intention, Tranquilizer, Skizze, Sedativ, Progression
5. **Welches Wort in der Klammer bedeutet das Gegenteil des mit Großbuchstaben geschriebenen Wortes?**
   KOMPLEX (geplant, einfach, willentlich, sicher)
6. **Welches Wort in der Klammer kommt in seiner Bedeutung dem mit Großbuchstaben geschriebenen Wort am nächsten?**
   GASTGEBER (Individuum, Myriade, Freund, Gespenst)
7. **Welche beiden Wörter sind hinsichtlich ihrer Bedeutung am gegensätzlichsten?**
   Fehlerhaft, weitschweifig, mitreißend, makellos, kultiviert
8. **Welches Wort in der Klammer ist im Vergleich zu dem mit Großbuchstaben geschriebenen Wort am gegensätzlichsten?**
   UNBERÜHRT (schlicht, heilig, typisch, unrein, sakrosankt)
9. **Welche beiden Wörter sind ihrer Bedeutung nach am ähnlichsten?**
   Glanz, Elan, Imponiergehabe, Eifer, Trägheit, Glaube
10. **Welches Wort in der Klammer ist dem mit Großbuchstaben geschriebenen Wort am ähnlichsten?**
    EMPIRISCH (pragmatisch, mächtig, eindeutig, begeistert, beliebt)
11. **Welches Wort in der Klammer ist dem mit Großbuchstaben geschriebenen Wort am gegensätzlichsten?**
    NEGIEREN (achten, bestätigen, konstruieren, transzendieren)
12. **Welche beiden Wörter sind sich ihrer Bedeutung nach am ähnlichsten?**
    Akut, gespannt, beteiligt, ungeduldig, ähnlich
13. **Welche beiden Wörter sind ihrer Bedeutung nach am gegensätzlichsten?**
    Nachgeben, dulden, umfassen, planen, hinauszögern, tadeln
14. **Welches Wort in der Klammer ist dem mit Großbuchstaben geschriebenen Wort am ähnlichsten?**
    KLEBRIG (reichlich, düster, viskös, gierig, blass)
15. **Welche beiden Wörter sind ihrer Bedeutung nach am gegensätzlichsten?**
    Autokratisch, gellend, schmerzlos, wohlklingend, feindselig, ephemer
16. **Welches Wort in der Klammer ist dem mit Großbuchstaben geschriebenen Wort am gegensätzlichsten?**
    GERISSEN (tolerant, hochnäsig, fair, vorsichtig, erfinderisch)
17. **Welches Wort in der Klammer ist dem mit Großbuchstaben geschriebenen Wort am ähnlichsten?**
    MÜRRISCH (zäh, pikiert, bekömmlich, rasend, hartnäckig)
18. **Welches Wort in der Klammer ist dem mit Großbuchstaben geschriebenen Wort am gegensätzlichsten?**
    VITAL (destruktiv, redundant, schwach, bösartig)
19. **Welche beiden Wörter sind ihrer Bedeutung nach am gegensätzlichsten?**
    Pur, königlich, rosig, knapp, fahl, fein

 Die Lösungen finden Sie auf Seite 60 bis 65.

Visueller Sequenztest

Beispiel

Wählen Sie bei den folgenden Tests die Figur aus, welche die Reihe fortsetzt.
Zum Beispiel:

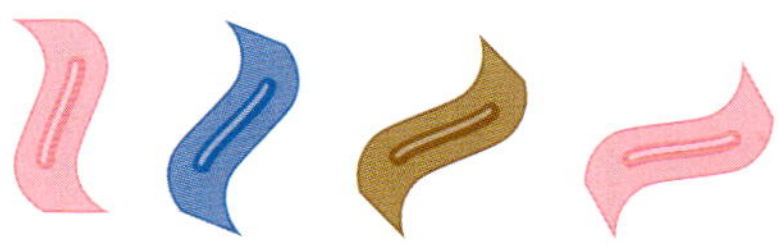

Was kommt als Nächstes?

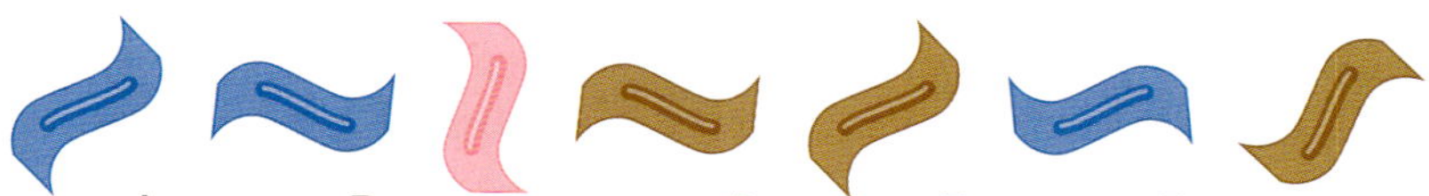

A B C D E F G

Lösung:
B. Die Figur kippt immer weiter nach vorn, und die Reihefolge der Farben lautet rosa, blau, braun.

→ Zeitlimit: Maximal 27 Minuten für die Tests 1 bis 9

Test 1

3 Min.

Was kommt als Nächstes?

A B C D E

Test 2

3 Min.

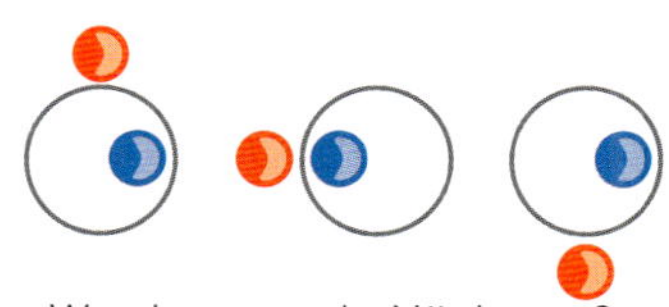

Was kommt als Nächstes?

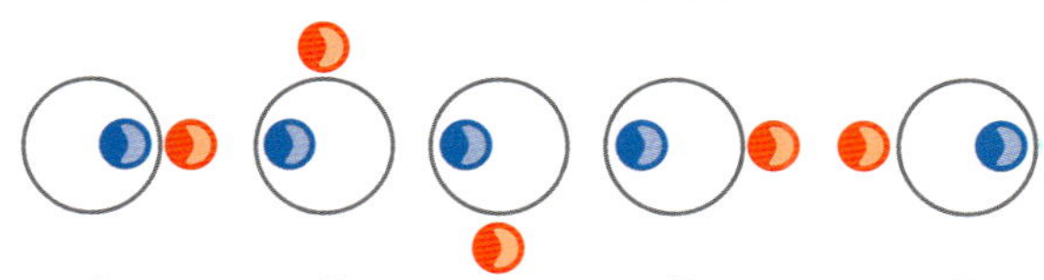

A B C D E

Test 3

3 Min.

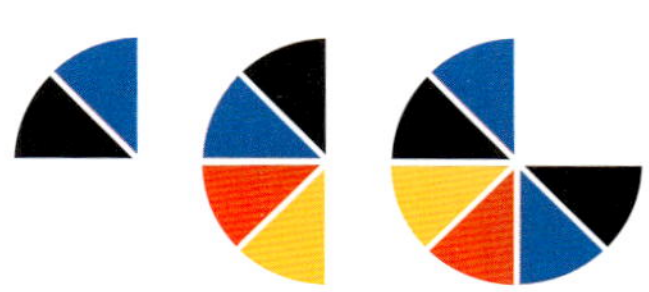

Was kommt als Nächstes?

A B C

Test 4

3 Min.

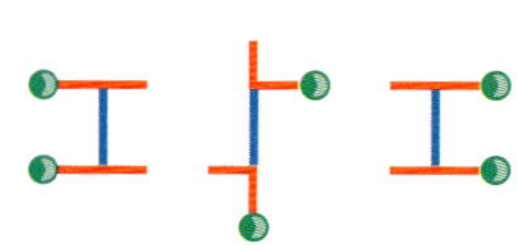

Was kommt als Nächstes?

A B C D E

Die Lösungen finden Sie auf Seite 60 bis 65.

Visueller Sequenztest

Test 5

3 Min.

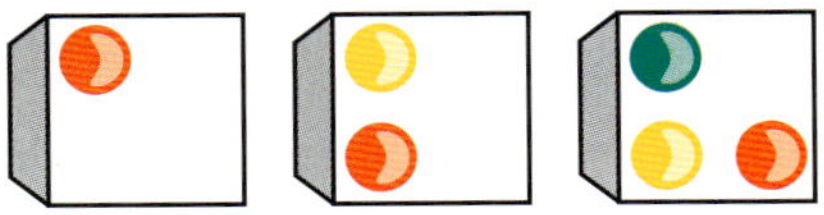

Was kommt als Nächstes?

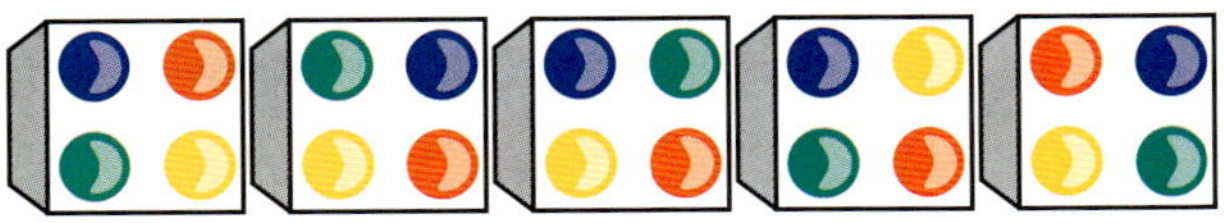

A B C D E

Test 6

3 Min.

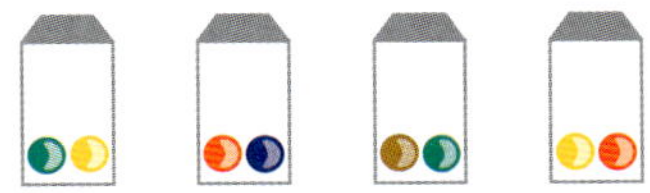

Was kommt als Nächstes?

A B C D E F G

Test 7

3 Min.

Was kommt als Nächstes?

A B C D E

Test 8

3 Min.

Was kommt als Nächstes?

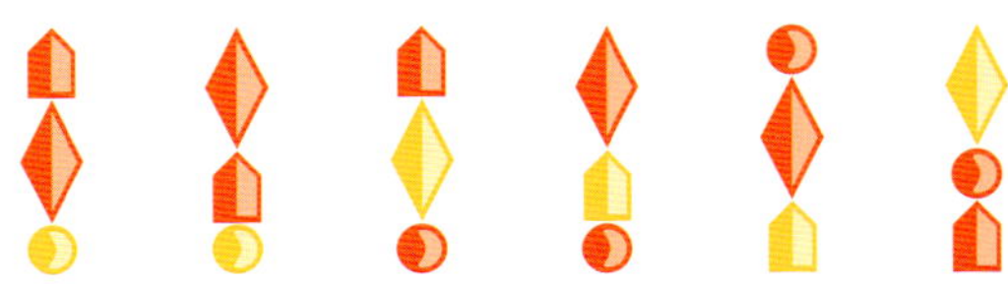

A B C D E F

Test 9

3 Min.

Was kommt als Nächstes?

A B C D E

Die Lösungen finden Sie auf Seite 60 bis 65.

Visueller Formentest

Beispiel

Setzen Sie bei den folgenden Tests die erforderliche Anzahl von Teilen so zusammen, dass die gewünschte Form entsteht. Zum Beispiel:

Welche drei dieser vier Teile bilden zusammengefügt ein Quadrat?

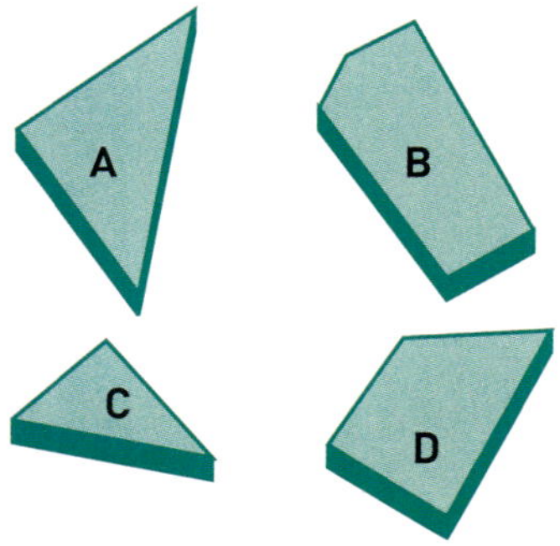

Lösung:

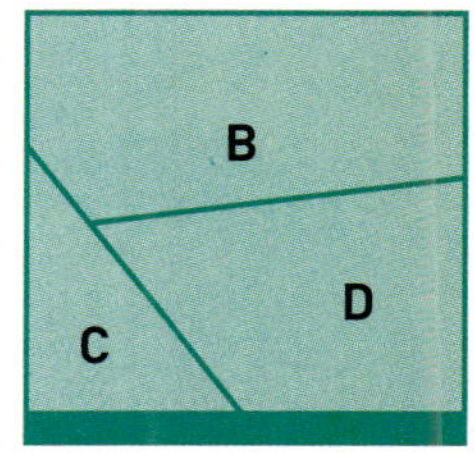

→ Zeitlimit: Maximal 54 Minuten für die Tests 1 bis 9

Test 1

6 Min.

Welche drei dieser vier Teile bilden zusammengefügt ein Quadrat?

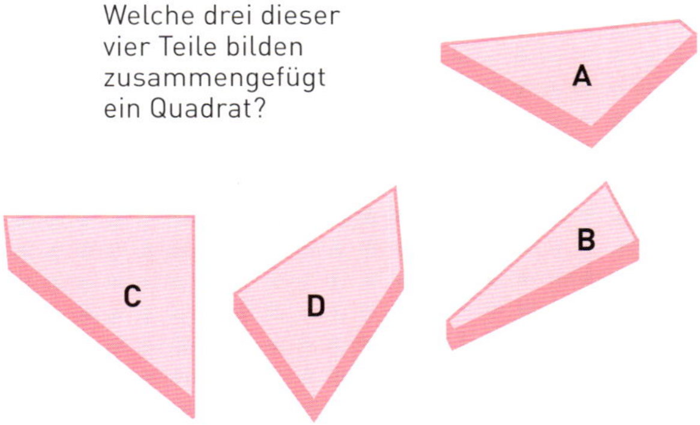

Test 2

6 Min.

Welche drei dieser vier Teile bilden zusammengefügt ein Quadrat?

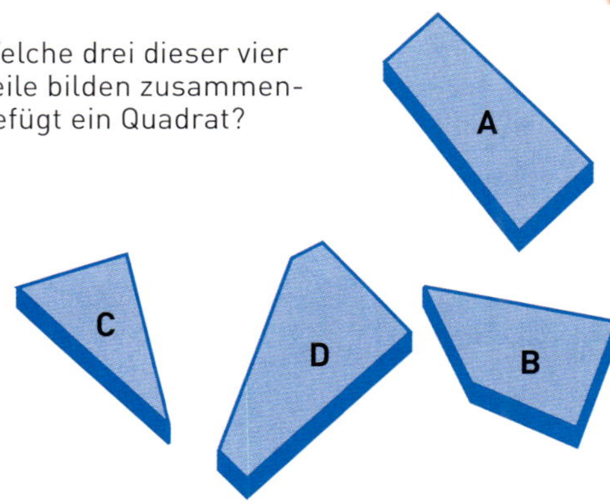

Test 3

6 Min.

Welche vier dieser fünf Teile bilden zusammengefügt ein Quadrat?

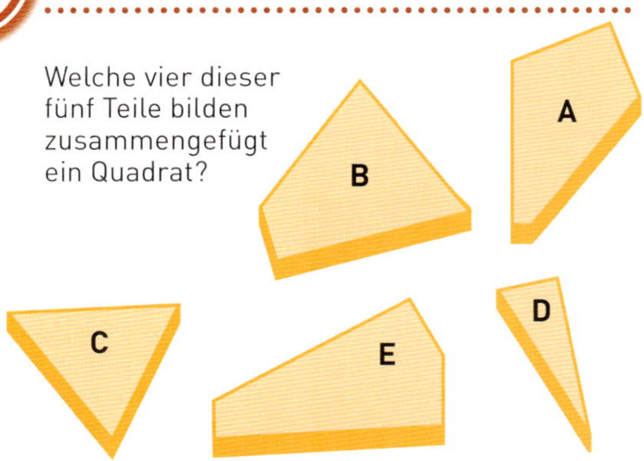

Test 4

6 Min.

Welche vier dieser fünf Teile bilden zusammengefügt ein Quadrat?

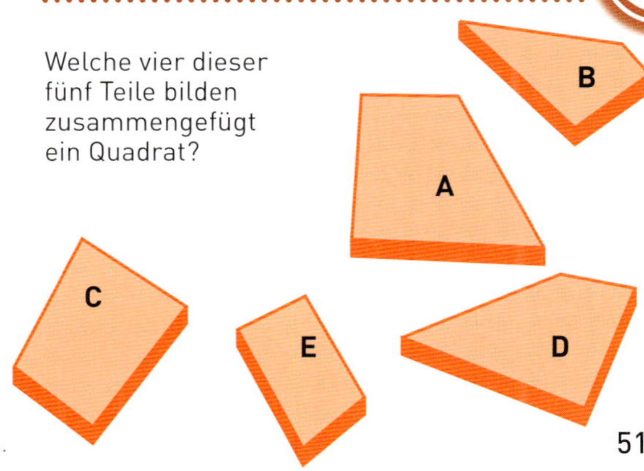

Die Lösungen finden Sie auf Seite 60 bis 65.

Visueller Formentest

Test 5

6 Min.

Welche drei dieser vier Teile bilden zusammengefügt einen Kreis?

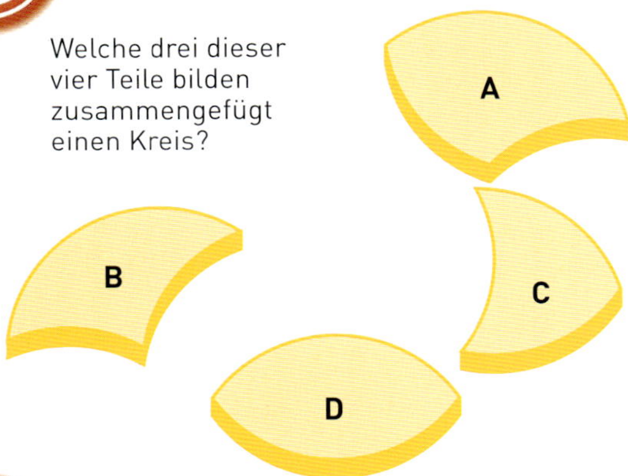

Test 6

6 Min.

Welche vier dieser fünf Teile bilden zusammengefügt einen Kreis?

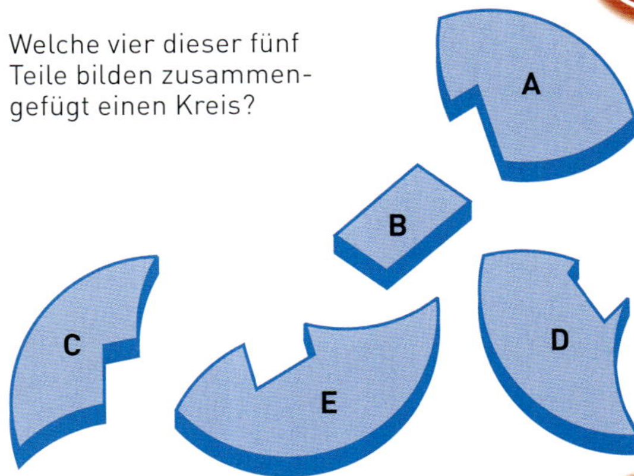

Test 7

6 Min.

Welches der unten abgebildeten Teile bildet mit dem rechts stehenden Teil ein Quadrat?

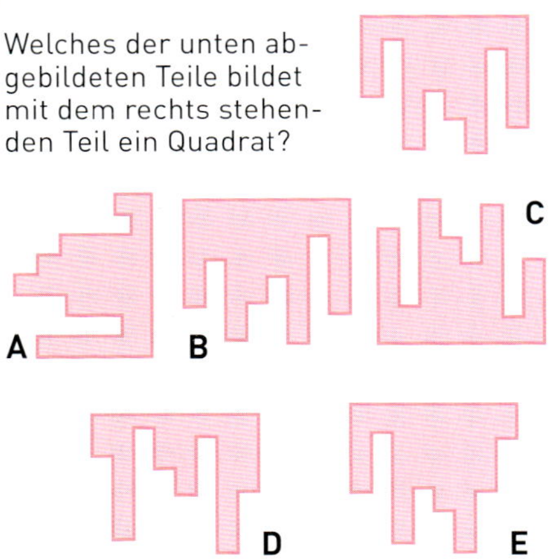

Test 8

6 Min.

Welches der unten abgebildeten Teile bildet mit dem rechts stehenden Teil ein Quadrat?

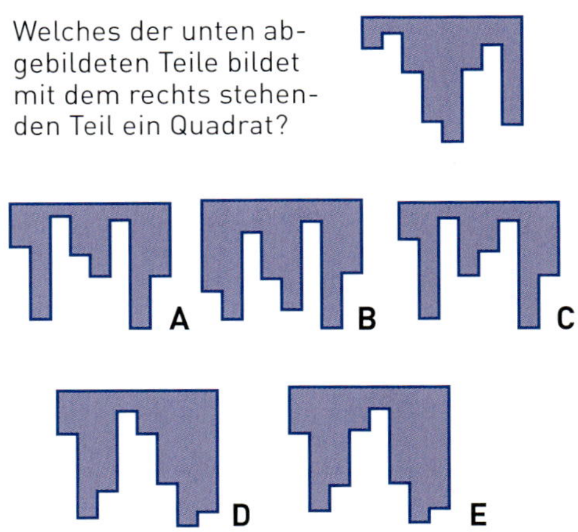

Test 9

6 Min.

Welche vier dieser fünf Teile bilden zusammengefügt einen Würfel?

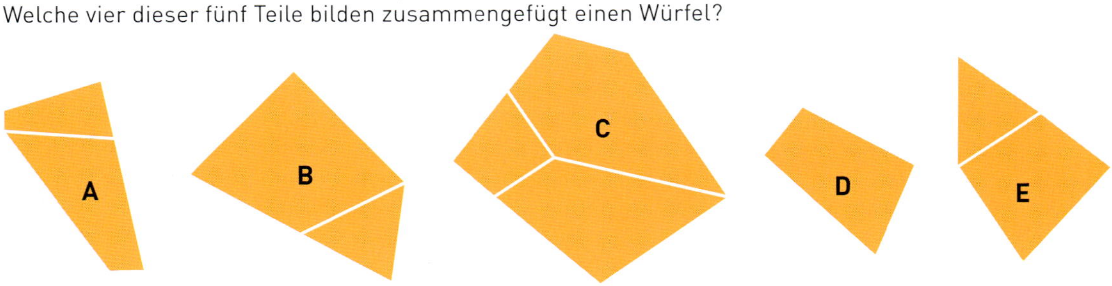

Die Lösungen finden Sie auf Seite 60 bis 65.

Wortdefinitionstest

Beispiel

Bei jeder der folgenden Übungen wird das Stichwort definiert. Wählen Sie die richtige Definition aus.

Zum Beispiel:

Saturnalien
a. Düsterkeit
b. Passivität
c. Festlichkeit
d. Stärke

Lösung:
c. Festlichkeit

15 Min.

→ Zeitlimit: Maximal 15 Minuten für die Tests 1 bis 19

1. **Epigramm**
   a. Typische Eigenschaft
   b. Namenszeichen
   c. Sinngedicht
   d. Medizinisches Gerät

2. **Ephemer**
   a. Krankhaft
   b. Flüchtig
   c. Weibisch
   d. Rachsüchtig

3. **Skrupel**
   a. Zweifel
   b. Unsicherheit
   c. Boshaftigkeit
   d. Bedenken

4. **Verwegen**
   a. Unvorsichtig
   b. Flott
   c. Unbeliebt
   d. Falsch

5. **Immission**
   a. Einwirken von Schadstoffen
   b. Einreiseerlaubnis
   c. Kirchliches Hilfswerk
   d. Wichtige Aufgabe

6. **Hypothetisch**
   a. Mutmaßlich
   b. Falsch
   c. Unwahrscheinlich
   d. Symbolisch

7. **Subkutan**
   a. Unter dem Umhang
   b. Unter der Haut
   c. Auf dem Meeresgrund
   d. Unterwürfig

8. **Renitent**
   a. Flink
   b. Widerspenstig
   c. Rechnerisch
   d. Fließend

9. **Spasmus**
   a. Witz
   b. Maisbrei
   c. Virenart
   d. Krampf

10. **Nut**
    a. Fuge
    b. Mulde
    c. Spitze
    d. Grat

11. **Hallus**
    a. Echo
    b. Großer Saal
    c. Wahn
    d. Große Zehe

12. **Avisieren**
    a. Scharf ansehen
    b. Anpeilen
    c. Ankündigen
    d. Ablehnen

13. **Hypochonder**
    a. Eingebildeter Kranker
    b. Hormondrüse
    c. Unterschenkelnerv
    d. Blutdrucksenkungsmittel

14. **Sierra**
    a. Wüste
    b. Tiefes Tal
    c. Schmaler Grat
    d. Gebirgskette

15. **Expatriieren**
    a. Erweitern
    b. Ausgießen
    c. Absetzen
    d. Ausbürgern

16. **Luminös**
    a. Füllig
    b. Geheimnisvoll
    c. Leuchtend
    d. Spiegelnd

17. **Nebulös**
    a. Unklar
    b. Dunstig
    c. Feuchtwarm
    d. Nasskalt

18. **Viskös**
    a. Verrottet
    b. Zart
    c. Durchsichtig
    d. Zähflüssig

19. **Provokant**
    a. Berüchtigt
    b. Herausfordernd
    c. Unbeliebt
    d. Vorrätig

Die Lösungen finden Sie auf Seite 60 bis 65.

Visueller Kreativitätstest

Beispiel

Teilen Sie die Figur mit einem Schnitt in zwei gleiche Teile.

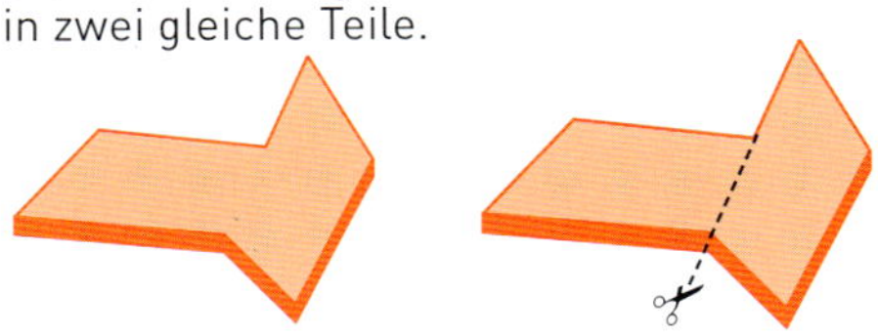

→ Zeitlimit: Maximal 36 Minuten für die Tests 1 bis 9

Test 1

4 Min.

Teilen Sie das Quadrat in vier gleich große Teile, so dass jedes Teil jede der vier Farben enthält.

Test 2

4 Min.

Ordnen Sie drei Streichhölzer so an, dass vier Dreiecke entstehen.

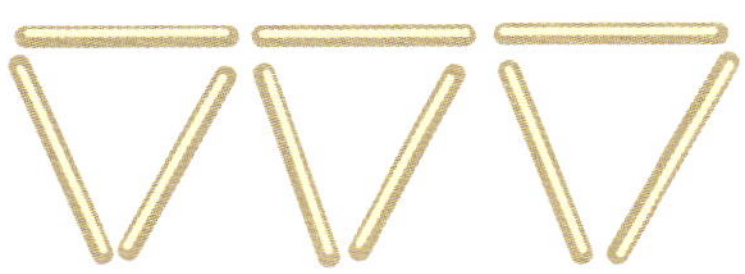

Test 3

4 Min.

Vervollständigen Sie die Strecke von A nach B, ohne den Bleistift vom Papier abzuheben und indem Sie jede Linie entlangfahren. Ihre Linien dürfen sich kreuzen, aber nicht denselben Weg zurücklaufen.

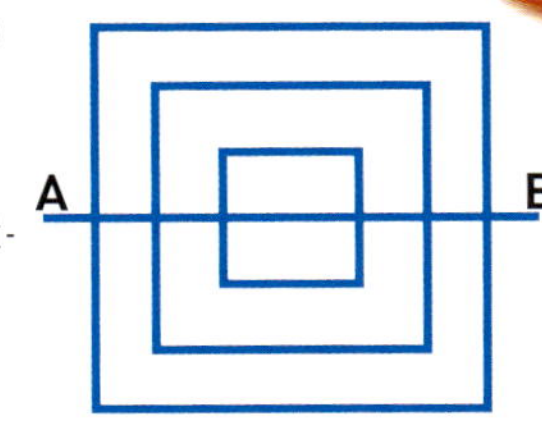

Test 4

4 Min.

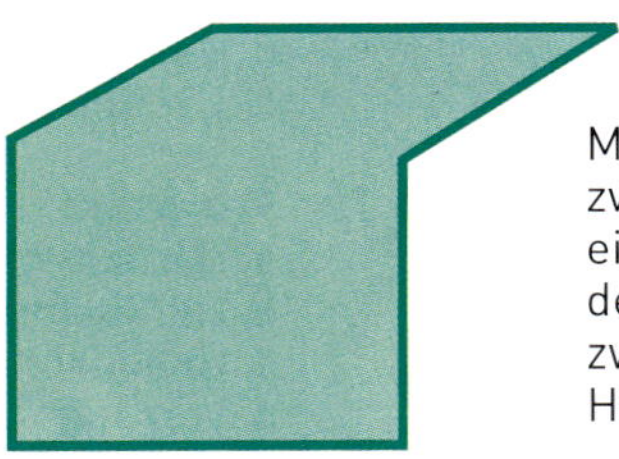

Machen Sie mit zwei Geraden einen Schnitt, der die Figur in zwei gleiche Hälften teilt.

Test 5

4 Min.

Welcher Kreis liegt dem Kreis direkt gegenüber, der drei Stellen gegen den Uhrzeigersinn von dem Kreis entfernt ist, welcher direkt gegenüber dem schwarzen Kreis liegt?

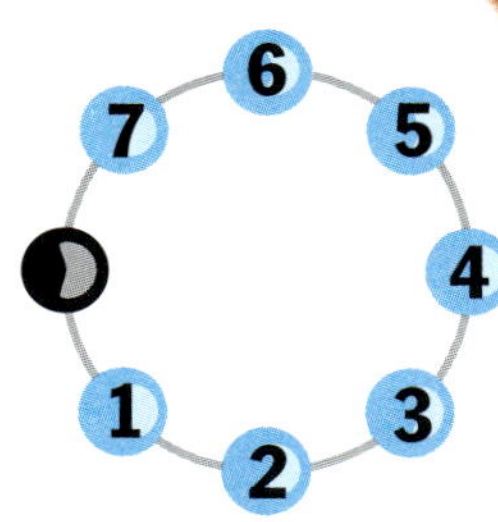

Test 6

4 Min.

Acht würfelförmige Blöcke wurden zusammengeklebt und ihre Außenseiten so bemalt, dass keine zwei Felder derselben Farbe gleiche Kanten haben. Wie viele Felder jeder Farbe sind am ganzen Würfel sichtbar?

Test 7

4 Min.

Hier ist ein bunter Würfel aus drei Richtungen zu sehen. Welche Farbe liegt gegenüber der roten?

Die Lösungen finden Sie auf Seite 60 bis 65.

Psychometrischer Test 3

Test 8

4 Min.

Teilen Sie diese Figur in zwei gleiche Teile.

Test 9

4 Min.

Welche Figur passt nicht in die Reihe?

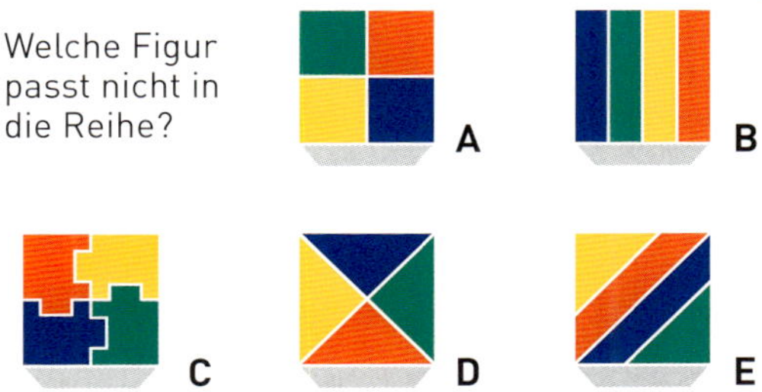

Kreuzen Sie in der folgenden Tabelle jeweils das Wort an, das Ihrer Meinung nach am besten zu Ihnen passt.

→ Zeitlimit: Maximal 20 Minuten für die Fragen 1 bis 20

20 Min.

1. a. Nachdenklich
b. Gestresst
c. Sehr beschäftigt

2. a. Praktisch
b. Einfallsreich
c. Fleißig

3. a. Kühn
b. Entgegenkommend
c. Gehorsam

4. a. Unzufrieden
b. Ängstlich
c. Locker

5. a. Nüchtern
b. Durchschnittlich
c. Kompliziert

6. a. Weitsichtig
b. Nachgiebig
c. Sachlich

7. a. Hedonistisch
b. Gründlich
c. Arbeitssüchtig

8. a. Anspruchslos
b. Zufrieden
c. Kompliziert

9. a. Besorgt
b. Geduldig
c. Hartnäckig

10. a. Unordentlich
b. Sorglos
c. Pedantisch

11. a. Berechnend
b. Gelassen
c. Emotional

12. a. Gewohnheitstier
b. Unkonventionell
c. Konventionell

13. a. Fantasievoll
b. Ungeduldig
c. Sorgfältig

14. a. Philosophisch
b. Vernünftig
c. Umweltbewusst

15. a. Zurückhaltend
b. Impulsiv
c. Zuverlässig

16. a. Anspruchslos
b. Naiv
c. Anspruchsvoll

17. a. Ordentlich
b. Chaotisch
c. Analytisch

18. a. Tüchtig
b. Theoretisch
c. Leistungsfähig

19. a. Gelangweilt
b. Unternehmungslustig
c. Aktiv

20. a. Umständlich
b. Energisch
c. Fügsam

Die Auswertung finden Sie auf Seite 60 bis 65.

Schnelligkeitstest 2

→ Zeitlimit: Maximal 20 Minuten für die Fragen 1 bis 5

20 Min.

Übung 1

3	4	5	1	7	6
2	8	4	9	3	1
7	5	6	2	8	4
9	2	7	8	3	6
2	6	1	8	4	7
3	5	2	7	4	9

4	7	3	2	9	7
6	8	3	4	8	1
9	1	5	8	2	6
4	8	3	7	7	3
5	9	7	2	6	2
8	1	3	7	4	5

Suchen Sie im linken Zahlengitter eine Folge von vier Zahlen, die auch im rechten vorkommt – vorwärts, rückwärts, von unten nach oben, von oben nach unten oder diagonal gelesen.

Übung 2

Welche Zahl ist zwei Felder von sich selbst minus 2 entfernt; drei Felder von sich selbst, dividiert durch zwei; ein Feld von sich selbst plus 2 und drei Felder von sich selbst, multipliziert mit 2?

12	16	9	3	13
10	4	24	19	7
11	14	26	1	17
12	2	8	6	5
22	20	15	18	40

Übung 4

Y	S	A	E	P
P	E	P	I	L
I	O	L	O	A
H	C	A	L	M
S	S	N	A	P

N	M	Y	H	T
H	E	A	A	L
S	P	I	L	S
I	O	I	E	O
F	H	E	A	R

Welches Wort mit vier Buchstaben im linken Buchstabengitter taucht auch im rechten auf – rückwärts, vorwärts, von unten nach oben, von oben nach unten oder diagonal gelesen?

Übung 5

Welche zwei Zahlen tauchen im rechten Zahlengitter in falscher Reihenfolge auf?

7	4	2	9	6	8
9	3	8	7	3	2
2	6	6	4	4	9
8	8	3	3	7	7
6	2	4	8	9	4
3	9	7	6	2	3

Übung 3

Multiplizieren Sie die zweitniedrigste ungerade Zahl im rechten Zahlengitter mit der zweithöchsten geraden Zahl im linken Zahlengitter.

4	27	38	16
45	10	9	2
18	1	14	61
15	20	7	6

8	13	6	9
1	21	5	10
17	2	14	27
11	16	15	7

Die Lösungen finden Sie auf Seite 60 bis 65.

Psychometrischer Test 4

Kreuzen Sie die Antwort an, die Ihrer Meinung nach am besten zu Ihnen passt.

→Zeitlimit: Maximal 15 Minuten für die Fragen 1 bis 15

15 Min.

1. **Sie sehen sich die Nachrichten an. Welches Thema interessiert Sie am meisten?**
   a. Politik
   b. Regionale Nachrichten
   c. Globale Probleme

2. **Wie oft folgen Sie bei Entscheidungen Ihrer Intuition, anstatt gründlich nachzudenken?**
   a. Oft
   b. Sehr selten
   c. Gelegentlich

3. **Ein ungewöhnliches Kunstwerk, z. B. ein zerwühltes Bett, gewinnt einen wichtigen Preis für abstrakte Kunst. Wie reagieren Sie?**
   a. Interessiert
   b. Angewidert
   c. Belustigt

4. **Angenommen, Sie haben noch nie einen Roman geschrieben. Wie reagieren Sie, wenn man**

Sie fragt, ob Sie es könnten?
   a. Ich würde es gerne tun, weiß aber nicht, ob ich es kann.
   b. Ich glaube, ich könnte es, wenn ich mich bemühen würde.
   c. Vielleicht – aber ich glaube, ich hätte nie Zeit dafür.

5. **Wie möchten Sie am liebsten beschrieben werden?**
   a. Als Mensch, der in seinem Beruf sehr erfolgreich ist
   b. Als freundliche(r), fürsorgliche(r) Mutter/Vater
   c. Als begabter, amüsanter Freigeist

6. **Sie haben 1 Million Euro im Lotto gewonnen. Welche der folgenden Aussagen trifft auf Sie zu?**
   a. Ich investiere das Geld langfristig, damit meine Familie und ich abgesichert sind.
   b. Jetzt kann ich endlich tun, was ich schon immer tun wollte.
   c. Jetzt kann ich mein eigenes Geschäft gründen.

7. **Wovor fürchten Sie sich am meisten?**
   a. Ein totaler Versager im Leben zu sein
   b. In einem Krieg kämpfen zu müssen
   c. Fünf Jahre im Gefängnis zu sitzen

8. **Welches der drei folgenden Schulfächer war Ihnen am liebsten?**
   a. Sport
   b. Kunst
   c. Mathematik

9. **Welches der folgenden Geschenke wäre Ihnen am liebsten?**
   a. Ein mobiles Keyboard von Yamaha
   b. Zwei Wochen Urlaub in Disneyland
   c. Ein Laptop-Computer

10. **Wann haben Sie zum letzten Mal ein neues Hobby begonnen?**
   a. Vor über fünf Jahren
   b. Vor zwei bis fünf Jahren
   c. Vor weniger als zwei Jahren

11. **Was ist Ihrer Meinung nach der größte Vorteil des Rentnerdaseins?**
   a. Ich muss mich nicht mehr täglich im Beruf abrackern.
   b. Ich habe mehr Zeit für die Familie und für Freunde.
   c. Ich habe Zeit für neue Aktivitäten.

12. **Was ist Ihrer Meinung nach der größte Nachteil des Rentnerdaseins?**
   a. Abgesehen davon, dass ich älter werde, sehe ich keine großen Nachteile.
   b. Ich werde meine Arbeit und meine Kollegen vermissen.
   c. Vielleicht langweile ich mich und kann meine Zeit nicht sinnvoll nutzen.

13. **Glauben Sie an übersinnliche Phänomene?**
   a. Vielleicht
   b. Ja
   c. Nein

14. **Wozu nutzt man Wissen am besten?**
   a. Ich erweitere meinen Horizont und lerne noch mehr.
   b. Ich erwerbe Qualifikationen, um im Leben erfolgreich zu sein.
   c. Ich nutze es, um geistig immer aktiv zu bleiben.

15. **Was ist Ihrer Meinung nach am wichtigsten?**
   a. Gesunder Menschenverstand
   b. Ehrgeiz
   c. Eine lebhafte Fantasie

Die Auswertung finden Sie auf Seite 60 bis 65.

Tests: Geistige Agilität und Sprachanalogie

→ Zeitlimit: Maximal 3 Minuten für die Fragen 1 und 2

3 Min.

Test der geistigen Agilität

1. Ordnen Sie die ungeraden Zahlen in aufsteigender und die geraden Zahlen in absteigender Reihenfolge

Beispiel:
3842197 = 1379842

a. 256934
b. 879461
c. 529648
d. 7419825
e. 3497216

2. Ordnen Sie die folgenden Buchstaben umgekehrt alphabetisch.

Zum Beispiel:
OCRFTI = TROIFC

1. TKVXBR
2. SWJGUCYQ
3. KZMCWHET
4. NLAVPFRD
5. KJBXSHVO

Beispiel

Suchen Sie das Wort, das die Analogie vervollständigt. Zum Beispiel:

Donnerstag verhält sich zu Montag wie Juli zu: Mai, April, Februar, März, September Lösung: April

→ Zeitlimit: Maximal 20 Minuten für die Fragen 1 bis 19

20 Min.

Sprachanalogie-Test

1. **Quadrat verhält sich zu Würfel wie Kreis zu:**
Kegel, Kugel, Oktaeder, Zylinder, Kreislinie

2. **Pampa verhält sich zu Weideland wie toter Flussarm zu:**
Tal, See, Meer, Hügel, Riff

3. **Kette verhält sich zu Säge wie Hand zu:**
Handwerk, Hammer, Presse, Werkzeug

4. **Melanit verhält sich zu schwarz wie Alexandrit zu:**
Blau, grün, weiß, rot, purpurn

5. **Tür verhält sich zu Schwelle wie Dach zu:**
Dachziegel, First, Giebel, Dachrinne, Schutzblech

6. **Trester verhält sich zu Saft wie Nuss zu:**
Mus, Schale, Kern, Haut, Stiel

7. **Helm verhält sich zu Schutz wie Tiara zu:**
Königtum, Schmuck, Krone, Identifikation, Hingabe

8. **Perilun verhält sich zu Mond wie Perihel zu:**
Erde, Sonne, Planet, Orbit, Komet

9. **Zeiger verhält sich zu Uhr wie Gnomon zu:**
Eieruhr, Sonnenuhr, Kalender, Metronom, Wasseruhr

10. **Kleidung verhält sich zu Schneider wie Holz zu:**
Drechsler, Böttcher, Klempner, Spenzer, Designer

11. **Neu verhält sich zu alt wie neo zu:**
paläo, philo, tauto, öko, bio

12. **Nepal verhält sich zu Ungarn wie Gurkha zu:**
Füsilier, Lakai, Hesse, Kosak, Husar

13. **Kultiviert verhält sich zu charmant wie intellektuell zu:**
kosmopolitisch, zivilisiert, altklug, modisch, weltmännisch

14. **Liedermacher verhält sich zu Singvogel wie Lyriker zu:**
Sperlingsvogel, Musik, Päan, Chor

15. **Schock verhält sich zu Ausbruch wie Trauma zu:**
Hysterie, Obsession, Neurose, Paroxysmus

16. **Abfällig verhält sich zu kokett wie Gekicher zu:**
Affektiertheit, Feixen, Gelächter, Lächeln

17. **Zimmer verhält sich zu Tasse wie Cenaculum zu:**
Teller, Pokal, Gral, Glas

18. **Kelvin verhält sich zu Newton wie Temperatur zu:**
Energie, Masse, Hitze, Kraft

19. **Vorschub leisten verhält sich zu verschwören wie ermöglichen zu:**
helfen, appellieren, vermitteln, beistehen, vorantreiben

Die Lösungen finden Sie auf Seite 60 bis 65.

Psychometrischer Test 5

Kreuzen Sie die Antwort an, die Ihrer Meinung nach am besten zu Ihnen passt.

→ Zeitlimit: Maximal 15 Minuten für die Fragen 1 bis 15

15 Min.

1. Wie oft würden Sie Ihr Wohnzimmer neu einrichten, wenn Sie Multimillionär wären?
a. Zweimal in fünf Jahren
b. Öfter als zweimal in fünf Jahren
c. Einmal in fünf Jahren

2. Wie oft schreiben Sie Ihre Ideen auf?
a. Ziemlich oft
b. Selten
c. Gelegentlich

3. Welche der folgenden Rätselarten gefällt Ihnen am besten?
a. Buchstabengitter
b. Puzzle
c. Kreuzworträtsel

4. Welche der folgenden Aussagen trifft Ihre Meinung zu Graffiti am besten?
a. Sie sind ein trauriges Merkmal unserer Zeit.
b. Sie sind sehr lästig, und man sollte die Täter bestrafen.
c. Sie können hässlich sein, aber manche haben künstlerischen Wert.

5. Angenommen, Sie wollten einmal ein neues, kreatives Hobby beginnen, z. B. Malen oder Klavierspielen. Was haben Sie getan?
a. Ich habe es probiert, dann aber aufgegeben.
b. Ich habe es probiert und bin dabei geblieben.
c. Es hat nie geklappt.

6. Welcher der folgenden Aussagen stimmen Sie am meisten zu?
a. Regeln und Vorschriften gehen mir auf die Nerven.
b. Ich stelle gerne meine eigenen Regeln auf.
c. Ich halte mich gerne an die bereits geltenden Regeln.

7. Welche Musik hören Sie am liebsten?
a. Jazz
b. Pop
c. Oper

8. Welcher der folgenden Aussagen stimmen Sie am meisten zu?
a. Ich habe ein wundervolles Familienleben.
b. Ich unternehme das, was ich möchte.
c. Ich habe Erfolg in meinem Beruf.

9. Mit welcher der folgenden Sportlerpersönlichkeiten können Sie sich am besten identifizieren?
a. Tiger Woods
b. Lance Armstrong
c. John McEnroe

10. Welche der folgenden Aussagen beschreibt Ihre Einstellung zu Veränderungen am besten?
a. Veränderungen sind ebenso unvermeidlich wie Steuern und der Tod.
b. Veränderungen sind selten vorteilhaft.
c. Wir sollten uns immer um positive Veränderungen bemühen.

11. Welches der folgenden Worte gefällt Ihnen am besten?
a. Ernsthaft
b. Neugierig
c. Systematisch

12. Welches der folgenden Worte beschreibt Sie am besten?
a. Pedantisch
b. Vernünftig
c. Hohe Anforderungen an sich selbst

13. Welche der folgenden Aussagen beschreibt Ihre Einstellung zu Niederlagen am besten?
a. Sie können deprimierend sein.
b. Ich gebe auf und probiere etwas Neues.
c. Ich versuche es immer wieder.

14. Wie oft haben Sie Tagträume?
a. Oft
b. Manchmal
c. Selten

15. Welche der folgenden Attraktionen interessiert Sie am meisten?
a. Riesenrad
b. Labyrinth
c. Wachsfigurenkabinett

Lösungen zu Teil eins

Tests: Räumliches Vorstellungsvermögen (Seite 30 bis 32)

1. **B** & **C**
2. **A** & **C**
3. **C** & **D**
4. **E**
5. **C**
6. **B**
7. **B**
8. **A** & **E**
9. **B** & **C**

Notieren Sie 3 Punkte für jede richtige Antwort. Wenn Sie bei den Fragen 2, 3, 8 und 9 nur eine richtige Antwort haben, erhalten Sie jeweils 1 Punkt. Tragen Sie das Ergebnis in die Tabelle auf Seite 69 in Spalte A unter 1 – *Räumliches Vorstellungsvermögen* ein.

Ergänzungstest (Seite 33 bis 35)

1. **D.** Jede waagrechte und senkrechte Reihe enthält zwei grüne Sterne, einen rosa Kreis und einen violetten Kreis.
2. **A.** Jede waagrechte und senkrechte Reihe enthält je eines der vier verschiedenen Quadrate.
3. **D.** Beginnen Sie in der oberen Reihe von links nach rechts, machen Sie in der zweiten Reihe von rechts nach links weiter, und fahren Sie nach diesem Muster fort bis zur linken unteren Ecke. Dabei wiederholt sich immer die Sequenz orange, blau, grün.
4. **B.** Betrachten Sie die (waagrechten) Reihen und die (senkrechten) Spalten: Den beiden ersten Figuren wird jeweils ein Strich hinzugefügt.
5. **D.** Jede waagrechte Reihe enthält ein Symbol in jeder der vier Positionen.
6. **C.** Jede Reihe wird sowohl horizontal wie nach unten wiederholt, z.B. ist Reihe eins horizontal gleich wie Spalte eins nach unten gehend usw.
7. **D.** Jede waagrechte Reihe enthält ein Quadrat, das seinerseits alle Symbole aus den anderen drei Quadraten enthält.
8. **C.** Jede waagrechte und senkrechte Reihe enthält je eines der vier verschiedenen Quadrate.
9. **C.** Jede waagrechte und senkrechte Reihe enthält drei rosa und drei violette Kreise.
10. **B.** Aufeinanderfolgende Farbquadrate befinden sich jeweils im gegenüberliegenden Viertel.

Notieren Sie 2 Punkte für jede richtige Antwort. Tragen Sie das Ergebnis in die Tabelle auf Seite 69 in Spalte B unter 2 – *Ergänzungstests* ein.

Psychometrischer Test 1 (Seite 36)

Notieren Sie für jede Antwort Ihre Punktzahl:

1.	**a.** 1 Punkt	**b.** 2 Punkte	**c.** 0 Punkte
2.	**a.** 0 Punkte	**b.** 1 Punkt	**c.** 2 Punkte
3.	**a.** 0 Punkte	**b.** 1 Punkt	**c.** 2 Punkte
4.	**a.** 2 Punkte	**b.** 0 Punkte	**c.** 1 Punkt
5.	**a.** 2 Punkte	**b.** 1 Punkt	**c.** 0 Punkte
6.	**a.** 2 Punkte	**b.** 0 Punkte	**c.** 1 Punkt
7.	**a.** 2 Punkte	**b.** 1 Punkt	**c.** 0 Punkte
8.	**a.** 1 Punkt	**b.** 0 Punkte	**c.** 2 Punkte
9.	**a.** 2 Punkte	**b.** 1 Punkt	**c.** 0 Punkte
10.	**a.** 0 Punkte	**b.** 2 Punkte	**c.** 1 Punkt
11.	**a.** 1 Punkt	**b.** 2 Punkte	**c.** 0 Punkte
12.	**a.** 1 Punkt	**b.** 0 Punkte	**c.** 2 Punkte
13.	**a.** 2 Punkte	**b.** 0 Punkte	**c.** 1 Punkt
14.	**a.** 2 Punkte	**b.** 1 Punkt	**c.** 0 Punkte
15.	**a.** 1 Punkt	**b.** 2 Punkte	**c.** 0 Punkte

Tragen Sie das Ergebnis in die Tabelle auf Seite 69 in Spalte A unter 3 – *Psychometrischer Test 1* ein.

Psychometrischer Test 2 (Seite 43)

Notieren Sie für jede Antwort Ihre Punktzahl:

0 Punkte für jede Antwort **a**
1 Punkt für jede Antwort **b**
2 Punkte für jede Antwort **c**

Tragen Sie das Ergebnis in die Tabelle auf Seite 69 in Spalte A unter 4 – *Psychometrischer Test 2* ein.

Zahlentest
(Seite 37)

a. **127.** Zählen Sie die Summe der Ziffern der vorigen Zahl dazu.
b. **10.** Zwei Zahlenfolgen wechseln sich ab: 1, 4, 7, 10 und 2, 3, 4.
c. **212.** Es sind die ungeraden Zahlen 1, 3, 5 usw., geteilt in Dreiergruppen.
d. **13.** Zählen Sie nacheinander 1, 2, 3 dazu, und wiederholen Sie die Abfolge.
e. **80.** Subtrahieren Sie 1, $2\,^{1}/_{2}$, 4, $5\,^{1}/_{2}$ und so weiter, jeweils $1\,^{1}/_{2}$ mehr.
f. **33,75.** Zwei Zahlenfolgen wechseln sich ab: In der ersten addieren Sie 1,5, in der zweiten multiplizieren Sie mit 1,5.
g. **63.** Multiplizieren Sie die Zahl jedes Mal mit 2, und addieren Sie 1.
h. **32.** Addieren Sie die zwei vorherigen Zahlen, um die Dritte zu erhalten.
i. **–1.** Sie addieren 1, subtrahieren 2 usw.
j. **77.** Zwei Zahlenfolgen wechseln sich ab: Bei der ersten addieren Sie 6, bei der zweiten subtrahieren Sie 6.
k. **6,5.** Sie teilen durch 3, addieren 3, multiplizieren mit 3, subtrahieren 3 und wiederholen dann das Ganze.
l. **14,641.** Multiplizieren Sie jedes Mal mit 1,1.
m. **0.** Sie subtrahieren 9, addieren 1, subtrahieren 8, addieren 2, subtrahieren 7 und addieren 3.
n. **1,4.** Sie teilen durch 5, addieren 5 usw.
o. **51.** Sie multiplizieren mit 3, addieren 2 und wiederholen.
p. **62,5.** Sie teilen durch 2, was Sie jeweils abgezogen haben: 20; 10; 5; 2,5.
q. **71.** Sie zählen jeweils Quadratzahlen dazu: 1, 4, 9, 16, 15.
r. **108.** Sie addieren jeweils die letzte Ziffer der vorigen Zahl.
s. **187,5.** Multiplizieren Sie jedes Mal mit 2,5.

Notieren Sie 1 Punkt für jede richtige Antwort. Tragen Sie das Ergebnis in die Tabelle auf Seite 69 in Spalte A unter 5 – *Numerischer Test 1* ein.

Visueller Analogietest
(Seite 38 bis 40)

1. **B.** Die Farbe unten kommt in die Mitte, die Farbe in der Mitte kommt nach oben, die Farbe oben kommt nach unten.
2. **A.** Die gekrümmten roten Linien werden zu violetten Geraden und umgekehrt.
3. **D.** Die Farbe unmittelbar rechts kommt an die Spitze der Pyramide, die übrigen zwei Farben bilden die Basis der Pyramiden, tauschen aber die Plätze.
4. **A.** Die Zahl der Dreiecke sinkt von zwei auf eins, und die Zahl der Quadrate steigt von eins auf zwei. Das Dreieck wandert dann zwischen zwei Quadrate, die sich über und unter ihm befinden.
5. **D.** Die Figur mit den geraden Seiten dreht sich um 90 Grad im Uhrzeigersinn, und die Farben in den beiden Figuren tauschen die Plätze.
6. **E.** Die farbigen Teile tauschen die Plätze entsprechend ihrer ursprünglichen Position, wie in der ersten Analogie.
7. **D.** Die vier Figuren, die sich ursprünglich in der Mitte befinden, bilden eine große Figur. Die große Figur wird zu vier kleinen Figuren und wandert in die neue große Figur.
8. **C.** Die zwei oberen Linien wandern nach unten, die unteren nach oben. Die Linie, die zunächst unten war, liegt nun auf den beiden Linien, die ursprünglich oben waren.
9. **E.** Die gelben Kreise werden zu grünen Dreiecken und umgekehrt.

Notieren Sie 2 Punkte für jede richtige Antwort. Tragen Sie das Ergebnis in die Tabelle auf Seite 69 in Spalte A unter 6 – *Visueller Analogietest* ein.

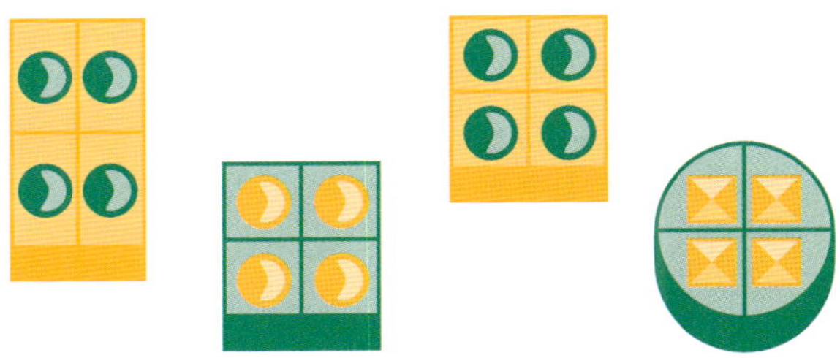

Schnelligkeitstest 1
(Seite 41 bis 42)

1. Richtig
2. Falsch
3. Richtig
4. Falsch
5. Falsch
6. Falsch
7. Richtig
8. Falsch
9. Richtig
10. Richtig
11. Richtig
12. Falsch
13. Richtig
14. Richtig
15. Richtig
16. Falsch
17. Richtig
18. Falsch
19. Richtig
20. Richtig
21. Richtig
22. Richtig
23. Richtig
24. Falsch
25. Falsch
26. Richtig
27. Richtig
28. Richtig
29. Richtig

Notieren Sie 1 Punkt für jede richtige Antwort. Tragen Sie das Ergebnis in die Tabelle auf Seite 69 in Spalte A unter 7 – *Schnelligkeitstest* ein.

Lösungen zu Teil eins

Visuelle Zuordnungstests
(Seiten 44 bis 45)

1. **E.** Der Punkt erscheint im Quadrat und in den zwei Kreisen.
2. **B.** Dreieck im Kreis, Kreis im Dreieck und schwarzer Punkt im Quadrat.
3. **A.** Ein Punkt erscheint in zwei Kreisen, und der andere erscheint in einem Kreis und einem Dreieck.
4. **A.** Ein Kreis erscheint im größten Segment, ein schwarzer Punkt im kleinsten Segment.
5. **C.** Ein Punkt erscheint in einem Quadrat, das einen Kreis schneidet, der andere Punkt erscheint in einem Dreieck und einem Quadrat.
6. **D.** Ein Punkt erscheint in einem Dreieck, der andere in einer fünfseitigen Figur.
7. **E.** Ein Punkt erscheint in drei Kreisen, der andere in einem Kreis und im Dreieck.
8. **C.** Die Abfolge der Kreise ist Schwarz/Weiß/Schwarz/Weiß/Weiß
9. **D.** Die Figur ist senkrecht und waagrecht symmetrisch; d. h., die obere Hälfte spiegelt die untere wider, und die rechte Seite spiegelt die linke wider.

Notieren Sie 2 Punkte für jede richtige Antwort. Tragen Sie das Ergebnis in die Tabelle auf Seite 69 in Spalte B unter 8 – *Visueller Zuordnungstest* ein.

Kleine Rätseltests
(Seiten 46 bis 47)

1. **32.** Jede Zahl steht für ihre Position im Zahlengitter. Die 32 steht in Reihe 3, Spalte 2.
2. **3145.**

A	B	C	D		C	A	D	B
1	5	3	4		3	1	4	5

3. Bei keinem Wort wird ein Buchstabe wiederholt.
4. Die Insel wird regelmäßig von Schiffen angefahren.
5. **11.** Jedes Dreieck aus drei Blöcken ergibt 21.

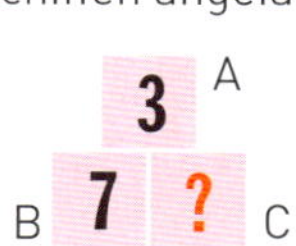

6. Veracruz. Jeder Ort beginnt mit den mittleren beiden Buchstaben des zuvor besuchten Ortes.
7. **8.** 3 + 5 = 8. Die Zahlen in den blauen Teilen der linken und rechten Figur ergeben zusammen 8.
8. **6.** Jeder Ring enthält die Zahlen 0 bis 9 nur einmal.
9. Beginnen Sie im oberen linken Feld, und arbeiten Sie sich im Uhrzeigersinn am Rand entlang weiter. Gehen Sie dann spiralig nach innen zum Zentrum. Die Symbole in den ersten vier Feldern wiederholen sich ständig.

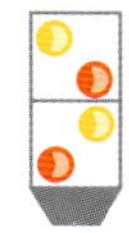

10. **6492875.** Die letzten vier Ziffern der vorigen Zahl, gefolgt von den ersten drei.
11. **27,6.** Zählen Sie die Ziffern der vorigen Zahl hinzu, jedoch mit Komma vor der letzten Stelle.
12. **E.** Es handelt sich um die ersten Buchstaben im Alphabet, die man mit 1, 2, 3 und 4 Linien schreiben kann.

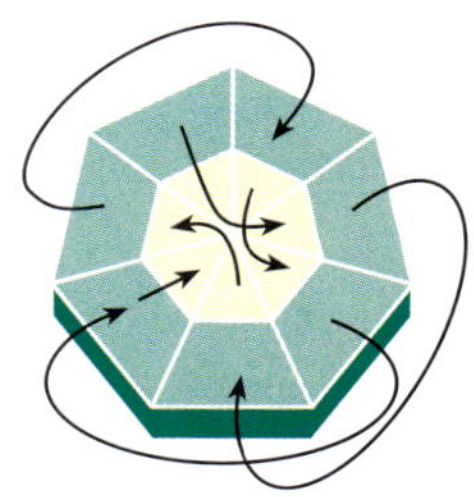

13. **Y.** Beginnen Sie bei A, und folgen Sie der rechts markierten Route. Dabei lassen Sie jeweils einen Buchstaben aus.

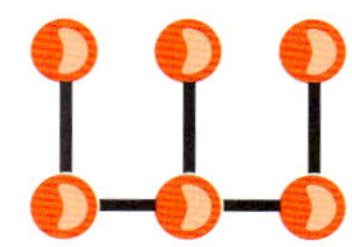

14. Es handelt sich um die Zahlen 7, 6, 5, 4, digital geschrieben und auf der Seite liegend.

Notieren Sie 2 Punkte für jede richtige Antwort. Tragen Sie das Ergebnis in die Tabelle auf Seite 69 in Spalte B unter 9 – *Kleine Rätseltests* ein.

Sprachtest
(Seite 48)

1. Irrational, weise
2. Klischee, Vorurteil
3. Unglaubhaft
4. Tranquilizer, Sedativ
5. Einfach
6. Freund
7. Fehlerhaft, makellos
8. Unrein
9. Elan, Eifer
10. Pragmatisch
11. Bestätigen
12. Gespannt, ungeduldig
13. Dulden, tadeln
14. Viskös
15. Gellend, wohlklingend
16. Fair
17. Pikiert
18. Bösartig
19. Rosig, fahl

Notieren Sie 1 Punkt für jede richtige Antwort. Tragen Sie das Ergebnis in die Tabelle auf Seite 69 in Spalte A unter 10 – *Sprachtest* ein.

Visueller Sequenztest
(Seite 49 bis 50)

1. **E.** Zwei Sequenzen wechseln sich ab: rotes Dreieck mit blauem Punkt und blaues Dreieck mit rotem Punkt. In jeder Sequenz wandert der Punkt gegen den Uhrzeigersinn in eine andere Ecke.
2. **D.** Der rote Punkt wandert jedes Mal um 90 Grad gegen den Uhrzeigersinn weiter, der blaue Punkt wandert um 180 Grad weiter.
3. **B.** Jedes Mal wird ein neues Viertelsegment hinzugefügt; außerdem tauschen die beiden Farben in diesem Segment die Plätze.
4. **E.** Dies ist das Spiegelbild der zweiten Figur, so wie die dritte das Spiegelbild der ersten ist.
5. **A.** Jedes Mal wird an den Ecken der Quadrate ein neuer Punkt hinzugefügt. Jeder Punkt in der oberen linken Ecke hat eine neue Farbe. Die vorigen Punkte wandern um eine Ecke gegen den Uhrzeigersinn, um dem neuen Platz zu machen.
6. **F.** Die Punkte wiederholen sich in der Reihenfolge Grün/Gelb/Rot/Violett/Braun.
7. **C.** Die Gesamtzahl der Seiten in jedem Figurenpaar steigt jeweils um 2.
8. **B.** Jede Figur wandert von oben nach unten, jeweils um einen Platz. Dabei wird Rot zu Gelb.
9. **D.** Jeweils ein Arm wandert in jedem Stadium um 90 Grad im Uhrzeigersinn weiter.

Notieren Sie 2 Punkte für jede richtige Antwort. Tragen Sie das Ergebnis in die Tabelle auf Seite 69 in Spalte A unter 11 – *Visueller Sequenztest* ein.

Visueller Formentest
(Seite 51 bis 52)

1.

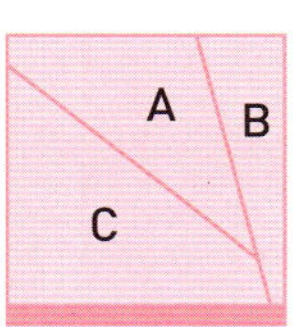

2.

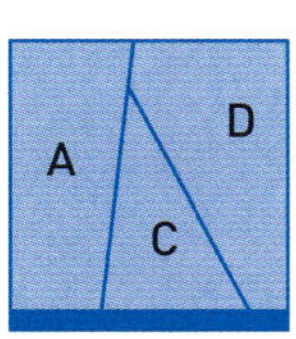

3.

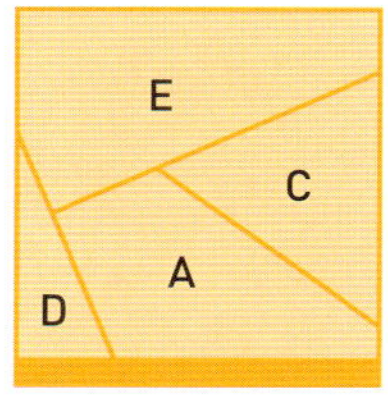

4.

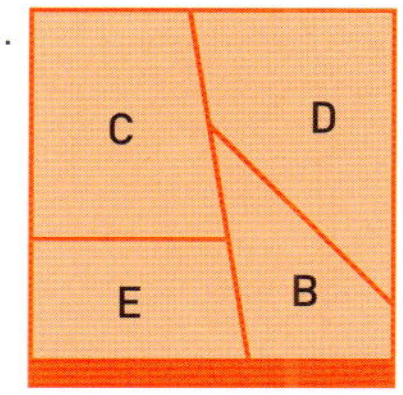

5.

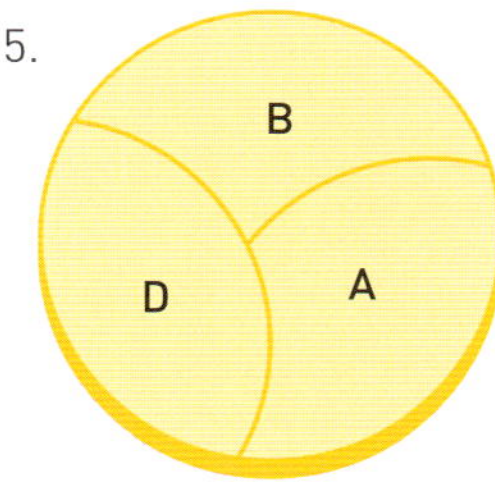

6.

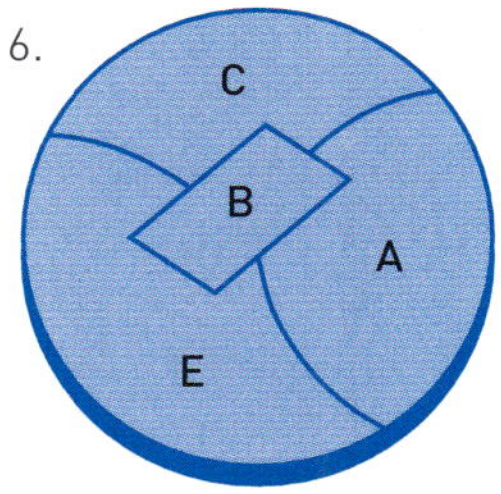

7.

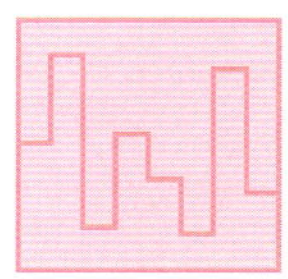

D

8.

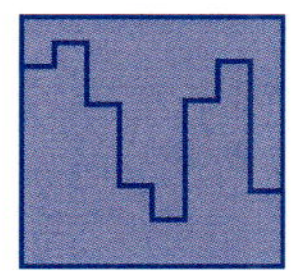

D

9.

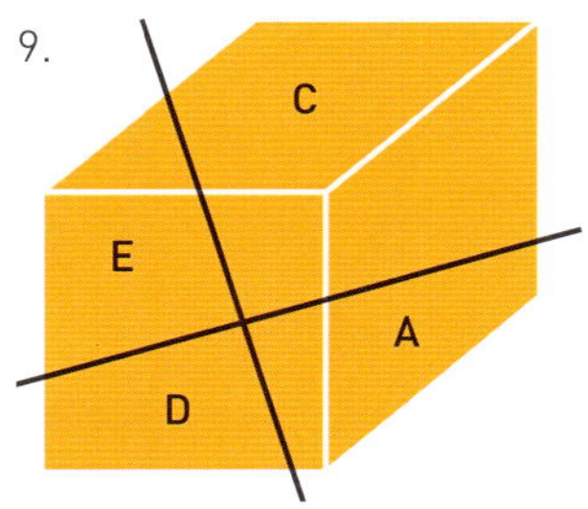

Notieren Sie 2 Punkte für jede richtige Antwort.
Tragen Sie das Ergebnis in die Tabelle auf Seite 69 in Spalte B unter 12 – *Visueller Formentest* ein.

Wortdefinitionstest
(Seite 53)

1. c. Sinngedicht
2. b. Flüchtig
3. a. Zweifel
4. b. Flott
5. a. Einwirken von Schadstoffen
6. a. Mutmaßlich
7. b. Unter der Haut
8. b. Widerspenstig
9. d. Krampf
10. a. Fuge
11. d. Große Zehe
12. b. Ankündigen
13. a. Eingebildeter Kranker
14. d. Gebirgskette
15. d. Ausbürgern
16. c. Leuchtend
17. a. Unklar
18. d. Zähflüssig
19. b. Herausfordernd

Notieren Sie 1 Punkt für jede richtige Antwort. Tragen Sie das Ergebnis in die Tabelle auf Seite 69 in Spalte A unter 13 – *Wortdefinitionstest* ein.

Lösungen zu Teil eins

Visueller Kreativitätstest
(Seite 54)

1.

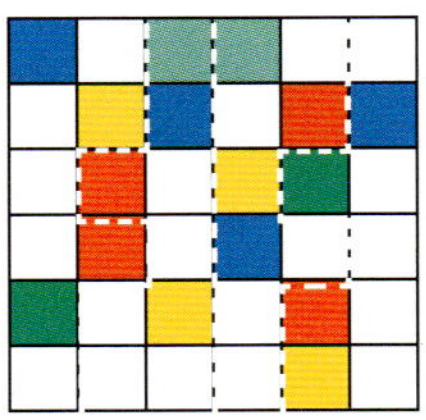

2.

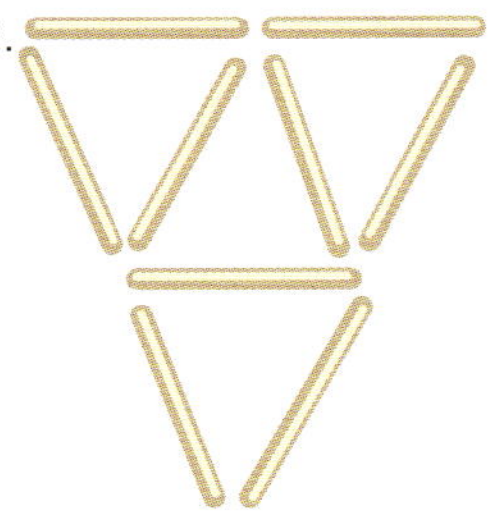

3.

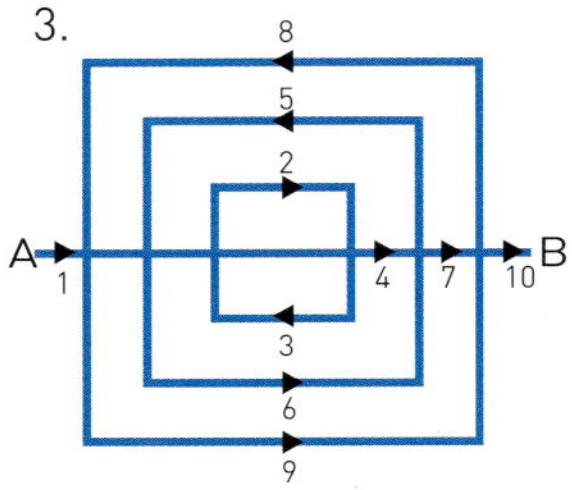

4.

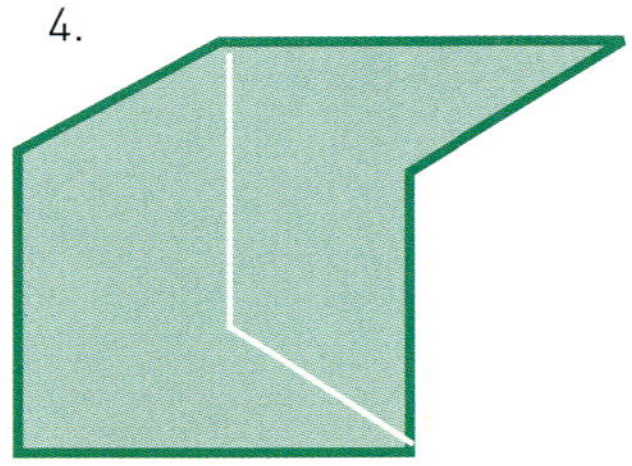

5. Kreis 3
6. Jede Farbe erscheint achtmal. Da die gleichen Farben nie aneinandergrenzen, muss jeder der acht Würfel auf seinen Außenseiten jede der drei Farben einmal enthalten.
7. Gelb
8.

9. **E.** Alle anderen sind in vier gleiche Segmente unterteilt.

Notieren Sie 3 Punkte für jede richtige Antwort.
Tragen Sie das Ergebnis in die Tabelle auf Seite 69 in Spalte B unter 14 – *Visueller Kreativitätstest* ein.

Psychometrischer Test 3
(Seite 55)

Notieren Sie die folgenden Punkte für jede Antwort:

1. **a.** 0 Punkte	**b.** 1 Punkt	**c.** 2 Punkte
2. **a.** 1 Punkt	**b.** 0 Punkte	**c.** 2 Punkte
3. **a.** 2 Punkte	**b.** 1 Punkt	**c.** 0 Punkte
4. **a.** 0 Punkte	**b.** 2 Punkte	**c.** 1 Punkt
5. **a.** 2 Punkte	**b.** 1 Punkt	**c.** 0 Punkte
6. **a.** 0 Punkte	**b.** 1 Punkt	**c.** 2 Punkte
7. **a.** 0 Punkte	**b.** 1 Punkt	**c.** 2 Punkte
8. **a.** 2 Punkte	**b.** 1 Punkt	**c.** 0 Punkte
9. **a.** 0 Punkte	**b.** 2 Punkte	**c.** 1 Punkt
10. **a.** 2 Punkte	**b.** 1 Punkt	**c.** 0 Punkte
11. **a.** 1 Punkt	**b.** 2 Punkte	**c.** 0 Punkte
12. **a.** 1 Punkt	**b.** 0 Punkte	**c.** 2 Punkte
13. **a.** 0 Punkte	**b.** 1 Punkt	**c.** 2 Punkte
14. **a.** 1 Punkt	**b.** 2 Punkte	**c.** 0 Punkte
15. **a.** 1 Punkt	**b.** 0 Punkte	**c.** 2 Punkte
16. **a.** 0 Punkte	**b.** 1 Punkt	**c.** 2 Punkte
17. **a.** 1 Punkt	**b.** 0 Punkte	**c.** 2 Punkte
18. **a.** 2 Punkte	**b.** 0 Punkte	**c.** 1 Punkt
19. **a.** 2 Punkte	**b.** 0 Punkte	**c.** 1 Punkt
20. **a.** 1 Punkt	**b.** 2 Punkte	**c.** 0 Punkte

Tragen Sie das Ergebnis in die Tabelle auf Seite 69 in Spalte A unter 15 – *Psychometrischer Test 3* ein.

Schnelligkeitstest 2
(Seite 56)

1. 2783

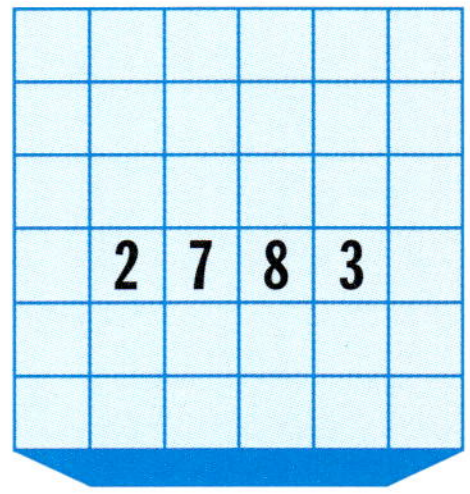

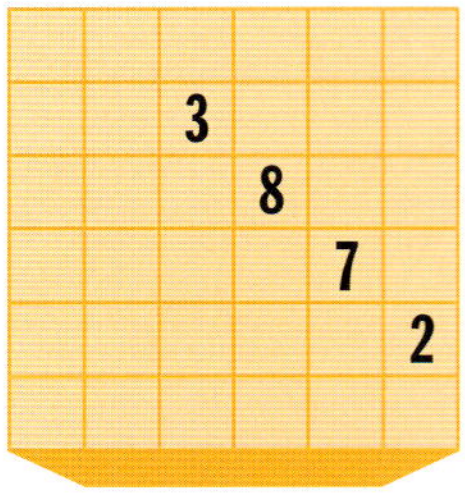

2. 6
3. 100 (20 x 5)

Lösungen zu Teil eins

4. HOPE

5.

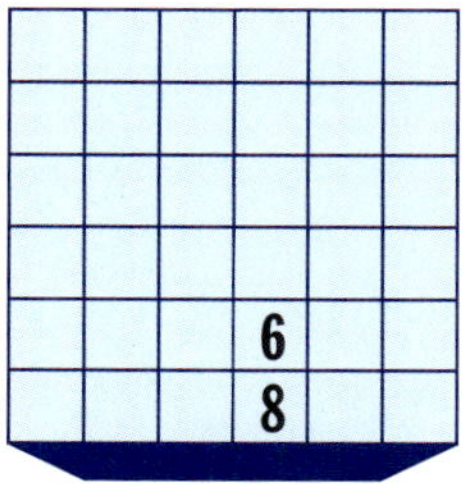

Sie beginnen in der unteren linken Ecke, wandern die erste Säule hinauf und dann in der zweiten Säule wieder nach unten. Dabei wiederholen sich die Zahlen 3682974. Die 6 und die 8 müssen vertauscht werden (siehe Abbildung links).

Notieren Sie 4 Punkte für jede richtige Antwort.

Tragen Sie das Ergebnis in die Tabelle auf Seite 69 in Spalte A unter 16 – *Schnelligkeitstest* ein.

Psychometrischer Test 4
(Seite 57)

Notieren Sie die folgenden Punkte für jede Antwort:

1. **a.** 1 Punkt	**b.** 0 Punkte	**c.** 2 Punkte
2. **a.** 2 Punkte	**b.** 0 Punkte	**c.** 1 Punkt
3. **a.** 2 Punkte	**b.** 0 Punkte	**c.** 1 Punkt
4. **a.** 1 Punkt	**b.** 2 Punkte	**c.** 0 Punkte
5. **a.** 0 Punkte	**b.** 1 Punkt	**c.** 2 Punkte
6. **a.** 1 Punkt	**b.** 2 Punkte	**c.** 0 Punkte
7. **a.** 0 Punkte	**b.** 2 Punkte	**c.** 1 Punkt
8. **a.** 1 Punkt	**b.** 2 Punkte	**c.** 0 Punkte
9. **a.** 2 Punkte	**b.** 1 Punkt	**c.** 0 Punkte
10. **a.** 0 Punkte	**b.** 1 Punkt	**c.** 2 Punkte
11. **a.** 1 Punkt	**b.** 0 Punkte	**c.** 2 Punkte
12. **a.** 2 Punkte	**b.** 0 Punkte	**c.** 1 Punkt
13. **a.** 1 Punkt	**b.** 2 Punkte	**c.** 0 Punkte
14. **a.** 2 Punkte	**b.** 0 Punkte	**c.** 1 Punkt
15. **a.** 1 Punkt	**b.** 0 Punkte	**c.** 2 Punkte

Tragen Sie das Ergebnis in die Tabelle auf Seite 69 in Spalte B unter 17 – *Psychometrischer Test 4* ein.

Test der geistigen Agilität
(Seite 58)

1.
a. 359642
b. 179864
c. 598642
d. 1579842
e. 1379642

2.
1. XVTRKB
2. YWUSQJGC
3. ZWTMKHEC
4. VRPNLFDA
5. XVSOKJHB

Notieren Sie 1 Punkt für jede richtige Antwort. Tragen Sie das Ergebnis in die Tabelle auf Seite 69 in Spalte A unter 18 – *Test der geistigen Agilität* ein.

Sprachanalogie-Test
(Seite 58)

1. Kugel
2. See
3. Presse
4. Grün
5. Dachrinne
6. Schale
7. Schmuck
8. Sonne
9. Sonnenuhr
10. Drechsler
11. Paläo
12. Husar
13. Weltmännisch
14. Sperlingsvögel
15. Paroxysmus
16. Affektiertheit
17. Gral
18. Kraft
19. Vorantreiben

Notieren Sie 1 Punkt für jede richtige Antwort. Tragen Sie das Ergebnis in die Tabelle auf Seite 69 in Spalte B unter 19 – *Sprachlicher Analogietest* ein.

Psychometrischer Test 5
(Seite 59)

Notieren Sie die folgenden Punkte für jede Antwort:

1. **a.** 1 Punkt	**b.** 2 Punkte	**c.** 0 Punkte
2. **a.** 2 Punkte	**b.** 0 Punkte	**c.** 1 Punkt
3. **a.** 2 Punkte	**b.** 1 Punkt	**c.** 0 Punkte
4. **a.** 1 Punkt	**b.** 0 Punkte	**c.** 2 Punkte
5. **a.** 1 Punkt	**b.** 2 Punkte	**c.** 0 Punkte
6. **a.** 1 Punkt	**b.** 2 Punkte	**c.** 0 Punkte
7. **a.** 2 Punkte	**b.** 1 Punkt	**c.** 0 Punkte
8. **a.** 1 Punkt	**b.** 2 Punkte	**c.** 0 Punkte
9. **a.** 1 Punkt	**b.** 0 Punkte	**c.** 2 Punkte
10. **a.** 1 Punkt	**b.** 0 Punkte	**c.** 2 Punkte
11. **a.** 0 Punkte	**b.** 2 Punkte	**c.** 1 Punkt
12. **a.** 1 Punkt	**b.** 0 Punkte	**c.** 2 Punkte
13. **a.** 0 Punkte	**b.** 1 Punkt	**c.** 2 Punkte
14. **a.** 2 Punkte	**b.** 1 Punkt	**c.** 0 Punkte
15. **a.** 1 Punkt	**b.** 2 Punkte	**c.** 0 Punkte

Tragen Sie das Ergebnis in die Tabelle auf Seite 69 in Spalte B unter 20 – *Psychometrischer Test 5* ein.

Analyse und Auswertung

Die Auswertung der Punktzahl, die Sie in allen Tests des ersten Teils erzielt haben, zeigt, ob und wie stark Sie eine Hirnhälfte bevorzugen. Natürlich kann es auch sein, dass beide Hemisphären bei Ihnen ausgewogen sind.

Auf dem Auswertungsbogen gibt es weder richtig noch falsch. Wenn Sie Ihre rechte Hirnhälfte bevorzugen, sind Sie wahrscheinlich sehr intuitiv und kreativ. Wenn bei Ihnen die linke Hemisphäre dominiert, sind Sie wahrscheinlich analytisch und logisch ausgerichtet und können gut mit Zahlen und Worten umgehen.

Wenn die Auswertung zeigt, dass beide Hirnhälften ausgewogen zusammenarbeiten, so ist dies kein Grund für Selbstzufriedenheit. Ein Problem dieser Ausgewogenheit besteht darin, dass der Verstand mit den Gefühlen in Konflikt geraten kann. Der Vorteil ist, dass Sie das große Ganze und gleichzeitig die wichtigen Details sehen und dank Ihrer Sprachgewandtheit verständlich ausdrücken können, was Ihre Intuition Ihnen sagt.

Selbst wenn bei Ihnen die rechte Hemisphäre eindeutig dominiert, verfügen Sie nicht unbedingt über alle Stärken dieser Hälfte – niemand ist total rechts oder links orientiert. Sie müssen also die Bewertungen jedes Tests mithilfe der Tabelle auf Seite 69 sorgfältig analysieren.

In Spalte A stehen die Ergebnisse der »linkslastigen«, in Spalte B die der »rechtslastigen« Tests. Je höher Ihre Punktzahl in einem dieser Tests ist, desto stärker sind Sie auf diesem Gebiet. Falls die Ergebnisse beispielsweise zeigen, dass Sie die linke Hemi-

Zusammenfassung:

Linke Hemisphäre

- Analytisch
- Verbal
- Rational
- Logisch
- Der Reihe nach, linear
- Zeitorientiert
- Neigung zu Wissenschaft und Mathematik
- Offen, direkt
- Aufrichtig, fantasielos
- Vernünftig
- Energisch

→ **Die linke Hemisphäre** registriert, analysiert und verarbeitet Informationen logisch und der Reihe nach.

sphäre deutlich bevorzugen, können Sie dennoch bei den Zahlentests in Teil eins schwach abschneiden. In diesem Fall sollten Sie an dieser Fähigkeit arbeiten.

Ins Gleichgewicht bringen

Die beiden Hirnhälften verarbeiten Informationen in der Regel unterschiedlich, und wir neigen dazu, Informationen mit unserer dominanten Hälfte zu bewerten. Der Lern- und Denkprozess wird gefördert, wenn beide Hemisphären ausgewogen zusammenarbeiten. Das heißt, dass Sie die nicht dominante Hirnhälfte stärken müssen, und genau darum geht es bei den Tests in Teil zwei.

Wie bereits erläutert, arbeitet die linke Hemisphäre bei den meisten Menschen analytisch und rational. Sie bevorzugt eine feste Reihenfolge und steuert die Sprache, geistige Leistungen und das rationale Denken.

→ **Die kreative rechte Hemisphäre** schätzt Abwechslung; sie will neue Wege gehen und künstlerische Talente entfalten.

Rechte Hemisphäre

- Intuitiv, einfallsreich
- Räumlich
- Synthetisch
- Kreativ, künstlerisch
- Gleichzeitig, ganzheitlich
- Zeitlos, spirituell
- Neigung zu Musik, Kunst, Tanz
- Flexibel
- Verspielt, fantasievoll
- Komplex

← **Komponisten und Schriftsteller** schöpfen viele ihrer kreativen Ideen aus der unbewussten rechten Hemisphäre.

Die rechte Hälfte arbeitet kreativ und intuitiv. Ihr verdanken wir Ideen für Kunstwerke und Musik. Und genau darum ist die Schnittstelle zwischen den beiden Hälften so wichtig: Damit das Unbewusste in der rechten Hemisphäre arbeiten kann, braucht es den Treibstoff – die Daten –, welche die linke Hemisphäre gesammelt und verarbeitet hat.

Es besteht die Gefahr, dass die linke Hirnhälfte zu viele und zu rasch aufeinander folgende Informationen erhält. Dann kann die kreative Hemisphäre ihr Potenzial nicht voll nutzen. Andererseits kann ein Datenmangel in der linken Hirnhälfte dazu führen, dass die rechte, kreative Hälfte austrocknet. Deshalb ist es wünschenswert, zwischen beiden Hemisphären eine Ausgewogenheit herzustellen, damit das Gehirn optimal arbeiten kann.

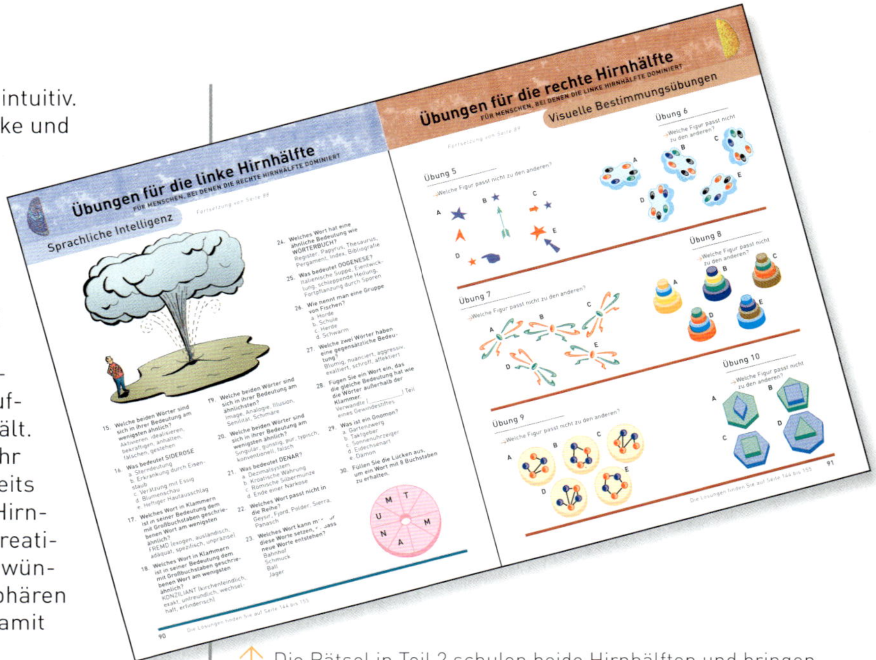

↑ Die Rätsel in Teil 2 schulen beide Hirnhälften und bringen sie ins Gleichgewicht. Der Lohn ist maximale Leistung.

↓ **Die Tests in Teil eins** zeigen, welche Hemisphäre dominiert.

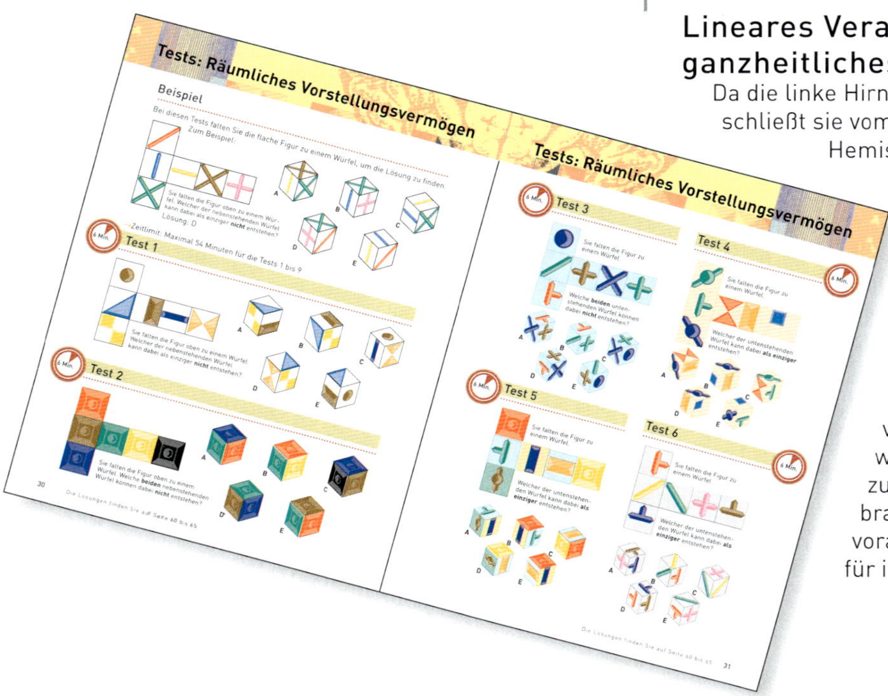

Lineares Verarbeiten (links) und ganzheitliches Verarbeiten (rechts)

Da die linke Hirnhälfte Daten linear verarbeitet, schließt sie vom Teil auf das Ganze. Die rechte Hemisphäre verarbeitet Daten ganzheitlich; sie sieht das große Ganze, aber nicht die Details.

Menschen mit Rechtsdominanz können im Nachteil sein, wenn sie zum Beispiel einen Vortrag halten, es sei denn, sie haben sich zuerst einen Überblick über das Thema verschafft. Sie müssen genau wissen, worum es geht. Wer mehr zur linken Hemisphäre neigt, braucht vielleicht nicht so weit vorauszudenken, obwohl es auch für ihn hilfreich sein mag.

Test Nr.	Testform	Spalte A (linkes Hirn)	Spalte B (rechtes Hirn)
1	Räumliches Vorstellungsverm.		
2	Ergänzungstest		
3	Psychometrisch 1		
4	Zahlentest		
5	Visuelle Analogie		
6	Schnelligkeit 1		
7	Psychometrisch 2		
8	Visuelle Zuordnung		
9	Kleine Rätsel		
10	Sprachtest		
11	Visueller Sequenztest		
12	Visueller Formentest		
13	Wortdefinitionstest		
14	Visuelle Kreativität		
15	Psychometrisch 3		
16	Schnelligkeit 2		
17	Psychometrisch 4		
18	Geistige Agilität		
19	Sprachanalogie		
20	Psychometrisch 5		

Addieren Sie Ihre Punkte in jeder Spalte, und berechnen Sie die Differenz zwischen den Spalten.
Ein höherer Wert in Spalte A deutet auf eine Dominanz der linken Hirnhälfte hin.
Ein höherer Wert in Spalte B deutet auf eine Dominanz der rechten Hirnhälfte hin.

Ordnen Sie Ihre Werte auf der Grafik unten ein, um herauszufinden, wie stark Sie der rechten oder linken Hemisphäre zuneigen.

Zum Beispiel:
+ 70 in Spalte A deutet auf eine starke Linksseitigkeit hin.

+ 20 in Spalte B deutet auf eine leichte Rechtsseitigkeit hin. Der Wert liegt jedoch noch im ausgewogenen Bereich.

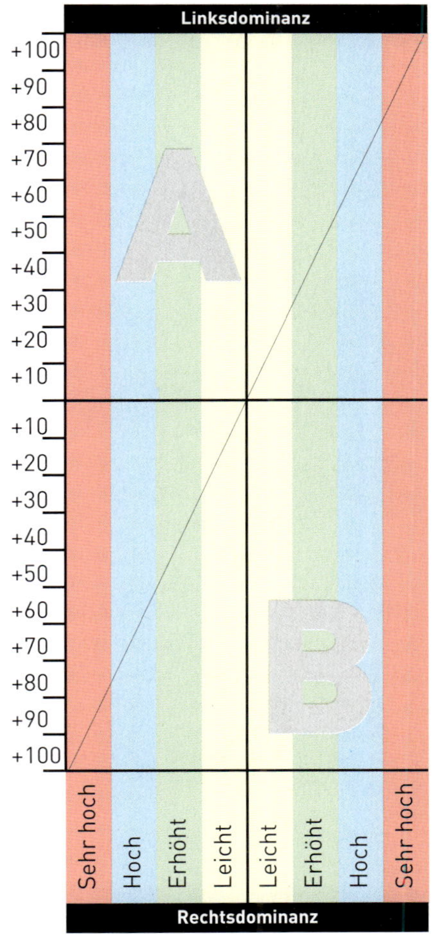

Logik (links) und Intuition (rechts)

Die linke Hirnhälfte löst Aufgaben der Reihe nach, linear und logisch. Sie nutzt Daten schrittweise, um beispielsweise eine Rechenaufgabe zu lösen. Die rechte Hemisphäre neigt stärker zur Intuition. Sie kennt vielleicht die Antwort auf eine Frage, weiß aber nicht genau, wie sie dazu gekommen ist.

Beim Schreiben achten Menschen mit Linksdominanz sorgfältig auf Rechtschreibung und Interpunktion. Für Rechtsdominante ist die Bedeutung wichtiger, und das Geschriebene muss sich »richtig anfühlen«.

Rechtsorientierte Schüler sind möglicherweise benachteiligt, weil in der Schule meist die linke Hirnhälfte gefragt ist. Sie können jedoch so flexibel werden, dass sie imstande sind, Aufgaben den Bedürfnissen der rechten Hemisphäre anzupassen. Linksorientierte Leser sollten begreifen, dass es möglich und wünschenswert ist, beide Hirnhälften zu nutzen, also auch die rechte Hälfte einzusetzen.

Arbeiten Sie nun in Ihrem eigenen Tempo die Übungen des zweiten Teils durch, und konzentrieren Sie sich zunächst auf jene Übungen, welche die nicht dominante Hemisphäre stärken. Damit Ihr Gehirn harmonisch arbeitet und Sie Höchstleistungen erbringen, raten wir Ihnen aber, alle Übungen zu lösen, auch jene für Ihre starke Hemisphäre.

← **Wie ein Computer** verarbeitet die linke Hirnhälfte Daten logisch und der Reihe nach.

→ **Linksorientierte** Menschen achten sehr auf Details. Darum machen sie in der Schule oder bei Besprechungen sorgfältig Notizen.

Sequenzielle Verarbeitung (links) und willkürliche Verarbeitung (rechts)

Die linke Hirnhälfte neigt dazu, Daten sequenziell, d. h. der Reihe nach, zu verarbeiten, während die rechte eher willkürlich vorgeht. Wer die linke Hälfte bevorzugt, ist ein guter Planer und Rechner und beherrscht die Rechtschreibung, weil es dabei auch um Reihenfolgen geht.

Menschen, bei denen die rechte Hemisphäre dominiert, sollten Listen und Entwürfe anfertigen, damit sie disziplinierter werden, effektiver arbeiten und nicht von einer Aufgabe zur anderen springen.

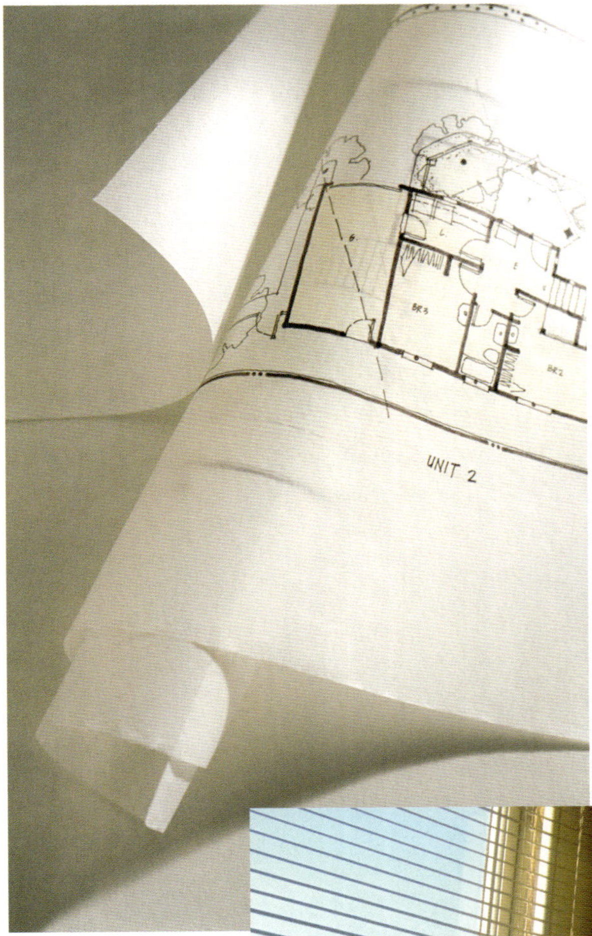

↑ **Führungsqualitäten,** wie sie z. B. Napoleon besaß, müssen sich mit brillantem Organisationstalent verbinden, damit ehrgeizige Träume wahr werden.

↑→**Ein Architekt** braucht Kreativität, aber auch Logik und Sinn für Details, um einen Plan in die Tat umzusetzen.

Training für ein **ausgewogenes Gehirn**

Sie wissen jetzt, welche Ihrer Hirnhälften dominiert, und können gegen ein Ungleichgewicht vorgehen, indem Sie die Hemisphäre trainieren, die Sie im Alltag weniger nutzen.

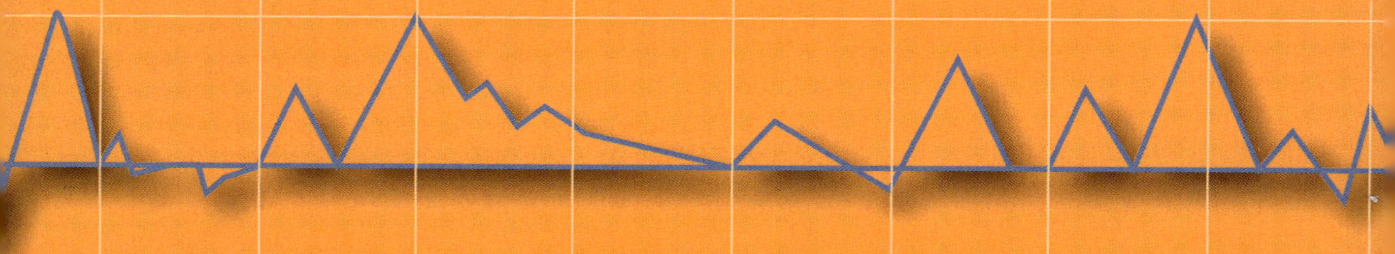

Teil

Übungen für die linke Hirnhälfte

FÜR MENSCHEN, BEI DENEN DIE RECHTE HIRNHÄLFTE DOMINIERT

Mathematisches Denken: Zusammenhänge

Beispiel

Tragen Sie die vorgegebenen Zahlen so in die Kreise ein, dass für jeden Kreis folgende Aussage zutrifft: Die Summe der Zahlen in den mit ihm verbundenen Kreisen entspricht der Zahl, die für ihn in der Liste festgelegt ist.

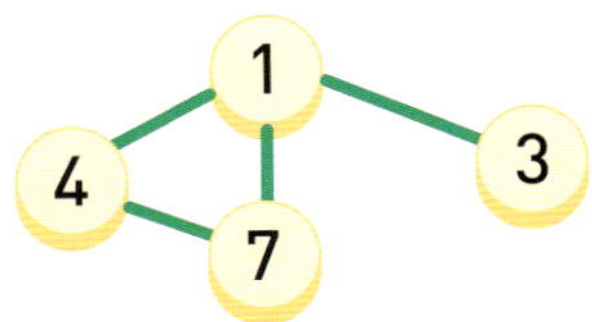

Lösung: 1 = 14 (4+7+3)
4 = 8 (7+1)
7 = 5 (4+1)
3 = 1

Übung 1

→ Tragen Sie die Zahlen 1–7 ein.

1 = 11
2 = 9
3 = 19
4 = 10
5 = 3
6 = 7
7 = 3

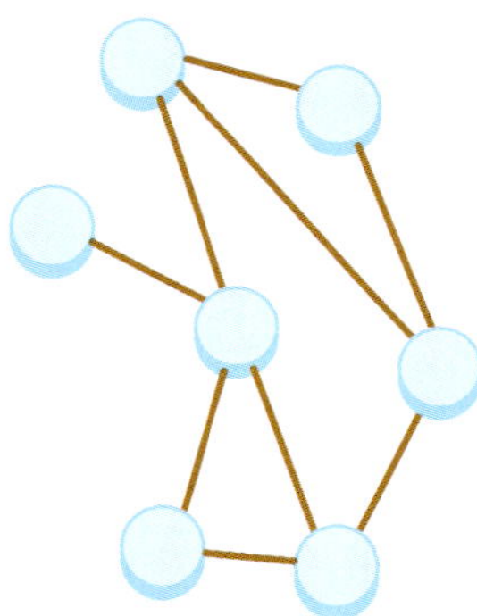

Übung 2

→ Tragen Sie die Zahlen 1–7 ein.

1 = 12
2 = 14
3 = 9
4 = 16
5 = 14
6 = 3
7 = 11

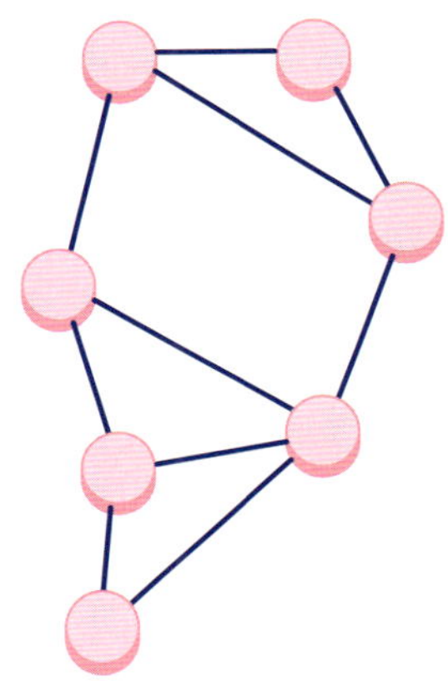

Übung 3

→ Tragen Sie die Zahlen 1–8 ein.

1 = 32
2 = 1
3 = 14
4 = 16
5 = 8
6 = 4
7 = 10
8 = 8

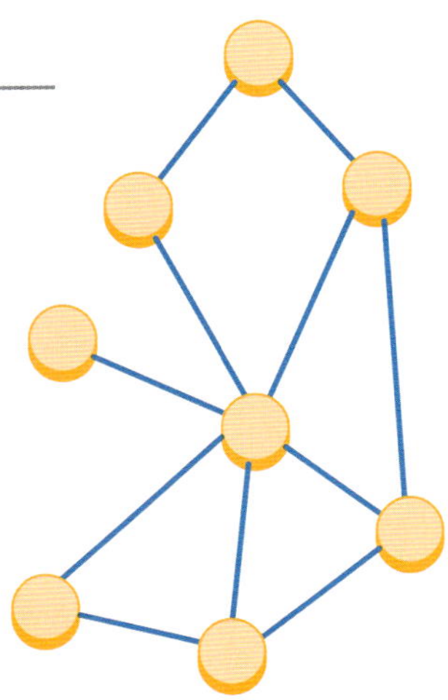

Übung 4

→ Tragen Sie die Zahlen 1–9 ein.

1 = 16
2 = 27
3 = 23
4 = 18
5 = 2
6 = 10
7 = 16
8 = 5
9 = 5

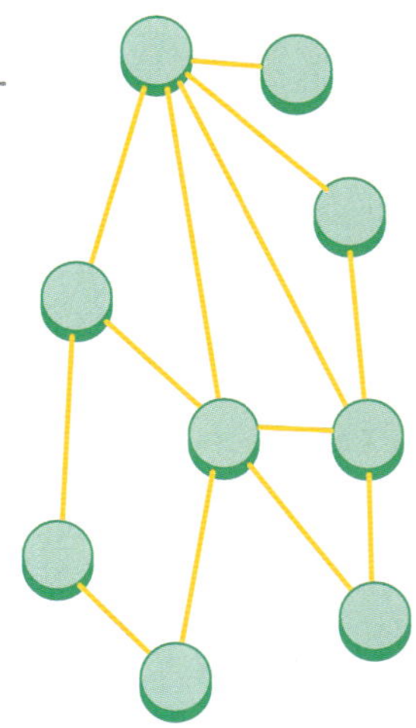

Die Lösungen finden Sie auf Seite 144 bis 155.
Fortsetzung auf Seite 76

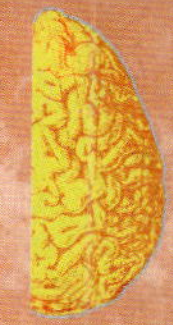

Kreatives Schreiben

→ Viele Menschen würden gerne einen Roman schreiben, aber nur sehr wenige kommen über das Anfangsstadium hinaus. Um kreative Aufgaben zu lösen, müssen Sie Ihrer rechten Hemisphäre die Möglichkeit geben, ihre schöpferischen Ideen fließen zu lassen.

Um das zu erreichen, können Sie beispielsweise die linke Hirnhälfte weniger aktivieren oder sie durch Langeweile »auf Sparflamme schalten«. Das gelingt vielleicht während einer langen Bahn- oder Flugreise. Dann kann die rechte Hemisphäre kreativer sein, weil die von ständigem Informationsinput beherrschte linke Hälfte sie weniger stört. Oder Sie suchen einen ruhigen Platz auf, ohne Ablenkung durch Telefonanrufe oder Gespräche. Auch nachts vor dem Einschlafen oder im Traum fließen die Ideen besser. Halten Sie Papier und Bleistift griffbereit, und notieren Sie alle Ideen, ohne zu überlegen, ob sie gut sind und ob Ihre Rechtschreibung stimmt. Entspannen Sie sich, und lassen Sie die Worte und Ideen fließen. Wenn Ihnen nichts mehr einfällt, lesen Sie Ihre Notizen durch und anschließend noch einmal. Dann beginnen Sie, jene Teile auszufeilen, die Ihre Fantasie und Kreativität anregen.

Wecken Sie nun Ihre linke Hirnhälfte, um Ordnung in Ihre Notizen zu bringen. Es schadet nicht, wenn sie chaotisch aussehen, denn das lässt sich leicht beheben – genau darin ist ein linksorientierter Mensch gut. Das Wichtigste ist, dass Sie etwas Originelles geschaffen haben.

Probieren Sie jetzt folgende Übung:

Auf den beiden Gemälden unten sind mehrere Menschen und Tiere abgebildet. Wählen Sie eine oder zwei Figuren aus, und versuchen Sie nach der eben beschriebenen Methode 1000 bis 3000 Wörter über sie zu schreiben.

Mathematisches Denken: Zusammenhänge

Fortsetzung von Seite 74

Übung 5

→ Tragen Sie die Zahlen 1–7 ein.

1 = 17
2 = 11
3 = 1
4 = 2
5 = 14
6 = 7
7 = 6

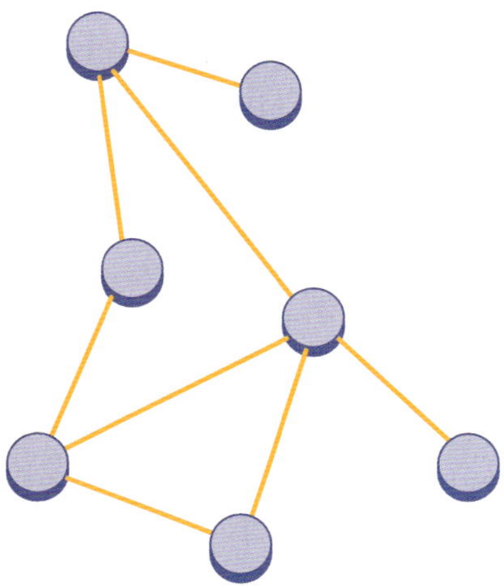

Übung 6

→ Tragen Sie die Zahlen 1–7 ein.

1 = 11
2 = 22
3 = 5
4 = 8
5 = 9
6 = 2
7 = 3

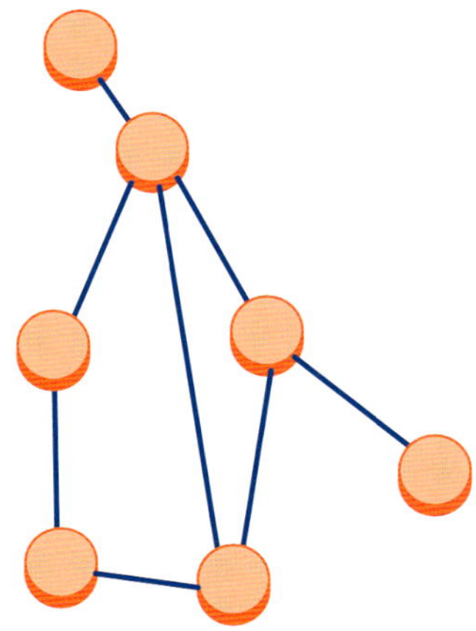

Übung 7

→ Tragen Sie die Zahlen 1–7 ein.

1 = 14
2 = 16
3 = 14
4 = 2
5 = 10
6 = 4
7 = 10

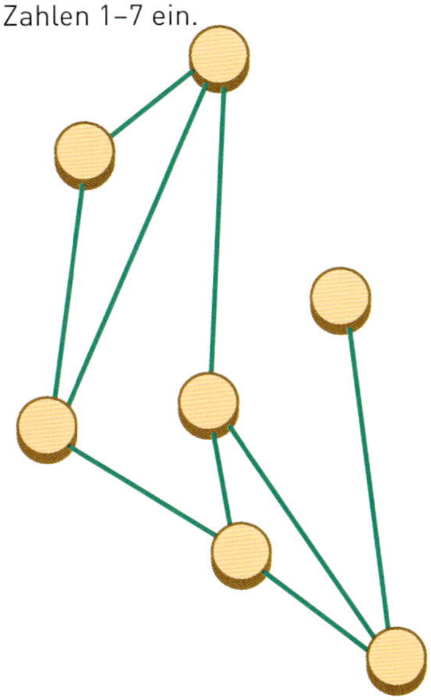

Übung 8

→ Tragen Sie die Zahlen 1–7 ein.

1 = 10
2 = 5
3 = 12
4 = 14
5 = 13
6 = 11
7 = 15

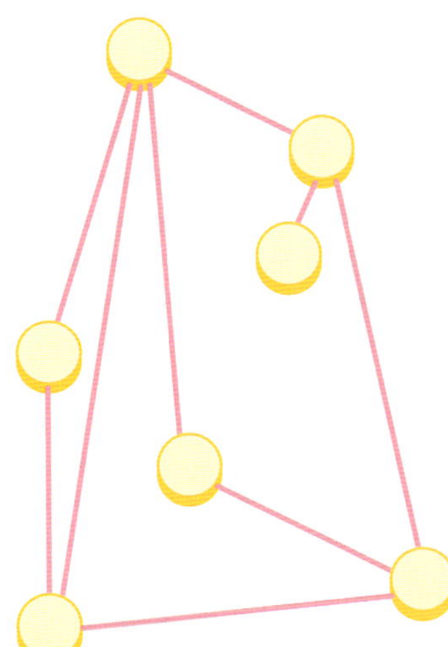

Die Lösungen finden Sie auf Seite 144 bis 155.

Laterale Zahlenrätsel

Beispiel

Diese Zahlenrätsel schulen das laterale Denken und die Kreativität. Sie brauchen dafür nur ein wenig mathematisches Grundwissen. Unterschätzen Sie die Aufgaben dennoch nicht – vielleicht müssen Sie um die Ecke denken. Wenn Sie diese Rätsel nicht auf Anhieb lösen können, probieren Sie es einfach später noch einmal.

Zum Beispiel:
Welche Zahl fehlt in dem Quadrat?

Lösung:
8. Jede Zahl entspricht der doppelten Seitenzahl der Figur, in der sie steht.

Übung 1

→ Welche Zahl ersetzt das Fragezeichen?

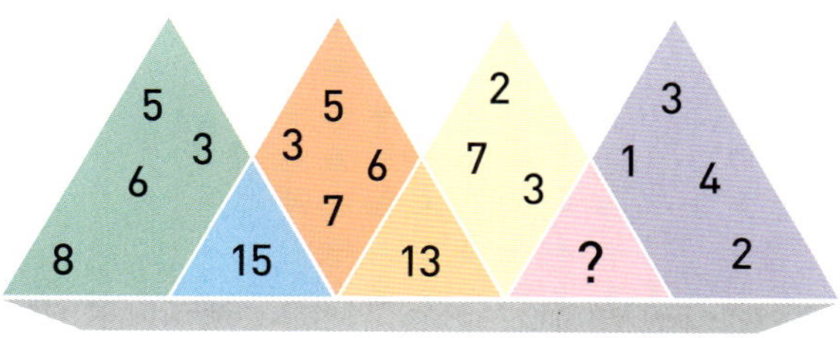

Übung 2

→ Welche Zahl ersetzt das Fragezeichen?

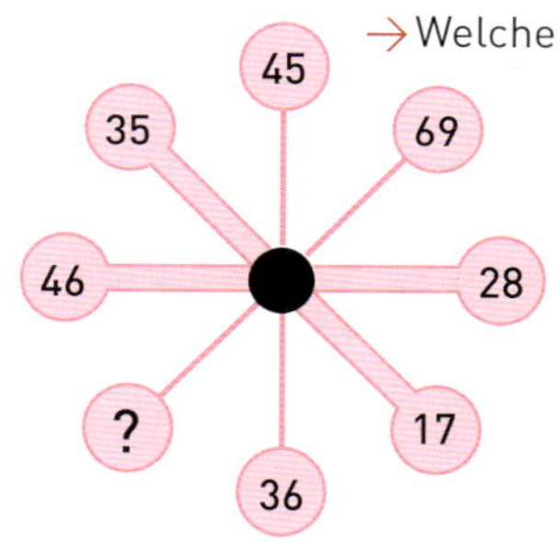

Übung 3

→ Welche Zahl ersetzt das Fragezeichen?

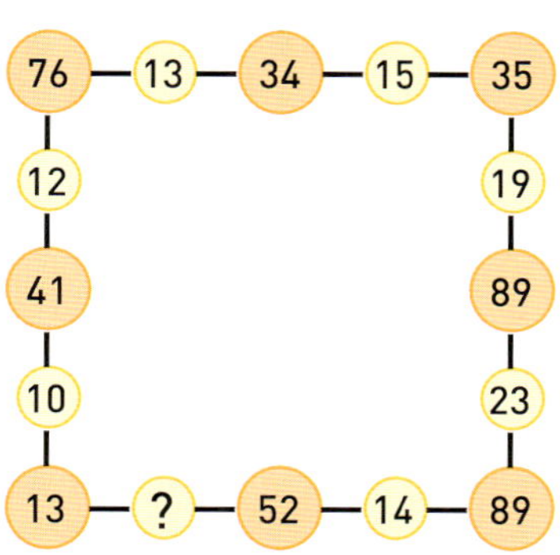

Übung 4

→ Welche Zahl ersetzt das Fragezeichen?

6	1	3	2
8	5	4	9
7	8	7	5
4	9	4	8

4	9	7	8
2	5	6	1
3	2	3	5
6	1	6	?

Fortsetzung auf Seite 79

Die Lösungen finden Sie auf Seite 144 bis 155.

Übungen für die linke Hirnhälfte

FÜR MENSCHEN, BEI DENEN DIE RECHTE HIRNHÄLFTE DOMINIERT

Mathematisches Denken: Zusammenhänge

Fortsetzung von Seite 76

Übung 9

→ Tragen Sie die Zahlen 1–8 ein.

1 = 20
2 = 15
3 = 11
4 = 8
5 = 11
6 = 10
7 = 22
8 = 14

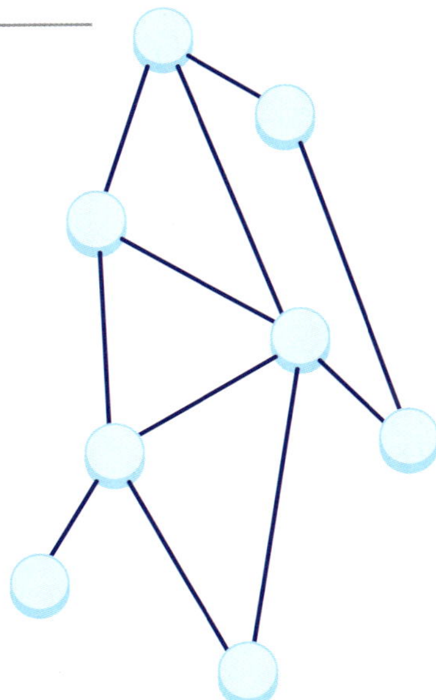

Übung 10

→ Tragen Sie die Zahlen 1–8 ein.

1 = 17
2 = 5
3 = 13
4 = 14
5 = 18
6 = 10
7 = 8
8 = 5

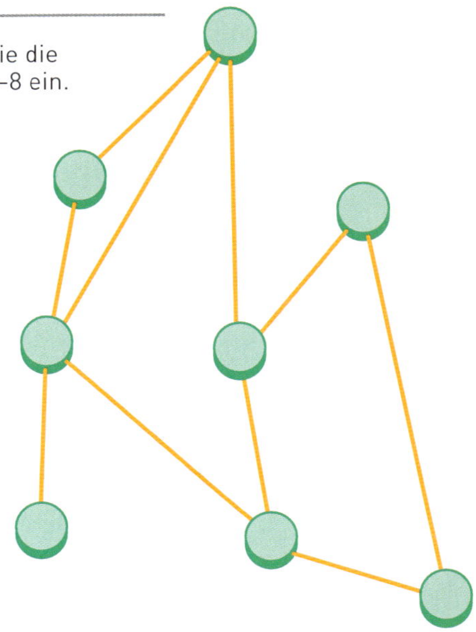

Übung 11

→ Tragen Sie die Zahlen 1–9 ein.

1 = 4
2 = 15
3 = 26
4 = 19
5 = 8
6 = 5
7 = 24
8 = 16
9 = 12

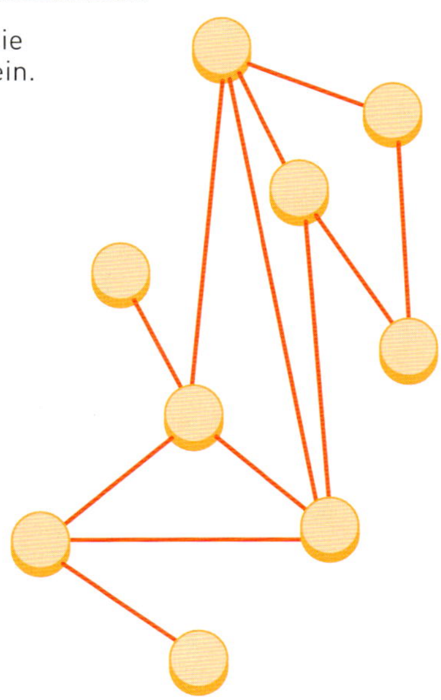

Übung 12

→ Tragen Sie die Zahlen 1–9 ein.

1 = 18
2 = 26
3 = 8
4 = 3
5 = 15
6 = 25
7 = 11
8 = 10
9 = 20

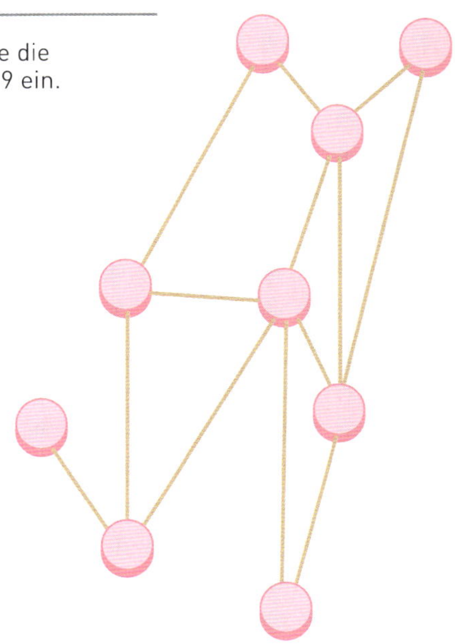

Die Lösungen finden Sie auf Seite 144 bis 155.

Fortsetzung von Seite 77

Laterale Zahlenrätsel

Übung 5

→ Welche Zahl ersetzt das Fragezeichen?

Übung 6

→ Welche Zahl ersetzt das Fragezeichen?

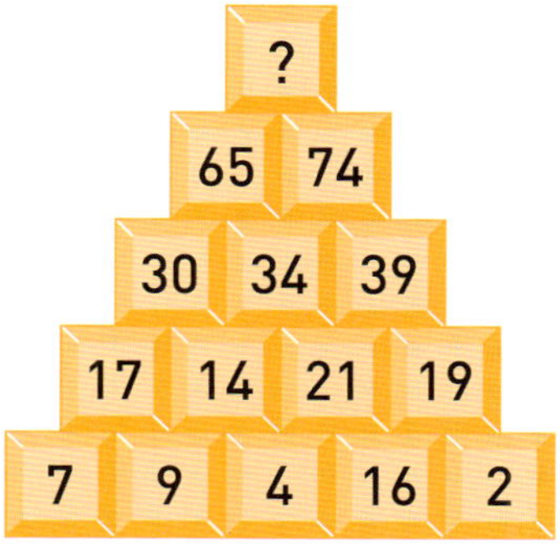

Übung 7

→ Welche zwei Zahlen ersetzen die Fragezeichen?

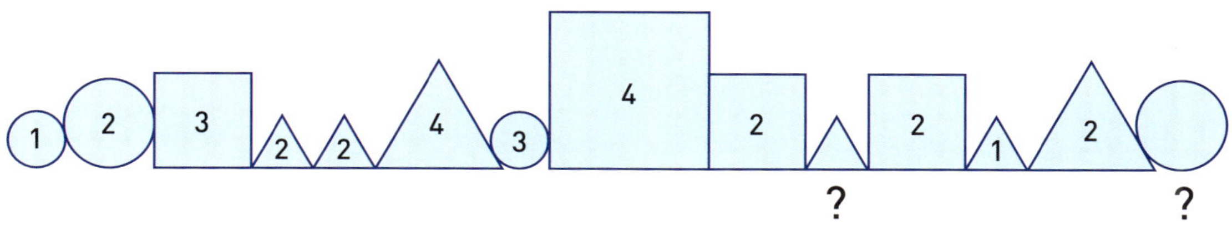

Übung 8

→ Welche Zahl ersetzt das Fragezeichen?

Übung 9

→ Welche Zahl ersetzt das Fragezeichen?

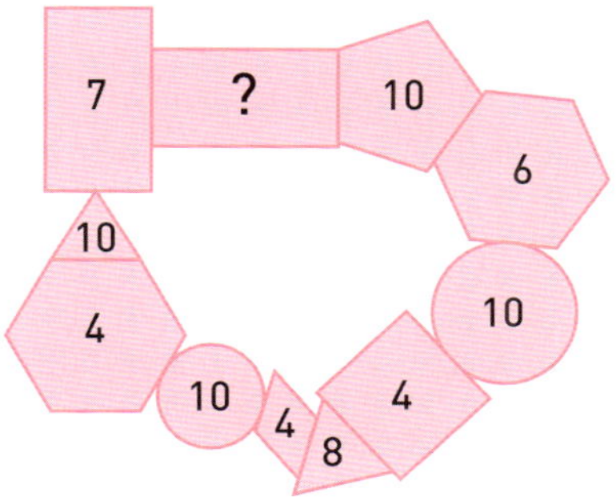

Fortsetzung auf Seite 81

Die Lösungen finden Sie auf Seite 144 bis 155.

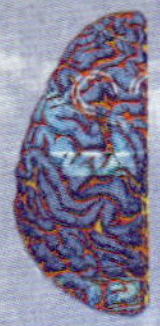

Definitionstest 1

→ Spalte A enthält zehn Definitionen. In Spalte B finden Sie eine Liste mit Wörtern, zu denen die Definitionen passen – aber die Reihenfolge ist falsch. Tragen Sie in Spalte C jeweils das Wort ein, das zu der Definition in Spalte A passt.

A	*B*	*C*
Weiblicher Dämon	Animieren	
Fettleibig	Bake	
Kräutergarten	Anodynum	
Kleinod	Lamia	
Übertrieben genau	Herbarium	
Feines Pergament	Paladin	
Warnzeichen	Adipös	
Ermuntern	Velin	
Ritter, Held	Pedantisch	
Schmerzstillendes Mittel	Bijou	

Definitionstest 2

→ Spalte A enthält zehn Definitionen. In Spalte B finden Sie eine Liste von Wörtern, zu denen die Definitionen passen – aber die Reihenfolge ist falsch. Tragen Sie in Spalte C jeweils das Wort ein, das zu der Definition in Spalte A passt.

A	*B*	*C*
Messordnung	Immanent	
Innewohnend, anhaftend	Perseiden	
Prahlen	Ordinarium	
Verfolgung	Sardonisch	
Sternschnuppen	Akribisch	
Erlass	Prosekutor	
Sehr genau	Dekret	
Hämisch	Renommieren	
Bevorstehend	Persekution	
Ankläger	Imminent	

Fortsetzung von Seite 79

Laterale Zahlenrätsel

Übung 10

→ Welche Zahl ersetzt das Fragezeichen?

Übung 11

→ Welche Zahl ersetzt das Fragezeichen?

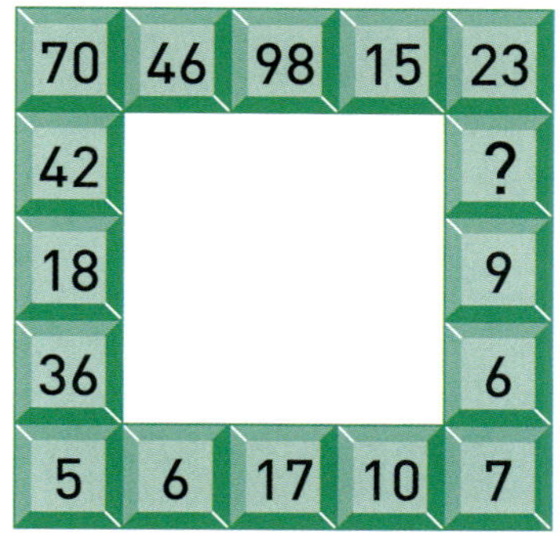

Übung 12

→ Welche Zahl ersetzt das Fragezeichen?

Übung 13

→ Welche Zahl ersetzt das Fragezeichen?

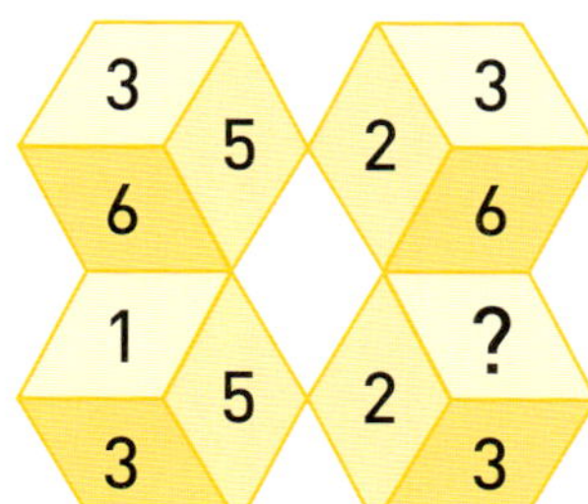

Übung 14

→ Welche Zahl ersetzt das Fragezeichen?

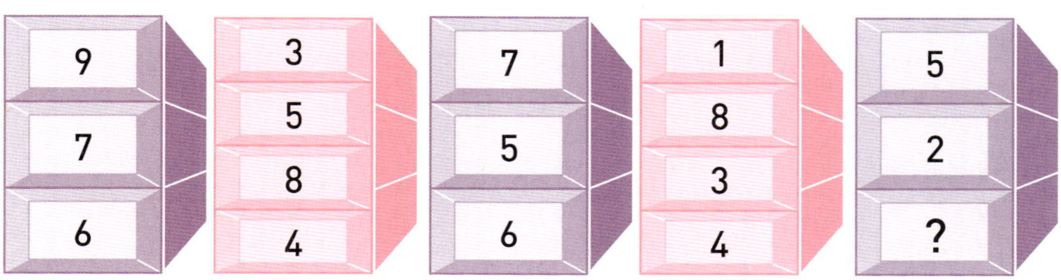

Fortsetzung auf Seite 83

Die Lösungen finden Sie auf Seite 144 bis 155.

Definitionstest 3

Fortsetzung von Seite 80

→ Spalte A enthält zehn Definitionen. In Spalte B finden Sie eine Liste von Wörtern, zu denen die Definitionen passen – aber die Reihenfolge ist falsch. Tragen Sie in Spalte C jeweils das Wort ein, das zu der Definition in Spalte A passt.

A	B	C
Nach außen gerichtet	Negieren	
Stillstehend	Applizieren	
Überspannt	Stationär	
Einschränkend	Negligieren	
Zurücktretend	Appretieren	
Verabreichen	Restriktiv	
Vernachlässigen	Exaltiert	
Stattlich	Statiös	
Gewebe bearbeiten	Rezessiv	
Verneinen	Extravertiert	

Definitionstest 4

→ Spalte A enthält zehn Definitionen. In Spalte B finden Sie eine Liste von Wörtern, zu denen die Definitionen passen – aber die Reihenfolge ist falsch. Tragen Sie in Spalte C jeweils das Wort ein, das zu der Definition in Spalte A passt.

A	B	C
Feinschmecker	Pedant	
Vernünftig	Profus	
Tiefgründig	Rationell	
Gegenstück	Profund	
Äußerlich	Gourmet	
Sparsam	Tropisch	
Schlemmer	Pendant	
Klimatisch heiß	Rational	
Reichlich	Gourmand	
Kleinlicher Mensch	Topisch	

Die Lösungen finden Sie auf Seite 144 bis 155.

Übungen für die rechte Hirnhälfte

FÜR MENSCHEN, BEI DENEN DIE LINKE HIRNHÄLFTE DOMINIERT

Fortsetzung von Seite 81

Laterale Zahlenrätsel

Übung 15

→ Welche Zahl ersetzt das Fragezeichen?

Übung 16

→ Welche Zahl ersetzt das Fragezeichen?

Übung 17

→ Welche Zahl ersetzt das Fragezeichen?

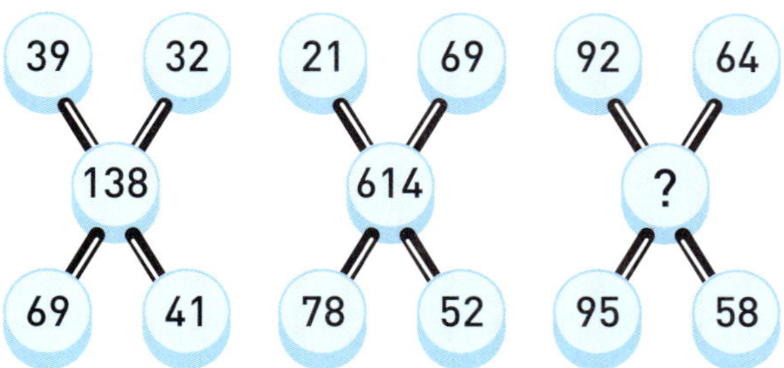

Übung 18

→ Welche Zahl ersetzt das Fragezeichen?

Übung 19

→ Welche Zahl ersetzt das Fragezeichen?

Übung 20

→ Welche Zahl ersetzt das Fragezeichen?

Die Lösungen finden Sie auf Seite 144 bis 155.

Mathematisches Denken

→ In vielen Berufen muss man mit Symbolen umgehen: mit Buchstaben, Wörtern und mathematischen Zeichen. Wer die linke Hirnhälfte bevorzugt, ist meist sprachlich und mathematisch talentiert, weil die linke Hemisphäre Symbole besser verarbeiten kann.

Linksorientierte Menschen lernen Wörter und mathematische Formeln oft auswendig, während rechtsorientierte ein Objekt sehen, fühlen oder berühren wollen.

Die folgenden Aufgaben vermitteln Menschen, bei denen die rechte Hirnhälfte dominiert, praktische Erfahrung mit mathematischem Denken. Es sind keine Tricks eingebaut, sondern es geht um einfache Analysen und Berechnungen.

1. **Auf meiner Armbanduhr ist es 13.15 Uhr, auf der Standuhr 13.25 Uhr, auf der Tischuhr 13.55 Uhr, auf der Kirchturmuhr 14.00 Uhr, auf Ihrer Armbanduhr 13.10 Uhr, und die Rundfunkzeitansage meldet 13.30 Uhr.**
   Um wie viele Minuten gehen diese Uhren und das Radio durchschnittlich vor oder nach?

2. **Max hat 3 Euro mehr als Tim, aber wenn Tim dreimal mehr Geld hätte, als er jetzt hat, hätte er 12 Euro mehr als die ursprünglichen addierten Beträge.**
   Wie viel hat Jim?

3. **Ein Auto fährt 80 km in der gleichen Zeit, in der ein anderes, 20 km/h schnelleres Auto 120 km zurücklegt.**
   Wie lange dauert die Fahrt?

4. **Wenn ein Auto seine durchschnittliche Geschwindigkeit während einer 210 km langen Fahrt um 5 km/h erhöht hätte, wäre die Reise eine Stunde früher zu Ende gewesen.**
   Wie hoch war die (nicht erhöhte) Geschwindigkeit des Autos?

5. **Auf meinem Schreibtisch stehen vier Bücher zwischen zwei Bücherstützen. Wenn ich die Bücher in jeder möglichen anderen Reihenfolge anordnen würde und dafür jedes Mal zwei Sekunden bräuchte, wie lange würde es dann dauern, die Bücher in allen möglichen verschiedenen Reihenfolgen aufzustellen?**

6. **Tom hat 420 Euro. Er gibt drei Fünftel für ein Elektrogerät und 45 Prozent vom Rest für Kleider aus. Dann stellt er noch einen Scheck über 90 Euro aus.**
   Wie viel Geld hat er jetzt noch?

7. **Wie viele Minuten vor Mittag ist es jetzt, wenn es vor 84 Minuten dreimal so viele Minuten nach 9.00 Uhr war?**

8. **Tom, Jim und Harry stecken 15 000, 30 000 und 55 000 Euro in ein neues Geschäft und vereinbaren, sich den Gewinn im gleichen Verhältnis zu teilen. Voriges Jahr betrug der Gewinn 140 000 Euro.**
   Wie viel Euro erhielt jeder von ihnen?

9. **Gabi hat ein Viertel mehr Geld als Linda, die ein Viertel mehr als Gina hat. Zusammen haben sie 427 Euro.**
   Wie viel hat jede von ihnen?

10. **Ich bin jetzt doppelt so alt wie mein Sohn. Vor zwölf Jahren war ich fünfmal so alt wie er.**
    Wie viel älter als mein Sohn war ich vor acht Jahren?

 Die Lösungen finden Sie auf Seite 144 bis 155.

Fortsetzung auf Seite 86

Übungen für die rechte Hirnhälfte

FÜR MENSCHEN, BEI DENEN DIE LINKE HIRNHÄLFTE DOMINIERT

Buchstaben- und Wörterrätsel

Beispiel

Alle folgenden Buchstaben- und Wörterrätsel setzten ein wenig laterales Denken voraus. Die Übungen sollen nicht Ihr Wissen über Wortbedeutungen prüfen (das erledigt die linke Hirnhälfte), sondern die Flexibilität Ihres Denkens. Bei mehreren Übungen müssen Sie das Rätsel selbst analysieren, verborgene Muster oder Bedeutungen finden und schließlich die sichtbaren Grenzen des Rätsels überschreiten, um die Lösung zu finden.

Übung 1

→ Welches Wort setzt die folgende Reihe fort?

Käppchen, Saft, Sucht, Anlage

Ist es:

Beweis, Pause, Charme, Schloss oder Treppe?

Übung 2

→ Welcher Buchstabe ersetzt das Fragezeichen?

C	I	G	H
E	O	C	D
L	B	C	J
G	A	N	?

Übung 3

→ Was haben diese Ausdrücke gemeinsam?

Pool-Leiter, Kaffeetisch, Nüsse essen, Belle Epoque

Fortsetzung auf Seite 87

Die Lösungen finden Sie auf Seite 144 bis 155.

Mathematisches Denken

Fortsetzung von Seite 84

11. **Max ist viermal so alt wie Sara, die 4 Jahre alt ist.**
Wie alt wird Max sein, wenn er doppelt so alt wie Sara ist?

12. **Drei Männer setzen sich zum Essen an den Tisch. Hans hat sieben Laibe Brot. Fritz hat fünf Laibe. Karl hat kein Brot, aber 10 Euro.**
Die Laibe sollen gleichmäßig verteilt werden. Wie viel muss Karl den anderen zahlen?

13. **Drei Männer besitzen ein Boot. A besitzt 42 Prozent, B 37 Prozent, C 21 Prozent. Die Versicherung schickt eine Rechnung über 300 Euro.**
Wie viel muss jeder zahlen?

14. **Sechs Pferde laufen um die Wette.**
Wie viele mögliche Zieleinläufe gibt es? Tote Rennen kommen nicht vor.

15. **Ein Mann kann ein Fass Bier in 80 Tagen austrinken. Seine Frau kann ein Fass Bier in 200 Tagen austrinken.**
Wie lange brauchen Sie, um ein Fass gemeinsam zu leeren?

16. **Wie viele verschiedene Mannschaften mit fünf Spielern kann man aus neun Spielern zusammenstellen?**

17. **Karl hat 50 Euro. Bernd hat 20 Prozent mehr als Karl. Georg hat 50 Prozent des Betrages, den Karl und Bernd haben. Fred hat 20 Prozent des Betrages, den Bernd und Georg haben.**
Wie viel haben sie zusammen?

18. **A kann eine Mauer in vier Stunden bauen. B kann sie in fünf Stunden bauen. C kann sie in zehn Stunden bauen.**
Wie lange brauchen sie, wenn sie die Mauer gemeinsam bauen?

19. **Eine Freundin fragt Barbara, wie alt sie sei. Sie sagt: »Wenn ich mein Alter verdopple und 1 abziehe, bin ich so alt wie mein Onkel. Wenn du die Ziffern seines Alters umkehrst, kennst du mein Alter.«**
Wie alt ist Barbara?

20. **Wie groß ist die Chance, genau 15 zu erzielen, wenn ich dreimal würfle?**

21. **Wie groß ist die Chance, aus einem Kartenspiel vier Asse zu ziehen, wenn das Spiel aus 15 Karten besteht?**

22. **Bernd trifft 80-mal ins Schwarze, wenn er 100-mal schießt. Fred trifft 90-mal ins Schwarze, wenn er 100-mal schießt.**
Wie groß ist die Chance, dass das Ziel getroffen wird, wenn beide nur einmal schießen?

23. **Alle Zahlen von 1 bis 9, je einmal in der richtigen Reihenfolge verwendet, können mithilfe von + und - so geschrieben werden, dass 100 herauskommt.**
Es gibt 12 Möglichkeiten. Finden Sie eine?

24. **Ermitteln Sie die Summe der Zahlen von 1 bis 100. Es gibt eine ganz einfache Lösung.**

25. **In meinem Teich schwimmen 4998 Fische. Die männlichen Fische haben je 111 Flecken, die weiblichen je 37.**
Wie viele Flecken bleiben im Teich, wenn ich zwei Drittel der männlichen Fische heraushole?

26. **Fügen Sie eine Zahl zweimal hinzu, damit diese Gleichung stimmt:**
6 : 8 = 27

27. **Bernd hat 75 Euro und drei Viertel dessen, was Armin hat. Armin hat 50 Euro und die Hälfte dessen, was Bernd hat.**
Wie viel hat jeder der beiden?

28. **Tragen Sie die Zahlen 1 bis 9 je einmal so ein, dass 100 herauskommt.**
(–) + + – – –

29. **Drei Männer werfen eine Münze. Gewonnen hat, wer als Erster Kopf wirft. A fängt an, dann kommt B, dann C.**
Wie groß ist die Gewinnchance jedes Spielers?

30. **Ersetzen Sie die Buchstaben so durch Zahlen, dass die Summe stimmt.**

```
   W E A R Y
 L A W Y E R
+ R E A L L Y
 -----------
 Y A W N E D
```


Die Lösungen finden Sie auf Seite 144 bis 155.

Fortsetzung von Seite 85

Buchstaben- und Wörterrätsel

Übung 4

→ Welcher Buchstabe ersetzt das Fragezeichen?

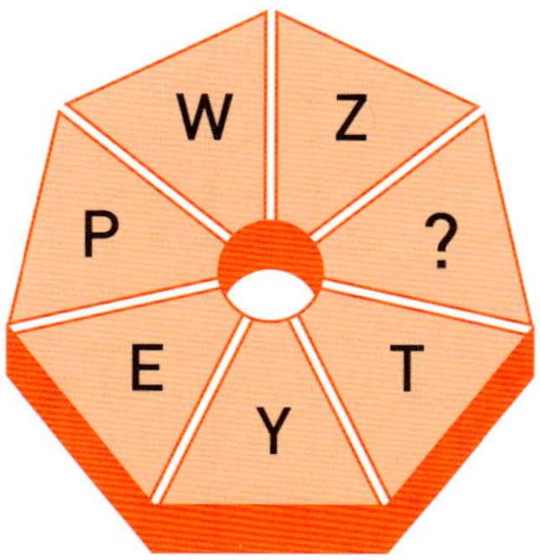

Übung 5

→ Welche drei Buchstaben gehören ins dritte Oval?

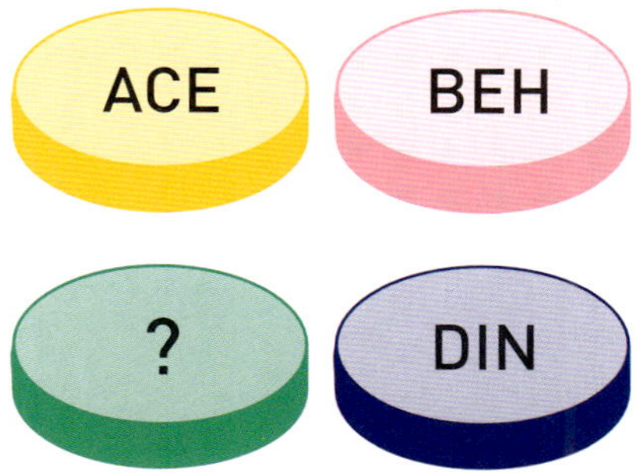

Übung 6

→ Welcher Buchstabe ersetzt das Fragezeichen?

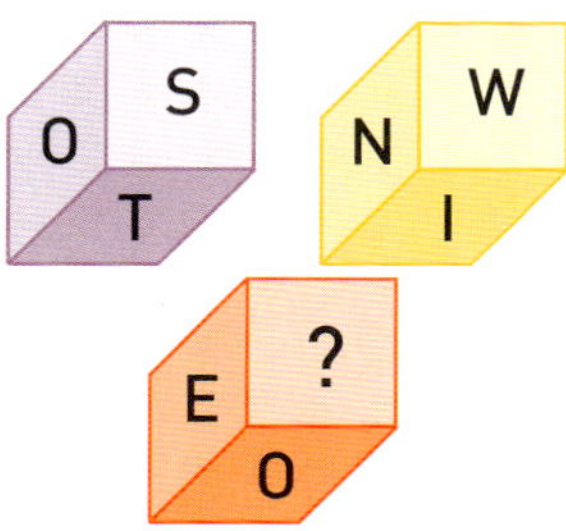

Übung 7

→ Welche beiden Wörter gehören nicht in die Gruppe?

ago, elaborate, sat, rob,

sentenced, outplayed, net,

fantastic, lap, arrogance

Übung 8

→ Welcher Buchstabe ersetzt das Fragezeichen?

A, E, F, M, ?, W, Y

Übung 9

→ Welcher Buchstabe ersetzt das Fragezeichen?

Sprachliche Intelligenz

Beispiel

Heutzutage ist gute Kommunikation äußerst wichtig. Deshalb sollten Sie Ihre sprachlichen Fertigkeiten optimieren.

1. **Welches Wort in Klammern kommt in seiner Bedeutung dem mit Großbuchstaben geschriebenen Wort am nächsten?**
   UNVERWUNDBAR (empfindlich, bloßgestellt, sicher, selbstsicher, eigenwillig)
2. **Welches Wort in Klammern ist in seiner Bedeutung dem mit Großbuchstaben geschriebenen Wort am wenigsten ähnlich?**
   POTENT (unterentwickelt, ineffektiv, traurig, untrainiert, mangelhaft)
3. **Welche beiden Wörter sind sich in ihrer Bedeutung am ähnlichsten?**
   Begeisterung, Fantasie, Tamtam, Illusion, Stil
4. **Welche beiden Wörter sind sich in ihrer Bedeutung am ähnlichsten?**
   Absorbieren, verkleiden, umwinden, verzerren, einhüllen, garnieren
5. **Was bedeutet NEBULÖS?**
   a. Aufsässig
   b. Geistig
   c. Düster
   d. Wirr
   e. Feuchtkalt
6. **Welche beiden Wörter sind sich in ihrer Bedeutung am ähnlichsten?**
   Mystisch, sonderbar, gemeinsam, obskur, fabelhaft
7. **Welche beiden Wörter sind sich in ihrer Bedeutung am wenigsten ähnlich?**
   Prägnant, effizient, banal, löblich, weitschweifig
8. **Was bedeutet KOMATÖS?**
   a. Scheintot
   b. Schwierig
   c. Fiebrig
   d. Tief bewusstlos
   e. Entzündet
9. **Welches Wort in Klammern ist in seiner Bedeutung dem mit Großbuchstaben geschriebenen Wort am wenigsten ähnlich?**
   VIRULENT (unbeweglich, harmlos, flach, schmackhaft, vereitert, verborgen)
10. **Welcher Begriff in Klammern kommt in seiner Bedeutung dem mit Großbuchstaben geschriebenen Wort am nächsten?**
    TAUTOLOGIE (schmelzende Lava, Bienenkunde, unnötige Doppelaussage, Prahlerei, alchemistisches Rezept)
11. **Welche beiden Wörter sind sich in ihrer Bedeutung am ähnlichsten?**
    Passion, Blessur, Sünde, Hingabe, Sühne
12. **Welches Wort in Klammern ist in seiner Bedeutung dem mit Großbuchstaben geschriebenen Wort am wenigsten ähnlich?**
    EXORBITANT (übertrieben, normal, riesig, ehemalig, ausländisch)
13. **Welche beiden Wörter sind sich in ihrer Bedeutung am wenigsten ähnlich?**
    Dominant, unschuldig, schmerzlos, rezessiv, leidend, liederlich
14. **Was bedeutet POLEMIK?**
    a. Unsachliche Kritik
    b. Lange, dürre Gestalt
    c. Teilung in zwei Gruppen
    d. Rede im Parlament
    e. Leitartikel

Fortsetzung auf Seite 90

Übungen für die rechte Hirnhälfte

FÜR MENSCHEN, BEI DENEN DIE LINKE HIRNHÄLFTE DOMINIERT

Visuelle Bestimmungsübungen

Beispiel

Bei den folgenden Übungen geht es darum, die Figur zu finden, die nicht zu den anderen passt. Diese Aufgaben schulen die geistige Agilität und das kreative Denken.

Zum Beispiel:

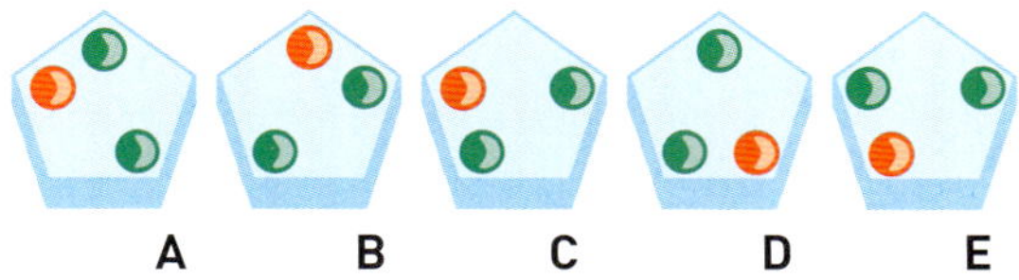

Lösung:
C. Alle anderen Figuren sind gleich – sie drehen sich nur. Figur C ist ein Spiegelbild der anderen vier.

Übung 1

→ Welche Figur passt nicht zu den anderen?

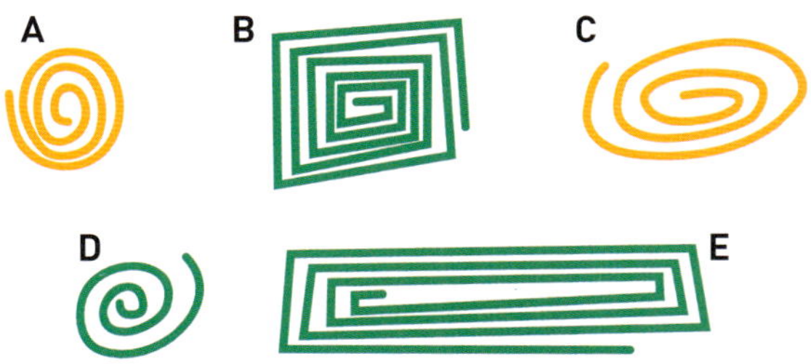

Übung 2

→ Welche Figur passt nicht zu den anderen?

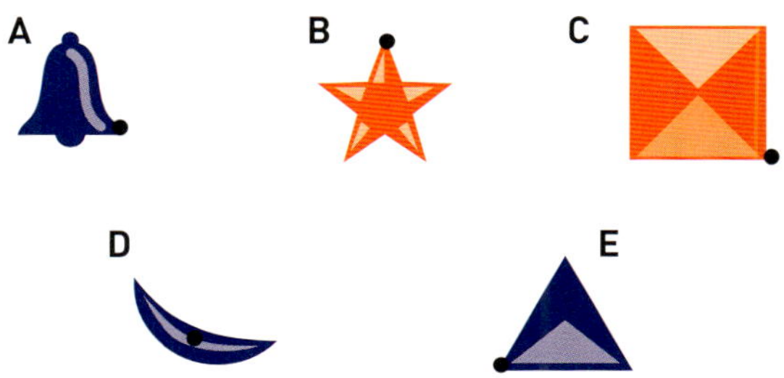

Übung 3

→ Welche Figur passt nicht zu den anderen?

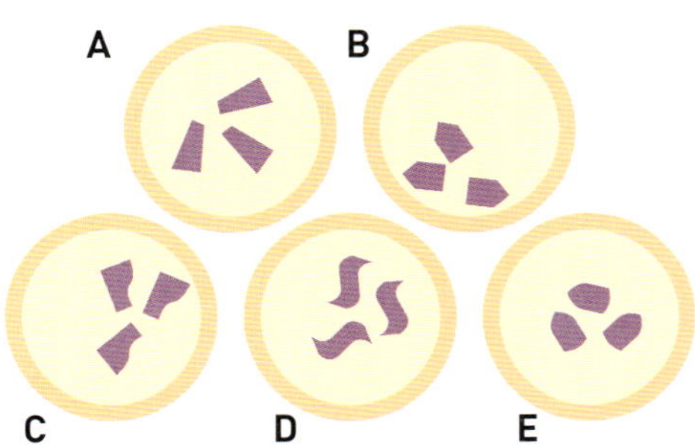

Übung 4

→ Welche Figur passt nicht zu den anderen?

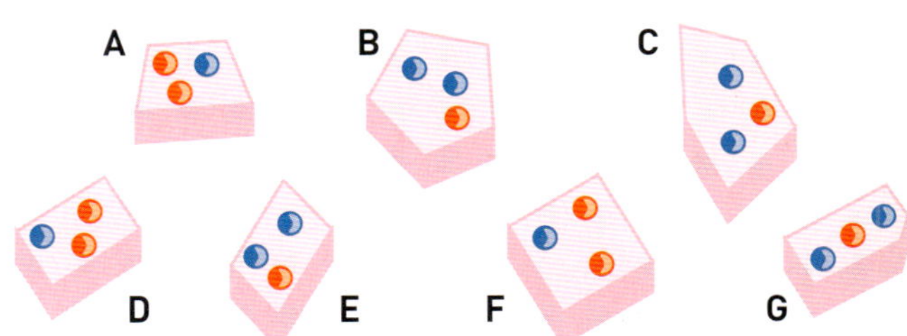

Fortsetzung auf Seite 91

Die Lösungen finden Sie auf Seite 144 bis 155.

Sprachliche Intelligenz

Fortsetzung von Seite 88

15. **Welche beiden Wörter sind sich in ihrer Bedeutung am wenigsten ähnlich?**
Aktivieren, idealisieren, bekräftigen, anhalten, fälschen, gestehen

16. **Was bedeutet SIDEROSE**
a. Sterndeutung
b. Erkrankung durch Eisenstaub
c. Verätzung mit Essig
d. Blumenschau
e. Heftiger Hautausschlag

17. **Welches Wort in Klammern ist in seiner Bedeutung dem mit Großbuchstaben geschriebenen Wort am wenigsten ähnlich?**
FREMD (exogen, ausländisch, adäquat, spezifisch, unpräzise)

18. **Welches Wort in Klammern ist in seiner Bedeutung dem mit Großbuchstaben geschriebenen Wort am wenigsten ähnlich?**
KONZILIANT (kirchenfeindlich, exakt, unfreundlich, wechselhaft, erfinderisch)

19. **Welche beiden Wörter sind sich in ihrer Bedeutung am ähnlichsten?**
Image, Analogie, Illusion, Senilität, Schimäre

20. **Welche beiden Wörter sind sich in ihrer Bedeutung am wenigsten ähnlich?**
Singulär, günstig, pur, typisch, konventionell, falsch

21. **Was bedeutet DENAR?**
a. Dezimalsystem
b. Kroatische Währung
c. Römische Silbermünze
d. Ende einer Narkose

22. **Welches Wort passt nicht in die Reihe?**
Geysir, Fjord, Polder, Sierra, Panasch

23. **Welches Wort kann man vor diese Worte setzen, so dass neue Worte entstehen?**
Bahnhof
Schmuck
Ball
Jäger

24. **Welches Wort hat eine ähnliche Bedeutung wie WÖRTERBUCH?**
Register, Papyrus, Thesaurus, Pergament, Index, Bibliografie

25. **Was bedeutet OOGENESE?**
Italienische Suppe, Eientwicklung, schleppende Heilung, Fortpflanzung durch Sporen

26. **Wie nennt man eine Gruppe von Fischen?**
a. Horde
b. Schule
c. Herde
d. Schwarm

27. **Welche zwei Wörter haben eine gegensätzliche Bedeutung?**
Blumig, nuanciert, aggressiv, exaltiert, schroff, affektiert

28. **Fügen Sie ein Wort ein, das die gleiche Bedeutung hat wie die Wörter außerhalb der Klammer.**
Verwandte (____________) Teil eines Gewindestiftes

29. **Was ist ein Gnomon?**
a. Gartenzwerg
b. Taktgeber
c. Sonnenuhrzeiger
d. Eidechsenart
e. Dämon

30. **Füllen Sie die Lücken aus, um ein Wort mit 8 Buchstaben zu erhalten.**

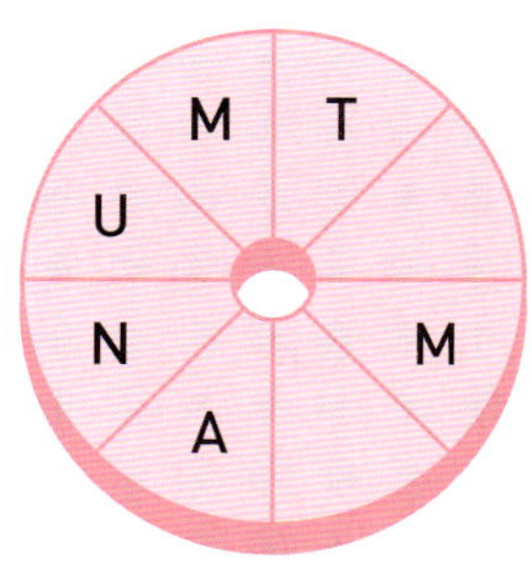

Die Lösungen finden Sie auf Seite 144 bis 155.

Übungen für die rechte Hirnhälfte

FÜR MENSCHEN, BEI DENEN DIE LINKE HIRNHÄLFTE DOMINIERT

Fortsetzung von Seite 89

Visuelle Bestimmungsübungen

Übung 5

→ Welche Figur passt nicht zu den anderen?

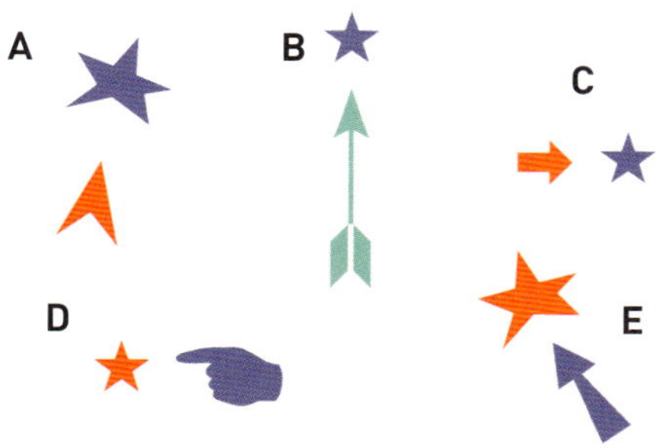

Übung 6

→ Welche Figur passt nicht zu den anderen?

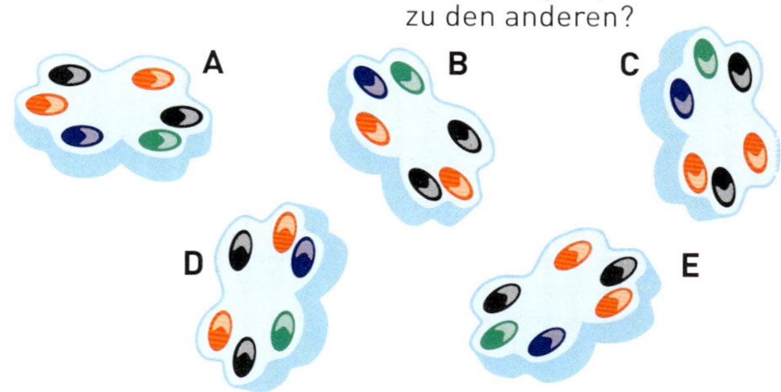

Übung 7

→ Welche Figur passt nicht zu den anderen?

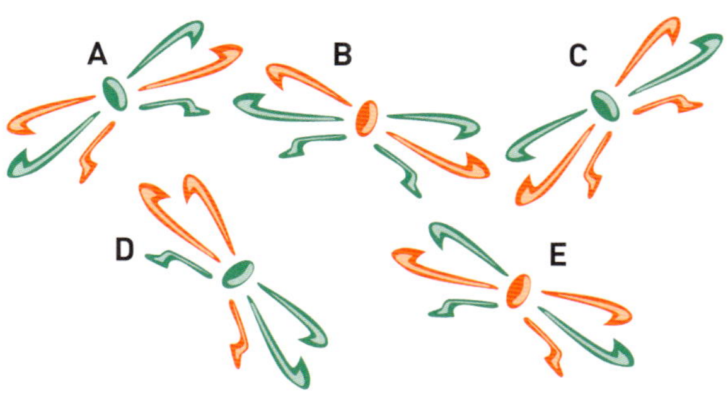

Übung 8

→ Welche Figur passt nicht zu den anderen?

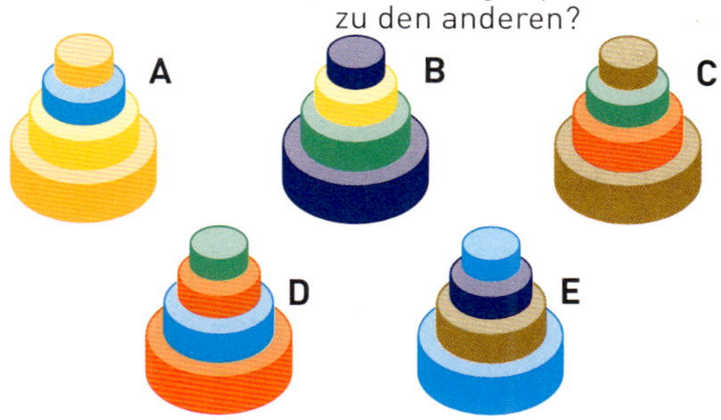

Übung 9

→ Welche Figur passt nicht zu den anderen?

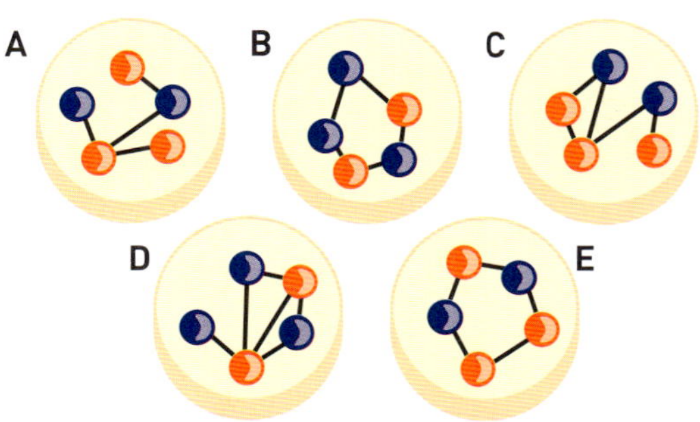

Übung 10

→ Welche Figur passt nicht zu den anderen?

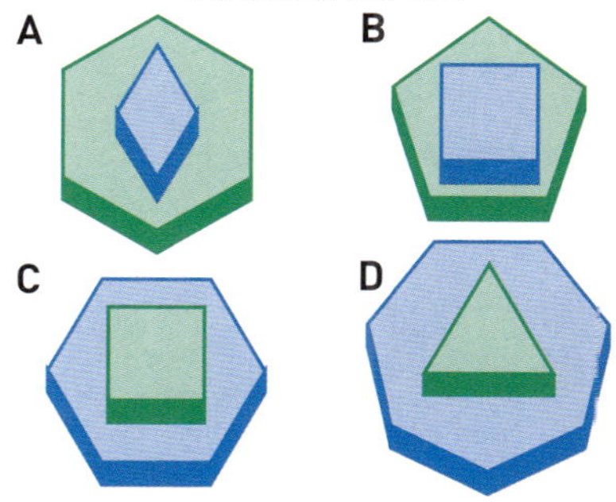

Die Lösungen finden Sie auf Seite 144 bis 155.

Übungen für die linke Hirnhälfte

FÜR MENSCHEN, BEI DENEN DIE RECHTE HIRNHÄLFTE DOMINIERT

Buchstaben und Zahlen

→ Welche Zahl fehlt im Gitter, und wo muss man sie einfügen?

		R					
				11		17	
		G				D	
20				L			
			12				G
	4			E	7		
	J		P				
					18		

Analytische Rätsel

Beispiel

Die folgenden Rätsel lassen sich durch analytisches und logisches Denken lösen. Wie viele mögliche Wege gibt es von A nach B, wenn wir annehmen, dass wir nur nach Osten und nach Süden gehen können? Ein richtiger Weg ist hier rot eingezeichnet.

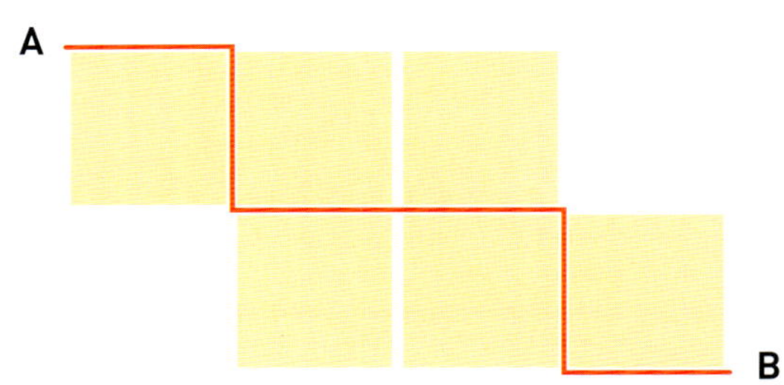

Übung 1

→ Wie viele mögliche Wege gibt es von A nach B?

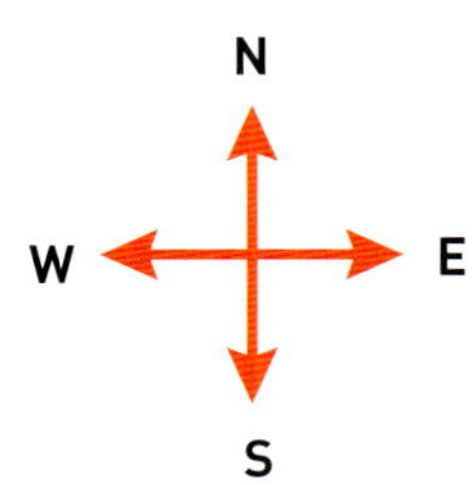

Fortsetzung auf Seite 94

Übungen für die rechte Hirnhälfte

FÜR MENSCHEN, BEI DENEN DIE LINKE HIRNHÄLFTE DOMINIERT

Kreative Sequenzübung

→ Mit den folgenden Übungen können linksorientierte Menschen üben, Muster zu erkennen, sie können das räumliche Vorstellungsvermögen verbessern und ihre Kreativität fördern, indem sie die Figur zeichnen, welche die Reihe fortsetzt.

Zum Beispiel:

Lösung:
Die Reihe lautet: brauner Kreis/blaues Quadrat, blauer Kreis/braunes Quadrat usw.

Übung 1

→ Zeichnen Sie die nächste Figur in der Reihe.

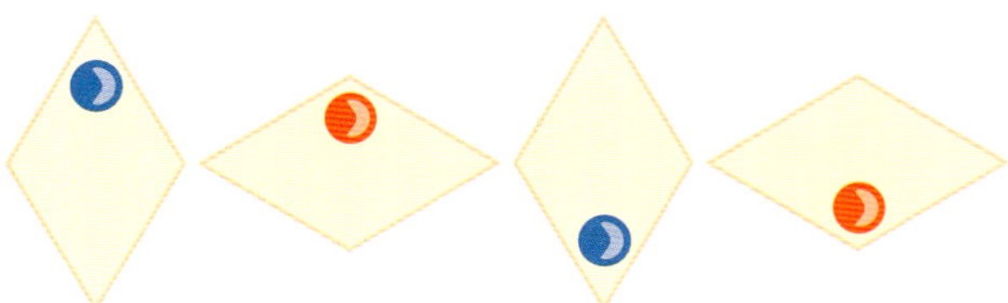

Übung 2

→ Zeichnen Sie die nächste Figur in der Reihe.

Übung 3

→ Zeichnen Sie die nächste Figur in der Reihe.

Übung 4

→ Zeichnen Sie die nächste Figur in der Reihe.

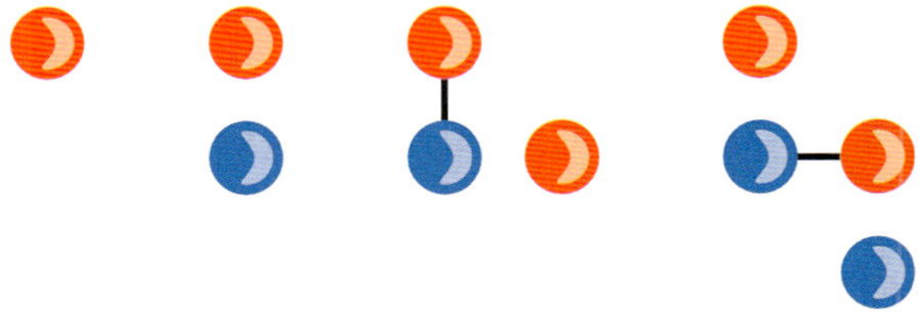

Fortsetzung auf Seite 95

Die Lösungen finden Sie auf Seite 144 bis 155.

Analytische Rätsel

Fortsetzung von Seite 92

Übung 2

→ Durch einen Ball mit 13 cm Durchmesser wird ein 5 cm breites Loch gebohrt. Wie lang ist der Tunnel?

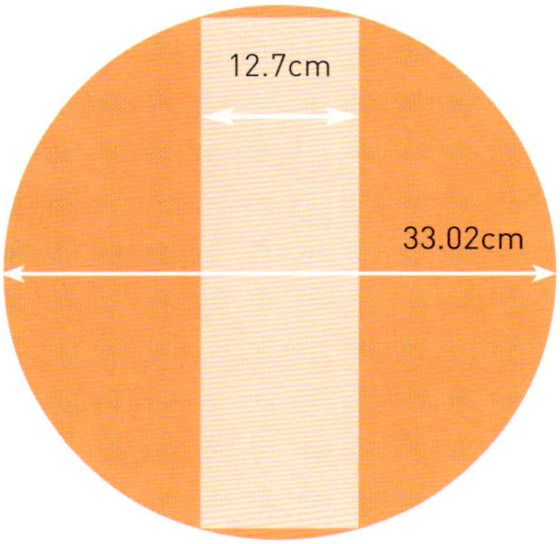

Übung 3

→ Wie viele Dreiecke?

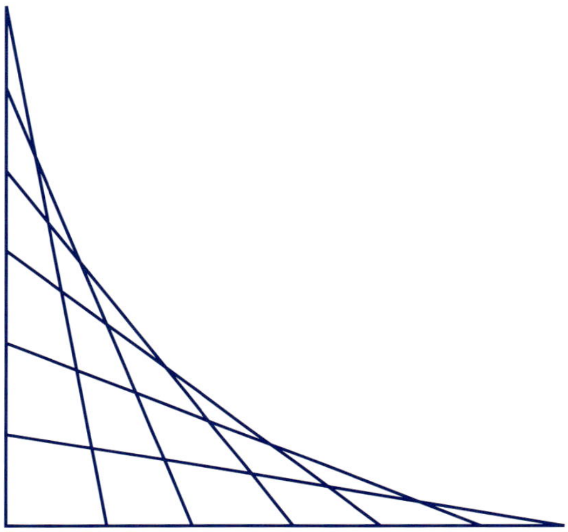

Übung 4

→ Wie viele Quadrate?

Übung 5

→ Wie viele Kreise?

Fortsetzung von Seite 93

Kreative Sequenzübung

Übung 5

→ Zeichnen Sie die nächste Figur in der Reihe.

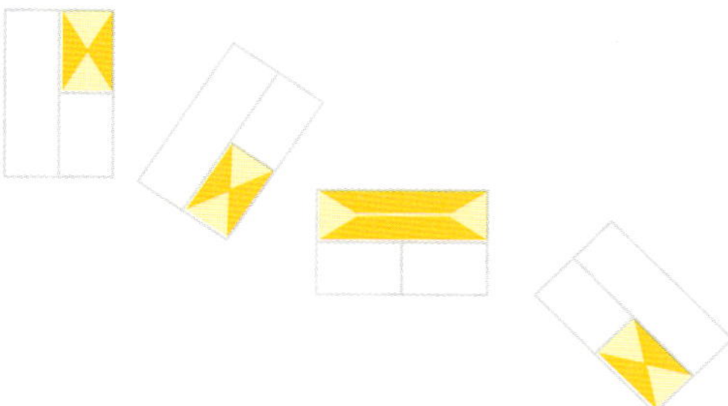

Übung 6

→ Zeichnen Sie die nächste Figur in der Reihe.

Übung 7

→ Zeichnen Sie die nächste Figur in der Reihe.

Übung 8

→ Zeichnen Sie die nächste Figur in der Reihe.

Übung 9

→ Zeichnen Sie die nächste Figur in der Reihe.

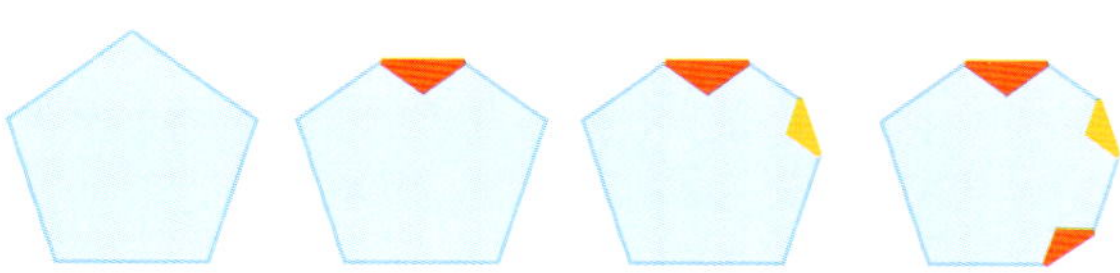

Übung 10

→ Zeichnen Sie die nächste Figur in der Reihe.

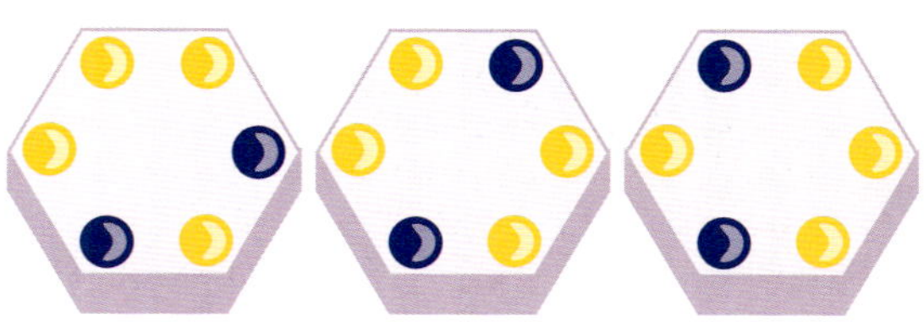

Die Lösungen finden Sie auf Seite 144 bis 155.

Matrix-Rätsel

Beispiel

Die folgenden zehn Matrix-Rätsel schulen Analysefähigkeit und Logik. Konzentrieren Sie sich auf jede Reihe und jede Spalte, und bestimmen Sie, welches Quadrat fehlt.

Zum Beispiel:

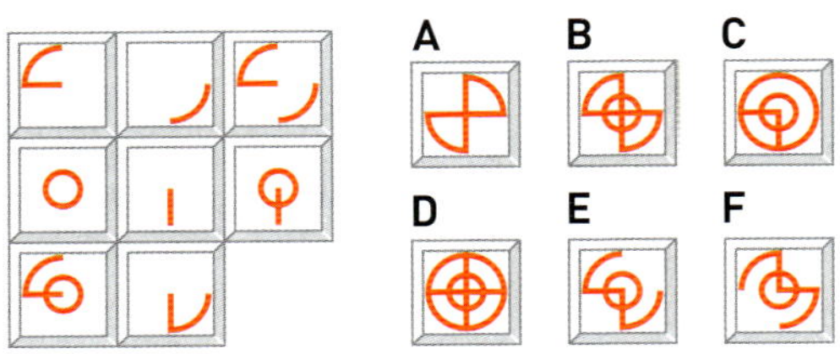

Lösung:
E. Wenn Sie die Reihen und Spalten analysieren, sehen Sie, dass das dritte Quadrat eine Kombination der beiden ersten ist.

E

Übung 1

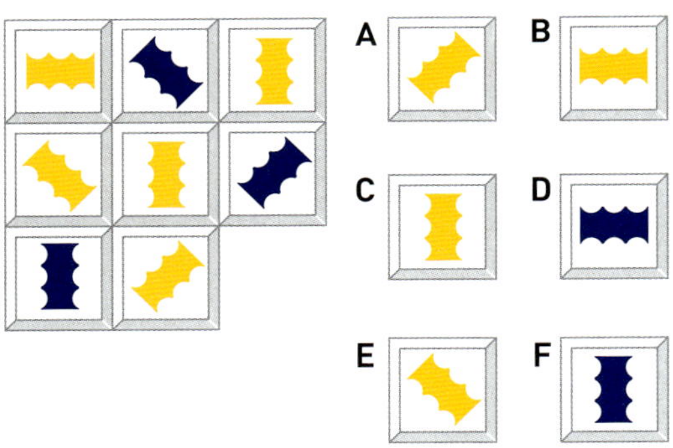

Übung 2

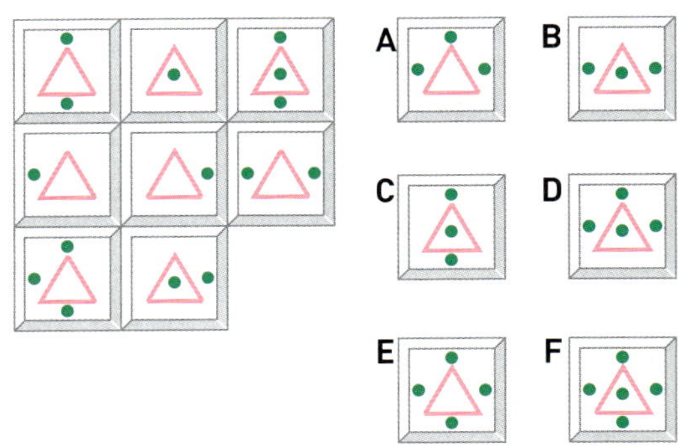

Übung 3

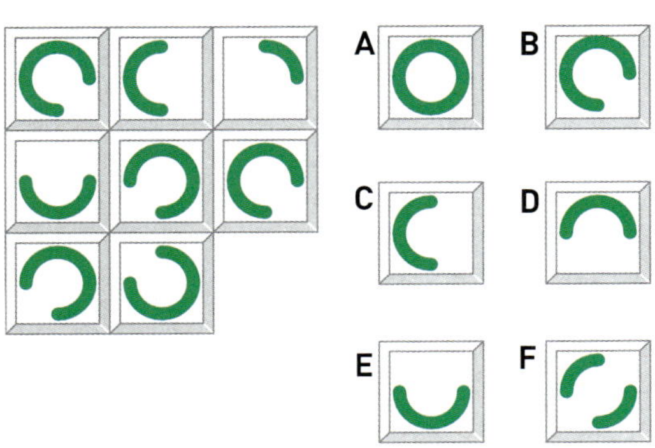

Übung 4

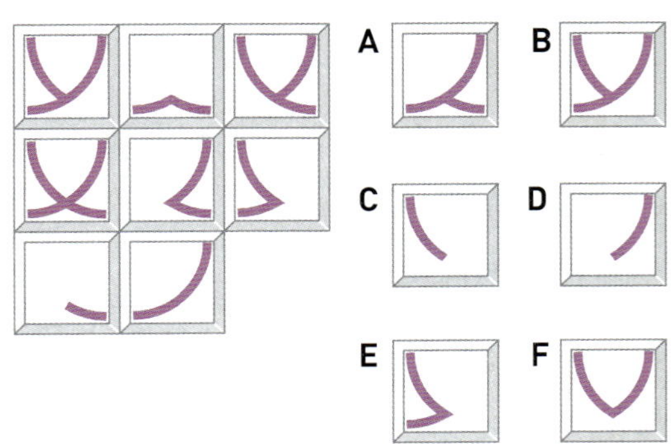

 Die Lösungen finden Sie auf Seite 144 bis 155.

Fortsetzung auf Seite 98

Beispiel

Ein gutes räumliches Vorstellungsvermögen ist im Alltag sehr wichtig. Es regt nicht nur das Denken an, sondern verbessert auch körperliche Leistungen.

Zum Beispiel:
Welche Figur passt nicht zu den anderen?

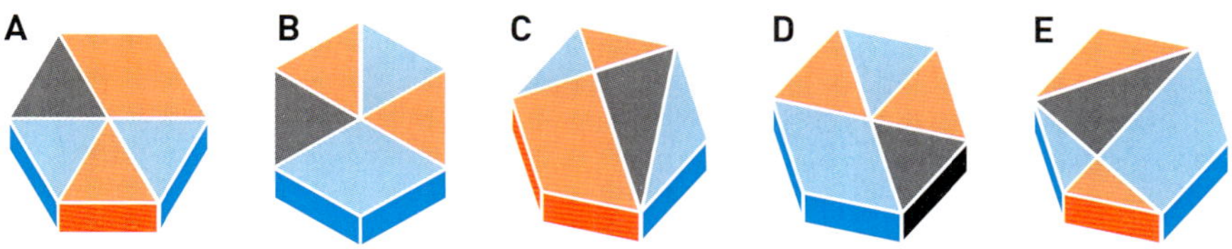

Lösung:
B. A ist gleich D, wobei Blau und Braun vertauscht sind. Das Gleiche gilt für C und E.

Übung 1

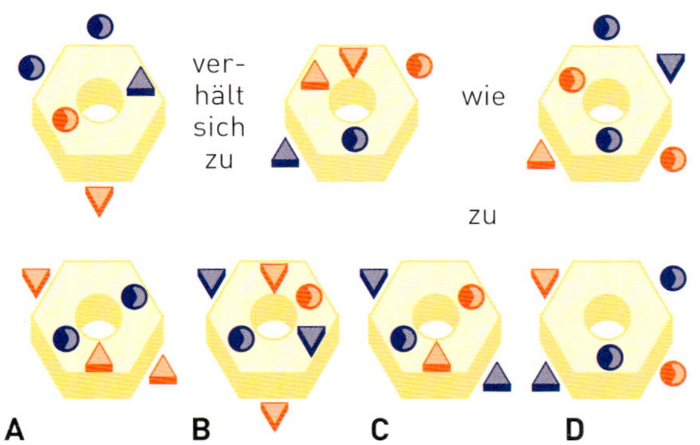

Übung 2

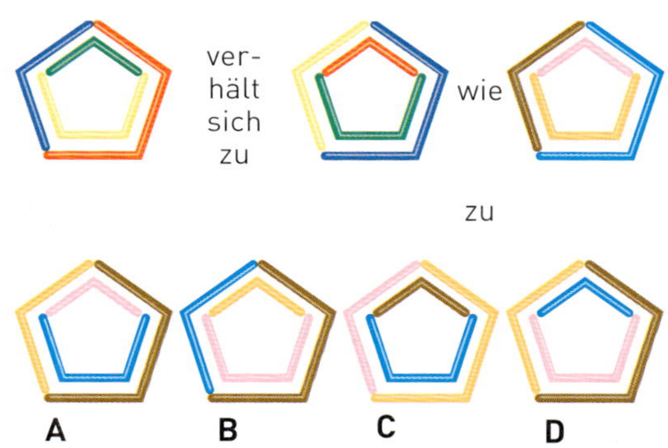

Übung 3

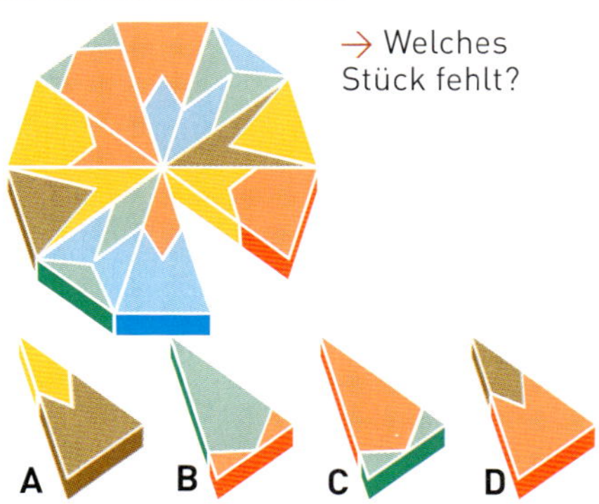

→ Welches Stück fehlt?

Übung 4

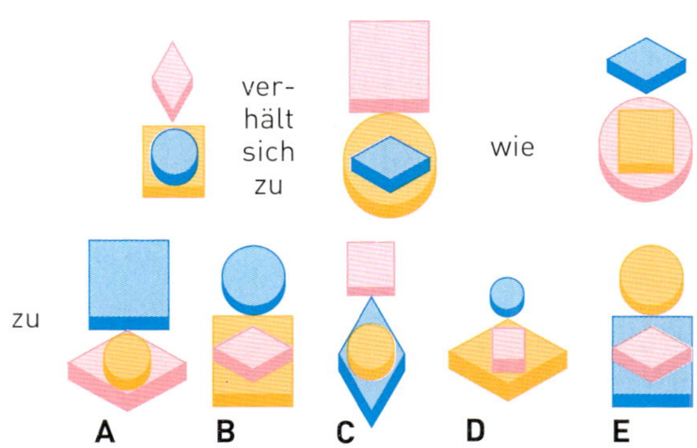

Fortsetzung auf Seite 99

Die Lösungen finden Sie auf Seite 144 bis 155.

Matrix-Rätsel

Fortsetzung von Seite 96

Übung 5

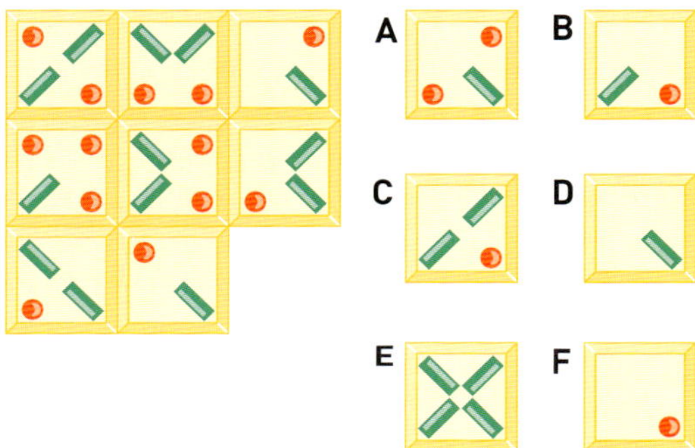

Übung 6

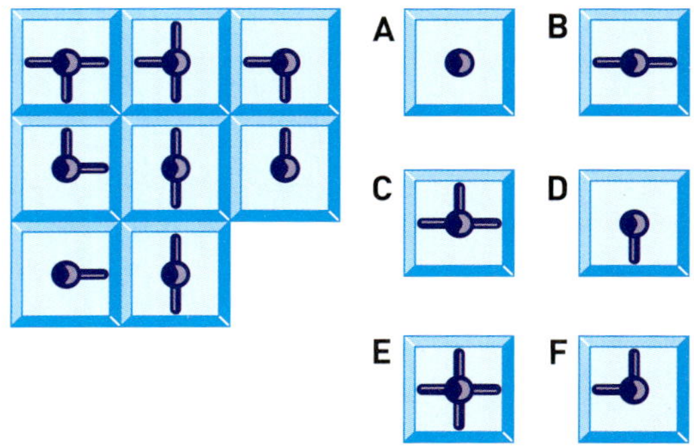

Übung 7

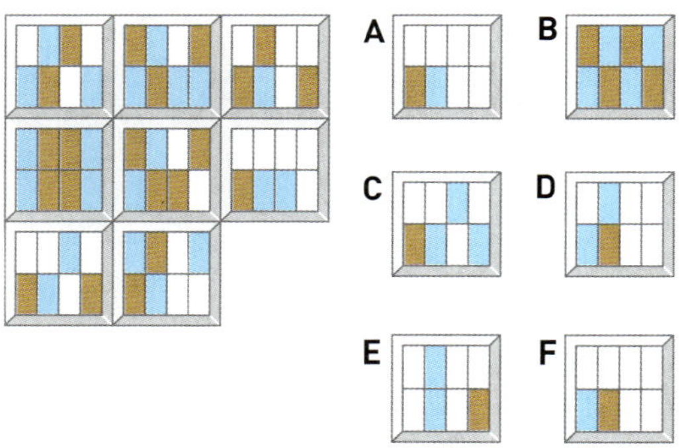

Übung 8

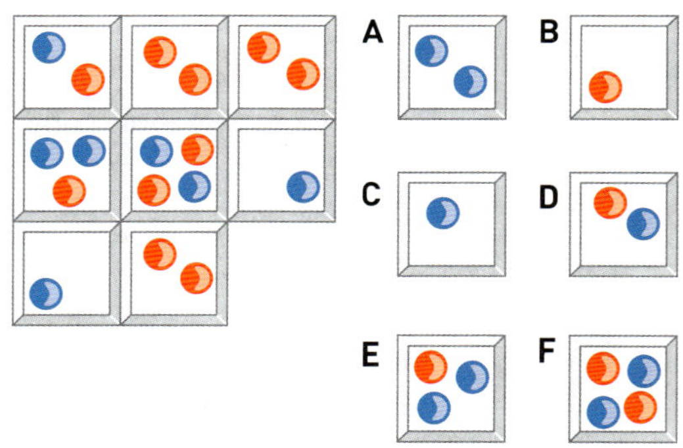

Übung 9

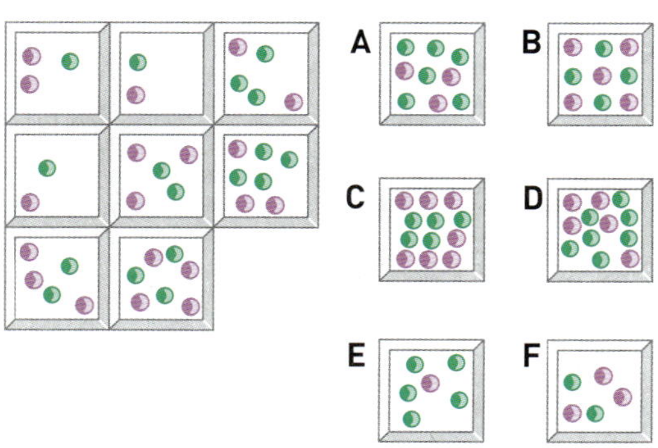

Übung 10

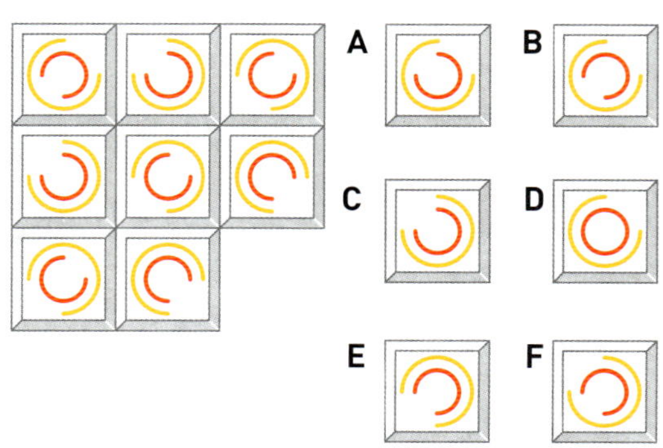

Die Lösungen finden Sie auf Seite 144 bis 155.

Fortsetzung von Seite 97

Räumliche Vorstellung

Übung 5

→ Welcher Kuchen fehlt im Kreis?

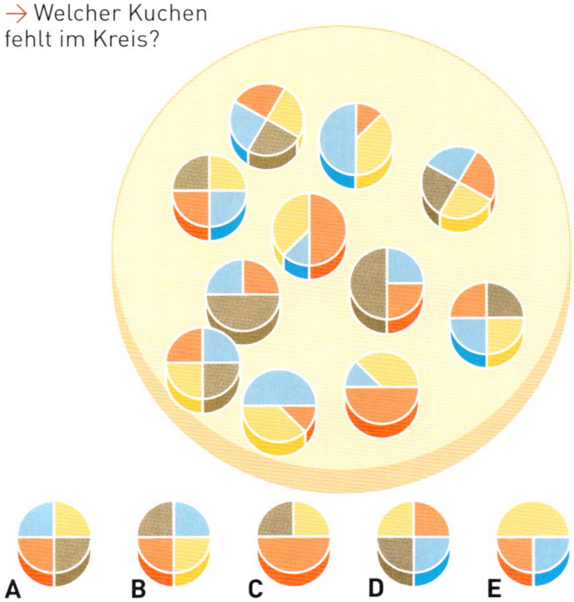

Übung 6

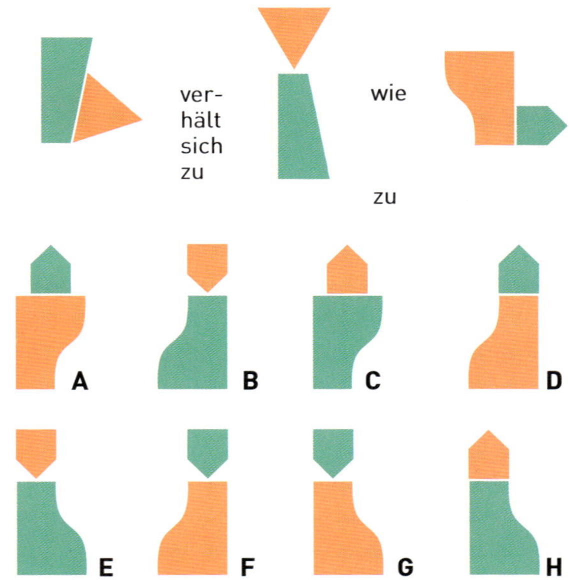

Übung 7

→ Welche Figur passt nicht zu den anderen?

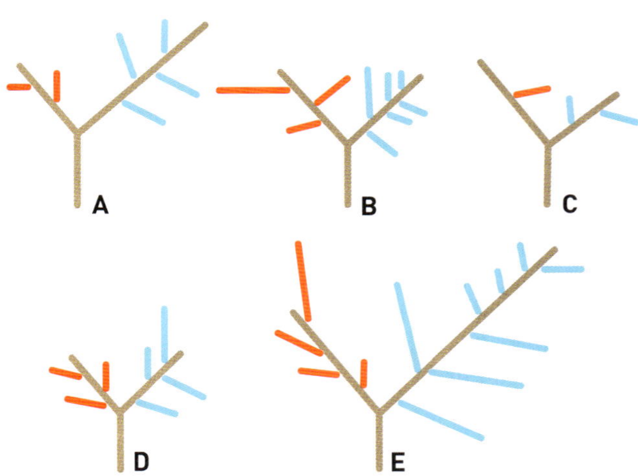

Übung 8

→ Welche Figur passt nicht zu den anderen?

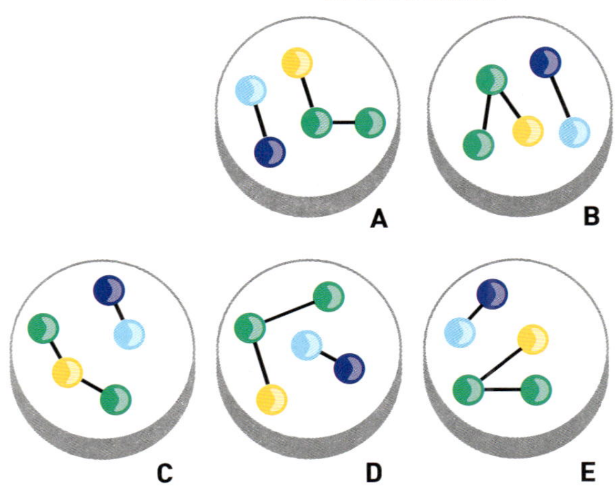

Fortsetzung auf Seite 101

Die Lösungen finden Sie auf Seite 144 bis 155.

Magische Quadrate

Beispiel

Die folgenden magischen Quadrate stärken die Fähigkeit, sich auf eine bestimmte Aufgabe zu konzentrieren. Bei manchen müssen Sie ausgiebig mit Zahlen spielen und mit Figuren jonglieren. Um die Rätsel zu lösen, brauchen Sie Geduld, Beharrlichkeit und analytisches Denken. Magische Quadrate wurden im alten China erdacht. Addiert man die darin enthalten Zahlen in den Reihen, Spalten und Diagonalen, ist die Summe immer gleich. Als Urahn des magischen Quadrats gilt Lo Shu. Nach einer chinesischen Legende erblickte der mythische Kaiser Yu dieses Diagramm auf dem Rücken einer Schildkröte. Die Abbildung unten besteht aus einem Arrangement von Perlen. Blau steht für gerade, Gelb für ungerade Zahlen. Die Summe der Perlen in jeder Reihe, Spalte und Diagonalen ergibt stets 15.
Und so geht es:

Der Fluss Loh (Lo Shu) 15

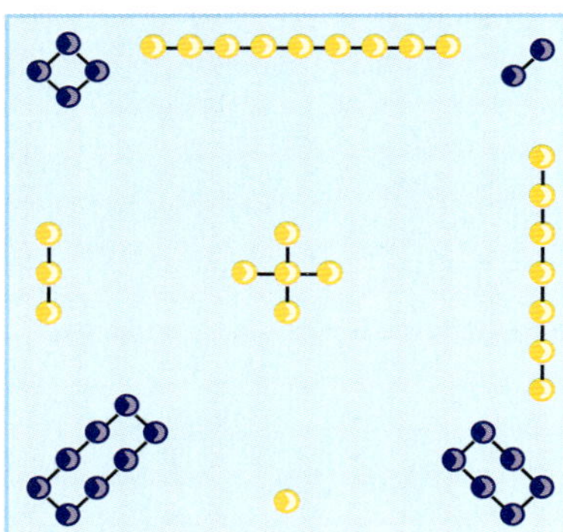

65 ↖ ↗ = 65

17	24	1	8	15	= 65
23	5	7	14	16	= 65
4	6	13	20	22	= 65
10	12	19	21	3	= 65
11	18	25	2	9	= 65
= 65	= 65	= 65	= 65	= 65	

Magische 65
Das Rätsel enthält die Zahlen von 1 bis 25 je einmal, und alle Reihen ergeben die Summe 65.

Übung 1

→ Dies ist ein antimagisches Quadrat: Keine Linie – waagrecht, senkrecht oder diagonal – ergibt die Summe 34. Aber wenn Sie die Position von vier Zahlen ändern, können Sie ein magisches Quadrat herstellen, in dem jede waagrechte, senkrechte oder diagonale Reihe die Summe 34 ergibt.

15	3	2	13
5	10	12	8
9	6	7	11
4	16	14	1

Die Lösungen finden Sie auf Seite 144 bis 155.
Fortsetzung auf Seite 102

Fortsetzung von Seite 99

Räumliche Vorstellung

Übung 9

→ Welche Figur passt nicht zu den anderen?

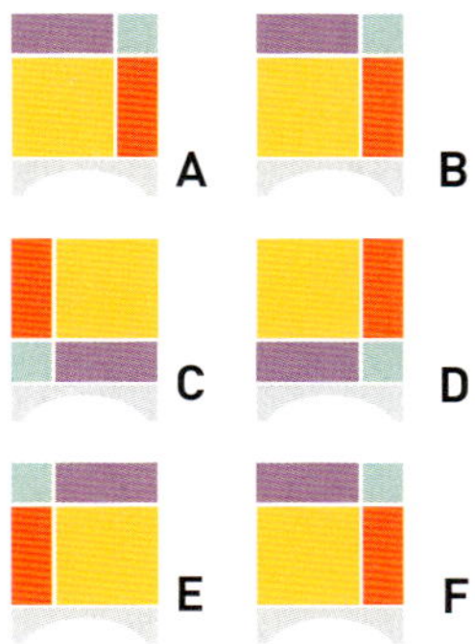

Übung 10

→ Welcher Kreis ersetzt das Fragezeichen?

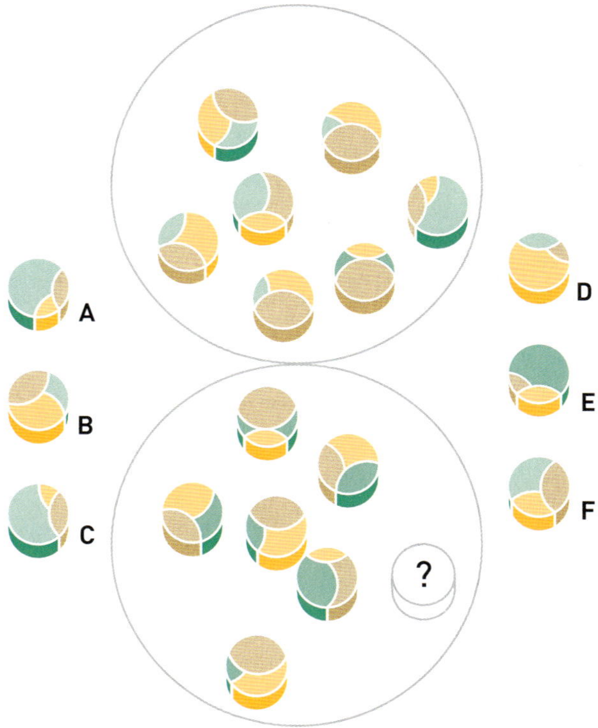

Übung 11

→ Welche Figur passt nicht zu den anderen?

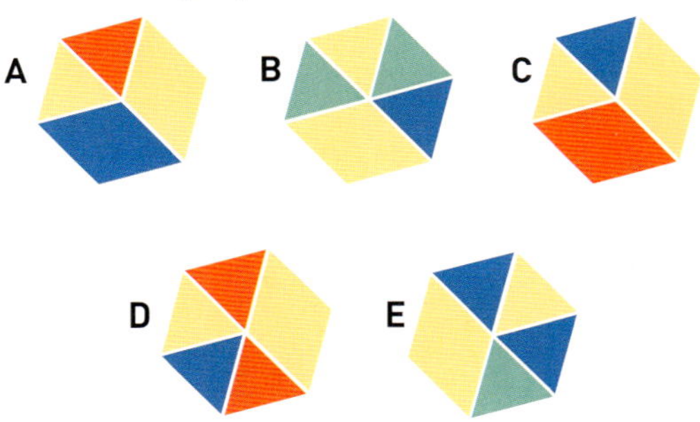

Übung 12

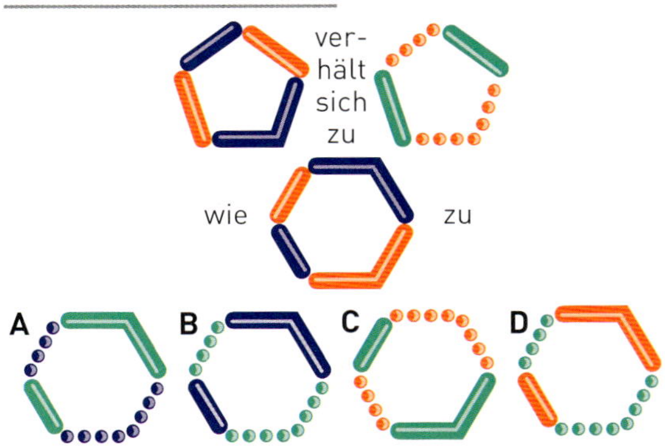

Übung 13

→ Welche Figur passt nicht zu den anderen?

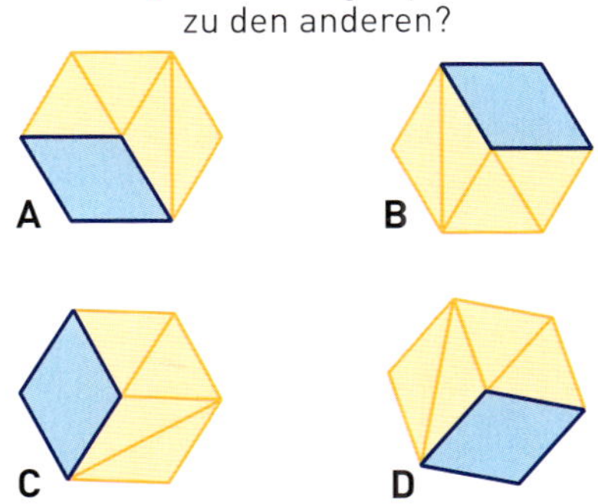

Fortsetzung auf Seite 103

Die Lösungen finden Sie auf Seite 144 bis 155.

Übungen für die linke Hirnhälfte

FÜR MENSCHEN, BEI DENEN DIE RECHTE HIRNHÄLFTE DOMINIERT

Magische Quadrate

Fortsetzung von Seite 100

Übung 2

→ Tragen Sie die fehlenden Zahlen von 1 bis 19 so ein, dass alle 15 miteinander verbundenen Geraden – waagrecht und diagonal – insgesamt die Summe 51 ergeben.

Beispiele:
A + B + C = 19, A + E + J + O + S = 19.

Rosa Kreise sollten ungerade, blaue Kreise gerade Zahlen enthalten.

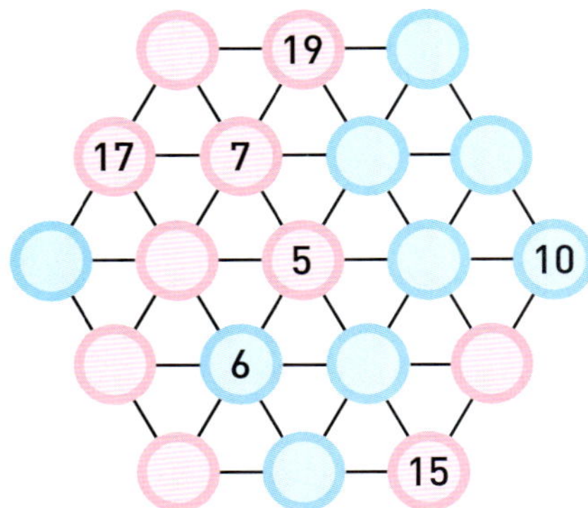

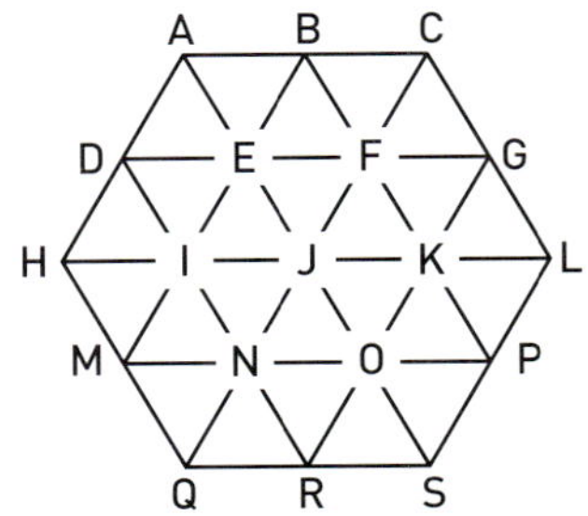

Übung 3

→ Tauschen Sie vier Zahlen im linken Zahlengitter mit vier Zahlen im rechten Zahlengitter so aus, dass in beiden Quadraten jede waagrechte, senkrechte und diagonale Reihe die Summe 65 ergibt.

14	3	11	13	24
19	23	7	10	6
20	12	1	17	15
4	22	25	9	5
8	2	21	18	16

25	10	3	6	21
22	15	19	8	4
11	9	13	17	12
2	16	7	14	24
5	18	23	20	1

Übung 4

→ Tragen Sie die fehlenden Zahlen so ein, dass das Zahlengitter die Zahlen 1 bis 25 je einmal enthält und jede waagrechte, senkrechte und diagonale Reihe die Summe 65 ergibt.

	23	14	8	
	7		25	
	24	18	9	

Fortsetzung auf Seite 104

Fortsetzung von Seite 101

Räumliche Vorstellung

Übung 14

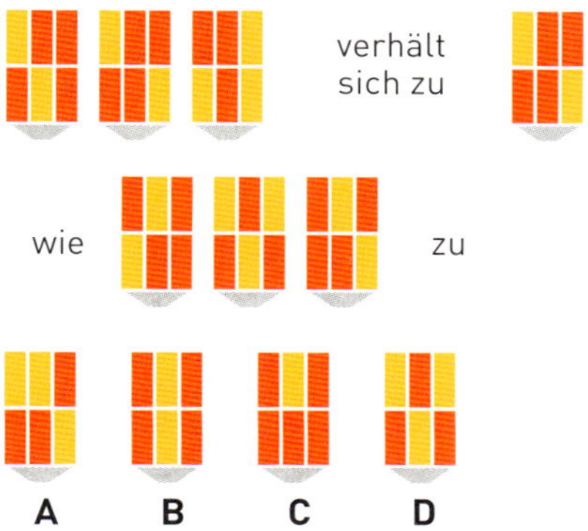

Übung 15

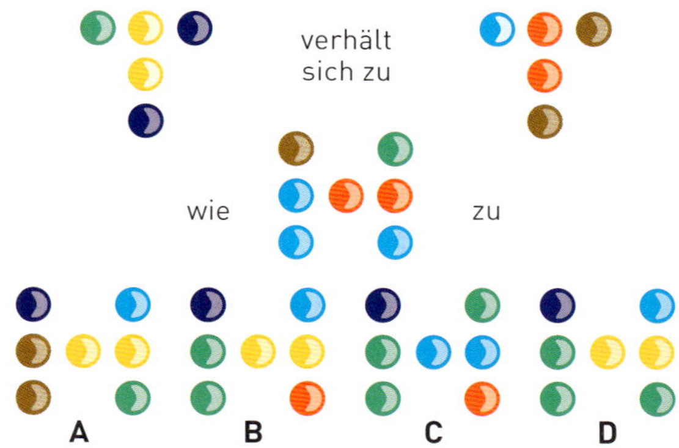

Übung 16

→ Welche Figur passt nicht zu den anderen?

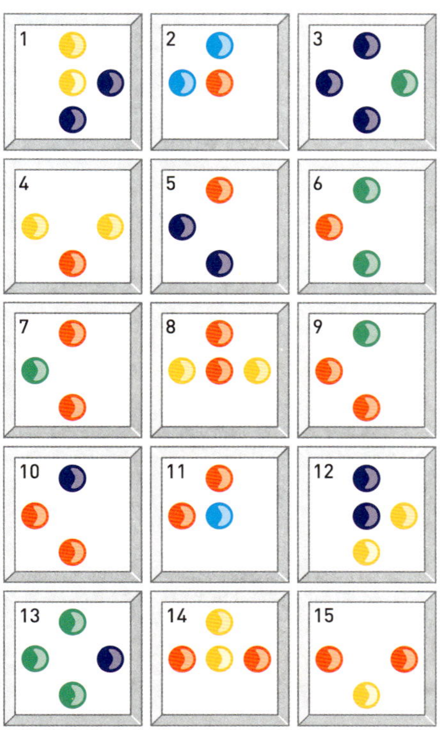

Übung 17

→ Welches Teil fehlt?

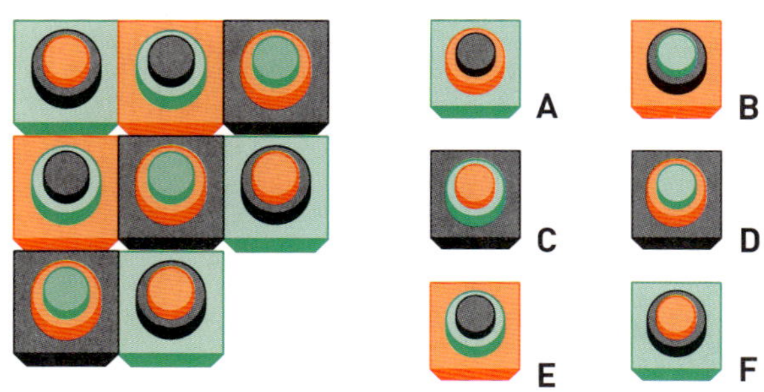

Übung 18

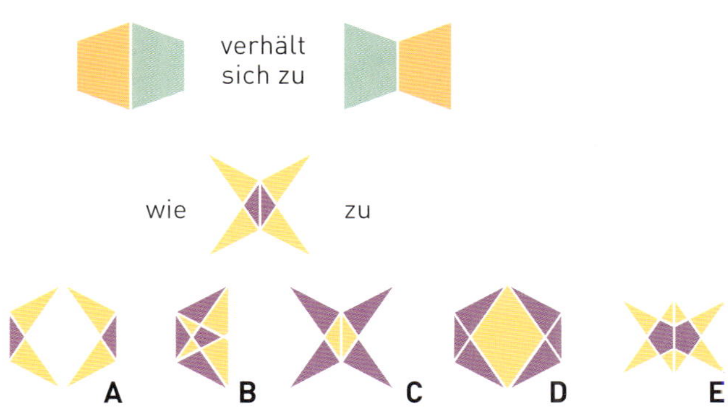

Fortsetzung auf Seite 105

Magische Quadrate

Fortsetzung von Seite 102

Übung 5

→ Setzen Sie die Teile so zusammen, dass ein magisches Quadrat entsteht, in dem jede waagrechte, senkrechte und diagonale Reihe die Summe 111 ergibt.

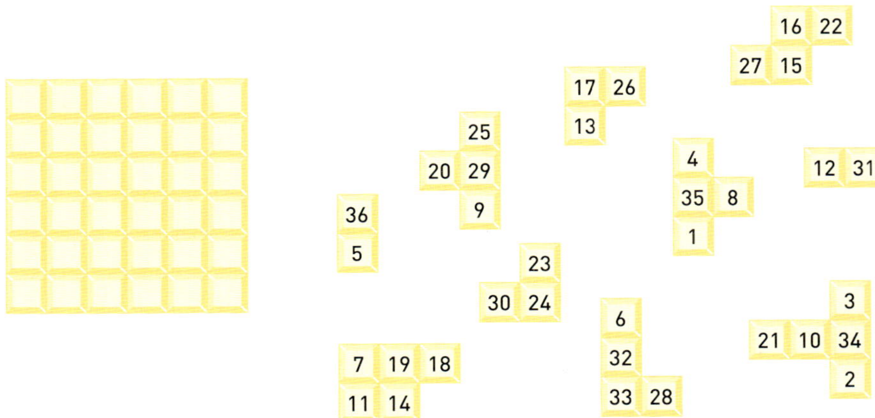

Übung 6

→ Tragen Sie die fehlenden Zahlen von 1 bis 36 so ein, dass jede waagrechte, senkrechte und diagonale Reihe die Summe 111 ergibt.

24	19	26			
25	23	21			
20	27	22			
			33	28	8
			34	5	30
			29	36	4

Übung 7

→ Tragen Sie die fehlenden Zahlen von 1 bis 25 so ein, dass ein magisches Quadrat entsteht, in dem jede waagrechte, senkrechte und diagonale Reihe die Summe 65 ergibt. Die Primzahlen 2, 3, 5, 7, 11, 13, 17, 19 und 23 sollten nur in den braunen Feldern vorkommen.

		9		
	16		12	
22				20
	10		24	

 Die Lösungen finden Sie auf Seite 144 bis 155.

Fortsetzung von Seite 103

Räumliche Vorstellung

Übung 19

→ Welche Figur passt nicht zu den anderen?

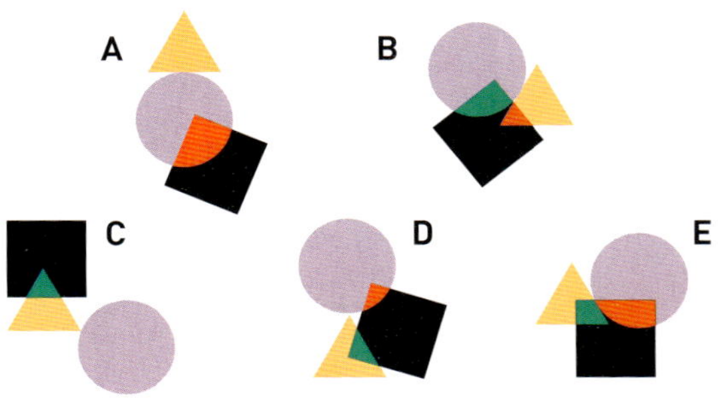

Übung 20

→ Welche Figur passt nicht zu den anderen?

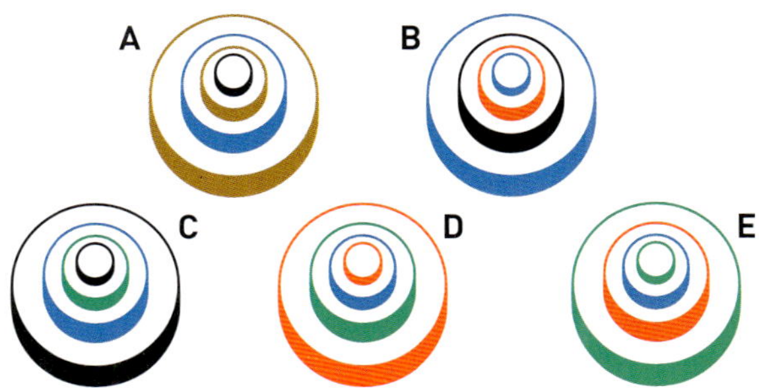

Übung 21

→ Welche Figur passt nicht zu den anderen?

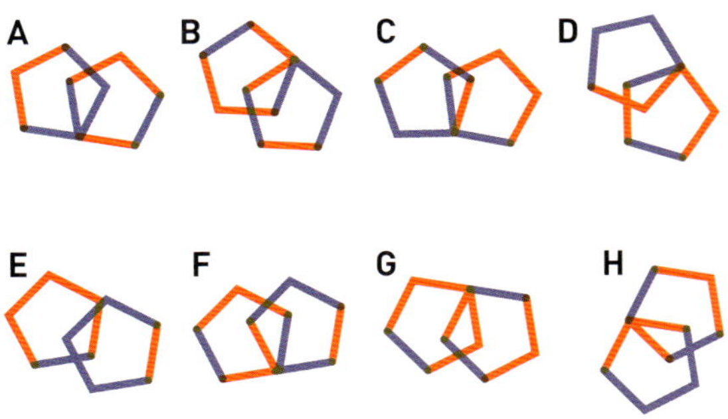

Übung 22

→ Diese Sequenz verlangt ein höheres Maß an lateralem und folgerichtigem Denken; sie wurde hier aufgenommen, um die rechte Hemisphäre zu schulen.

Was kommt als Nächstes?

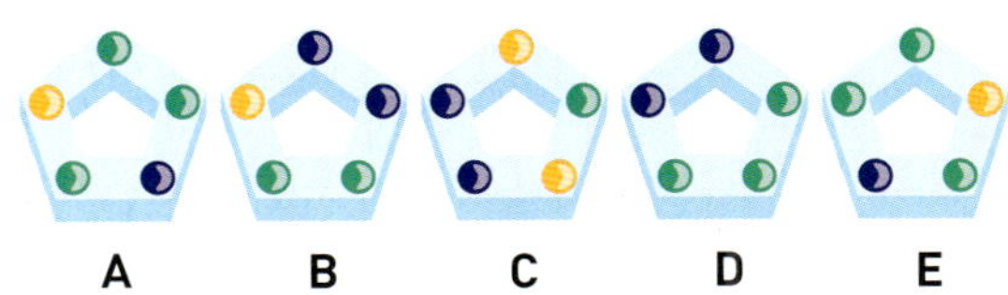

Übung 23

→ Welche Figur passt nicht zu den anderen?

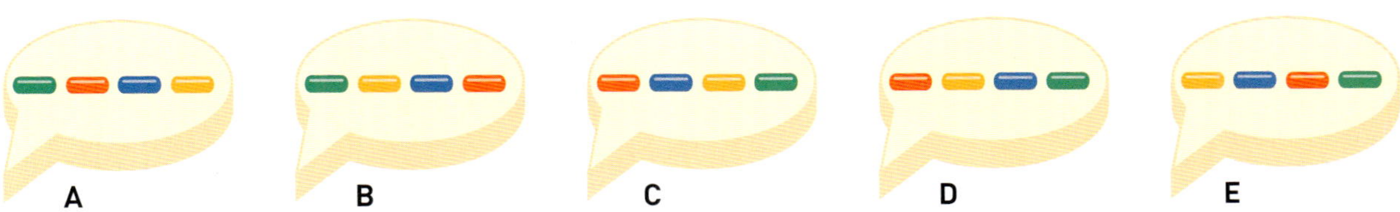

Die Lösungen finden Sie auf Seite 144 bis 155.

Wörter-Tausch

Beispiel

Die folgenden Übungen testen Ihre Fähigkeit, Wortbedeutungen zu verstehen und unter Druck schnell zu denken.

Zum Beispiel:
Nicht alle großen Verlage sind gewerbliche Mischkonzerne.

Vertauschen Sie »groß« und »gewerblich«, und Sie erhalten:
Nicht alle gewerblichen Verlage sind große Mischkonzerne.

→ Suchen Sie bei den folgenden Übungen die **zwei** Wörter, die vertauscht werden müssen, um den Satz verständlich zu machen. (Natürlich können sich durch die Umstellung bei allen Übungen die grammatischen Formen ein wenig ändern.)

1. Erziehung ist ein Maß, mit dem man eine größere Methode an Vorurteilen erwirbt.
2. Tsunamis beginnen als kaum wahrnehmbare Ausbrüche im tiefen Meer, deren Ursache Erdbeben unter Wasser oder Vulkanwellen sind.
3. Wir können nur dann erfolgreich geschäftlich telefonieren, wenn wir selbst die Gewohnheiten überprüfen, die wir uns im Laufe der Zeit ständig zulegen.
4. Vor jedem Job muss der Personalleiter ein klares Bild davon haben, welche Fähigkeiten der Bewerber braucht, um den Anforderungen des Vorstellungsgesprächs zu genügen.

→ Suchen Sie bei der folgenden Übung die **drei** Wörter, die vertauscht werden müssen, um den Satz verständlich zu machen.

5. Heute trinken die Kenner Weine, die ihnen schmecken, selbst wenn die so genannten Werte immer noch altmodische Verbraucher schätzen.

→ Suchen Sie bei den folgenden Übungen die **vier** Wörter, die vertauscht werden müssen, um den Satz verständlich zu machen.

6. Der frühe Nachmittag bleibt meist den Tagespflichten vorbehalten; denn Termine am späten Vormittag erschweren die Erledigung der eigentlichen Routinearbeiten.
7. Die Stadtbücherei hat eine umfangreiche Präsenzbibliothek, und selbst wenn die Informationen nicht die notwendigen Kataloge liefern, erfahren Sie, wohin Sie sich wenden können.

→ Bei der folgenden Übung brauchen Sie nur **drei** Wörter zu vertauschen.

8. Vom See hoch über dem Fahrwasser aus erscheint die Entfernung bis zur anderen Seite des Hügels kleiner als sie in Wirklichkeit ist.

→ Jetzt müssen Sie wieder **vier** Wörter austauschen:

9. Wirklich surrealistische Texte können ihre eigenen Höhen transzendieren und schreckliche Unzulänglichkeiten erreichen.

→ Versuchen Sie nun zum Schluss, **sechs** Wörter auszutauschen:

10. Die Einführung beliebter Romanschriftsteller Ende des 19. Jahrhunderts sorgte für die Verbreitung eines drittklassigen Elementarunterrichts.

 Die Lösungen finden Sie auf Seite 144 bis 155.

Kreative Lösungen

→ Dieser Test wurde vor über 50 Jahren entwickelt, um das kreative Denken zu schulen. Es gibt mehrere Lösungen für das Problem, aber eine ist allen anderen klar überlegen. Sie haben eine Kerze, eine Schachtel Streichhölzer und eine Schachtel Reißnägel zur Verfügung und müssen nur mit diesen drei Gegenständen die Kerze so an einer Holztür befestigen, dass sie genügend Licht zum Lesen spendet. Wie erreichen Sie das am besten?

Die Lösung finden Sie auf Seite 150.

Mathematisches Denken: Denksport

Beispiel

Vervollständigen Sie bei allen folgenden Übungen die Zahlengitter so, dass alle Rechnungen – waagrecht und senkrecht – korrekt sind.

Alle einzufügenden Zahlen sind kleiner als 10.

Das Beispiel rechts ist bereits ausgefüllt, damit Sie sehen, wie man es macht.

5	x	3	–	9	=	6
+		x		+		–
4	–	2	+	1	=	3
÷		–		–		+
3	x	4	÷	6	=	2
=		=		=		=
3	–	2	+	4	=	5

Übung 1

	x		–		=	7
+		x		+		–
8	–		x		=	
÷		–		–		x
	+		÷	6	=	
=						=
	÷	4	+		=	

Übung 2

	x		÷	5	=	
+		+		–		+
7	–		+		=	
÷		–		x		–
	+	8	÷		=	
=		=		=		=
	+		÷		=	1

 Die Lösungen finden Sie auf Seite 144 bis 155. *Fortsetzung auf Seite 110*

Billardspiele

Beispiel

Ein guter Billardspieler braucht Talent, Ausdauer und Konzentration. Darüber hinaus sind Kreativität, ein gutes Gespür und ein hoch entwickeltes räumliches Vorstellungsvermögen unerlässlich.

Bei den folgenden Aufgaben müssen Sie den roten Ball mit dem schwarzen Ball einlochen. Mehrere blaue Bälle, die dem Gegner gehören, befinden sich ebenfalls auf dem Tisch, und Sie müssen herausfinden, wie Sie Ihren letzten roten Ball mit dem schwarzen so treffen können, dass dabei kein blauer Ball berührt wird. Von wie vielen Seiten muss der schwarze Ball mindestens abprallen, um die Aufgabe zu erfüllen?

Zum Beispiel:

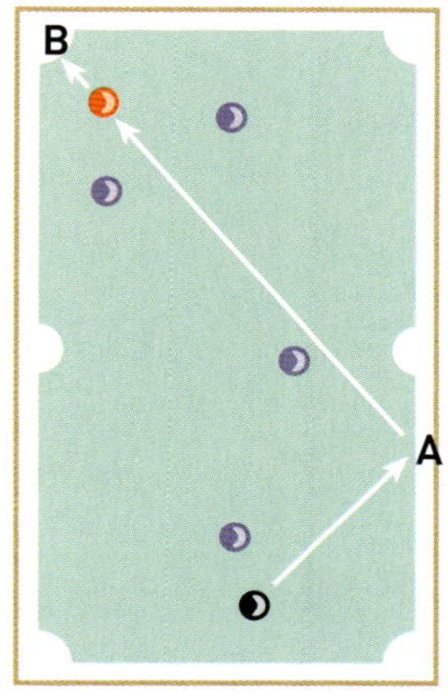

→ Wenn der schwarze Ball bei Punkt A abprallt, trifft er den roten Ball und locht ihn bei B ein.

Übung 1

Übung 2

Übung 3

Die Lösungen finden Sie auf Seite 144 bis 155.

Mathematisches Denken: Denksport

Fortsetzung von Seite 108

Übung 3

	x		−		=	1
÷		x		+		x
	+		−	2	=	
+		−		−		−
	+	6	÷		=	
=		=		=		=
5	−		÷		=	

Übung 4

	x		÷		=	4
+		−		+		+
	+		−	5	=	
−		÷		−		+
	x	2	−		=	
=		=		=		=
3	−		+		=	

Übung 5

	−		x		=	8
+		x		−		+
	+		÷	3	=	
−		÷		x		÷
	+	6	÷		=	
=		=		=		=
3	−		x		=	

Übung 6

	+		÷		=	3
+		x		÷		+
	÷		x	3	=	
−		−		x		÷
	x	2	÷		=	
=		=		=		=
5	+		−		=	

Die Lösungen finden Sie auf Seite 144 bis 155.

Beispiel

Diese Aufgaben erfordern einige Logik – eine Gabe der linken Hemisphäre –, aber Sie brauchen dafür auch visuelle Begabung und schöpferisches Denken, also Funktionen der rechten Hemisphäre.

Das Beispiel rechts zeigt, wie diese Logikaufgaben zu lösen sind:
Welche Figur setzt die Reihe oben fort?

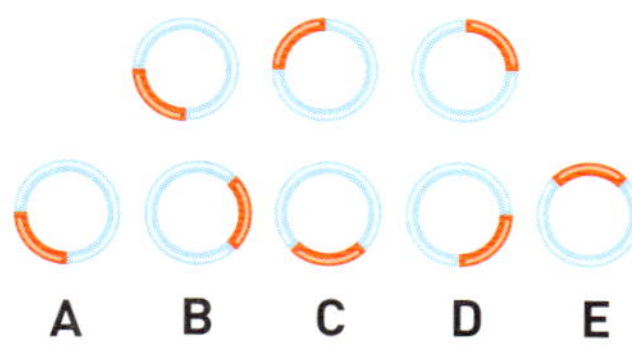

Lösung: D. Der rote Bogenteil wandert in jedem Stadium um 90 Grad im Uhrzeigersinn.

Übung 1

→ Was kommt als Nächstes?

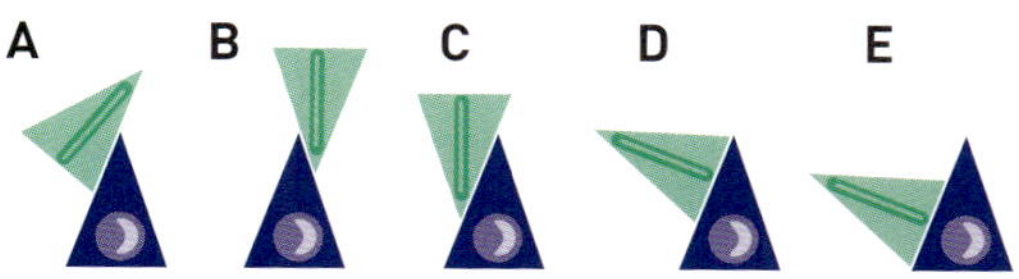

Übung 2

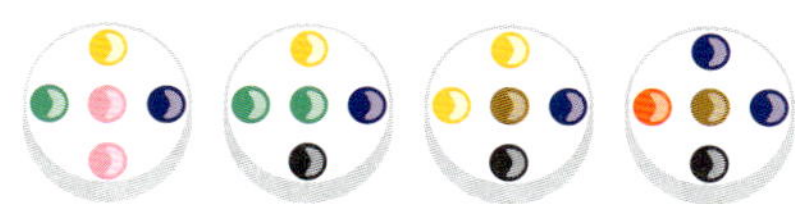

→ Was kommt als Nächstes?

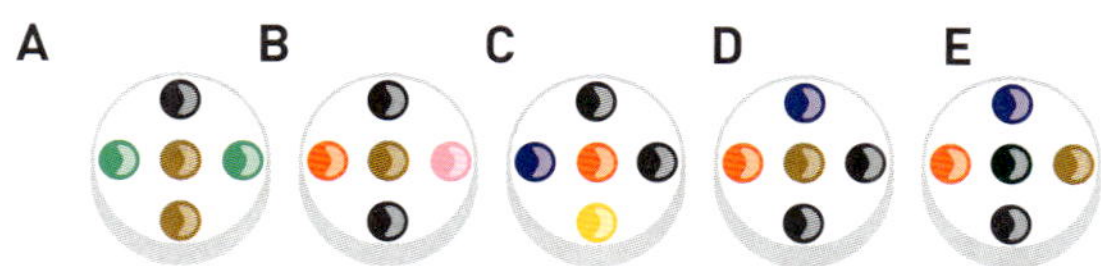

Übung 3

→ Welches Teil fehlt?

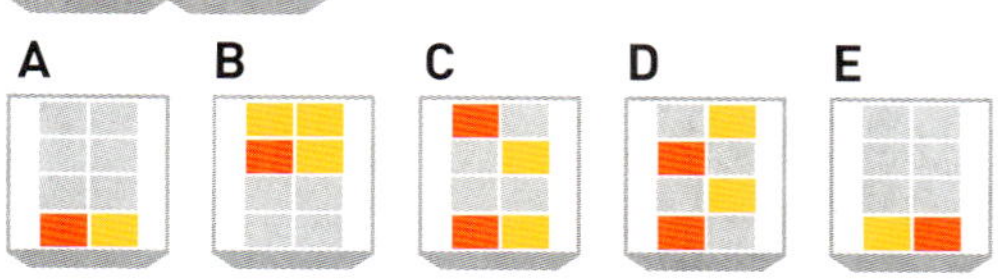

Übung 4

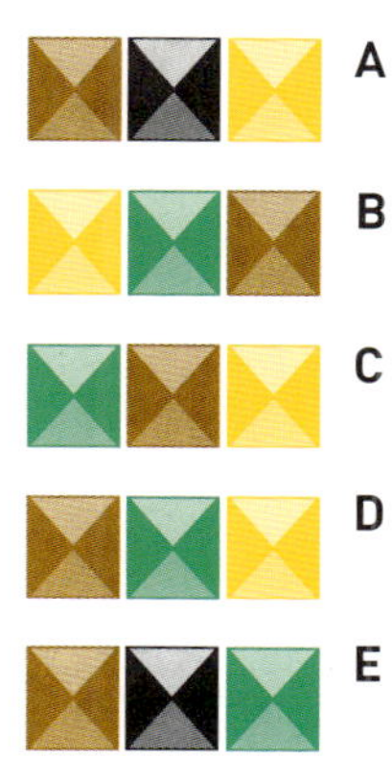

→ Was kommt als Nächstes?

Fortsetzung auf Seite 113

Die Lösungen finden Sie auf Seite 144 bis 155.

Übungen für die linke Hirnhälfte

FÜR MENSCHEN, BEI DENEN DIE RECHTE HIRNHÄLFTE DOMINIERT

Monogramme

Beispiel

Die folgenden von den Autoren erfundenen Monogramme sind bildliche Darstellungen eines Wortes oder mehrerer Wörter, geformt von den kreisförmigen Anordnungen der Buchstaben des Alphabets im Diagramm. Die besten Beispiele bilden Muster, die man mit dem symbolisierten Wort assoziieren kann. Das Wort HIGHWAYMAN entsteht zum Beispiel, indem man mit dem ersten Buchstaben (H) beginnt und dann Linien von einem Buchstaben zum anderen zieht, etwa H zu I, I zu G, G zu H, H zu W und W zu A. Wenn alle Linien gezogen sind, füllt man alle daraus entstehenden Dreiecksmuster aus, sofern sie von Geraden begrenzt werden (1), nicht aber, wenn eine oder mehrere gekrümmte Linien (2) sie begrenzen. Wenn bis zu drei benachbarte Buchstaben verbunden sind (3), zieht man eine dicke Linie auf dem Kreisabschnitt. Grenzen mehr als drei Buchstaben aneinander (4), wird dagegen eine Linie gezogen, die den ersten und letzten Buchstaben verbindet. Bei Doppelbuchstaben besucht man nur einen Buchstaben.

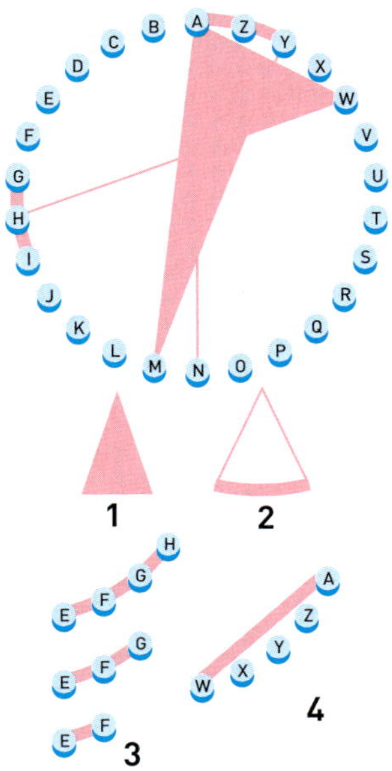

Schritt 1: Ziehen Sie Verbindungslinien.

Schritt 2: Füllen Sie alle Flächen aus, die von Geraden begrenzt werden.

Übung 1

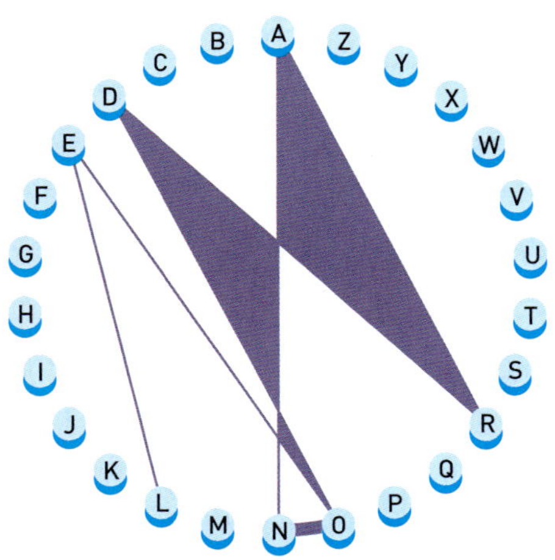

Hinweis: Berühmte Gestalt der Renaissance

Übung 2

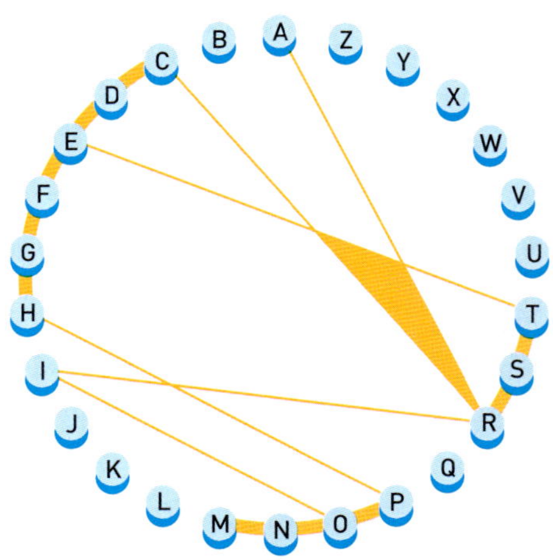

Hinweis: Von Napoleon gebaut

Die Lösungen finden Sie auf Seite 144 bis 155.

Fortsetzung auf Seite 114

Fortsetzung von Seite 111

Kreative Logik

Übung 5

→ Was kommt als Nächstes?

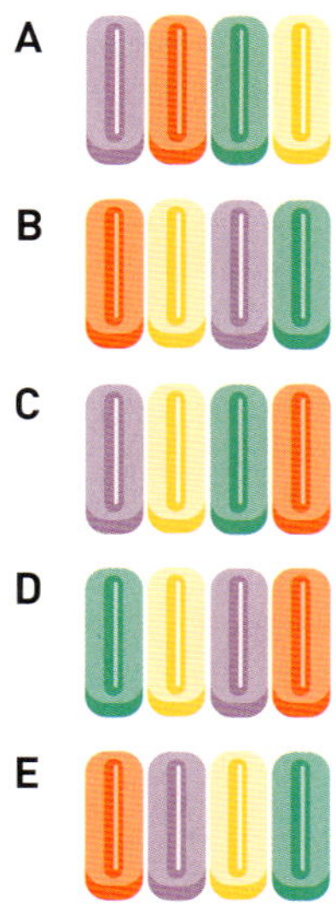

Übung 6

→ Welches Quadrat ersetzt die Fragezeichen?

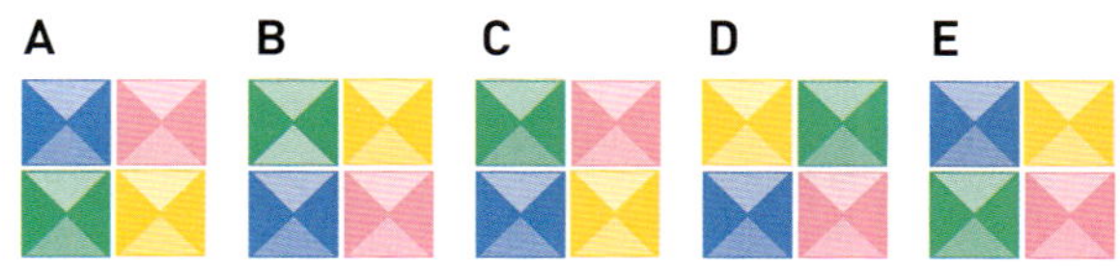

Übung 7

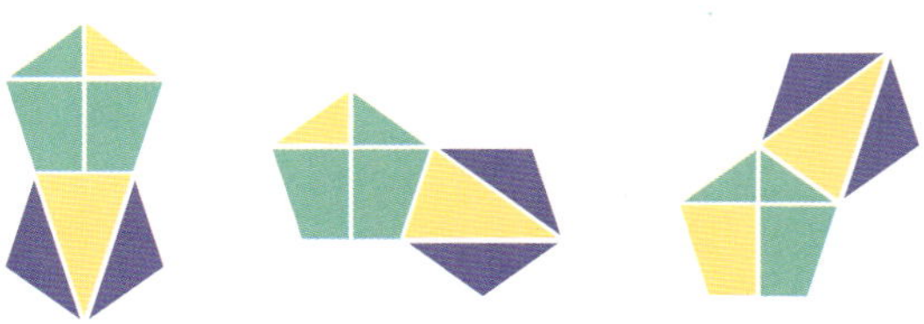

→ Was kommt als Nächstes?

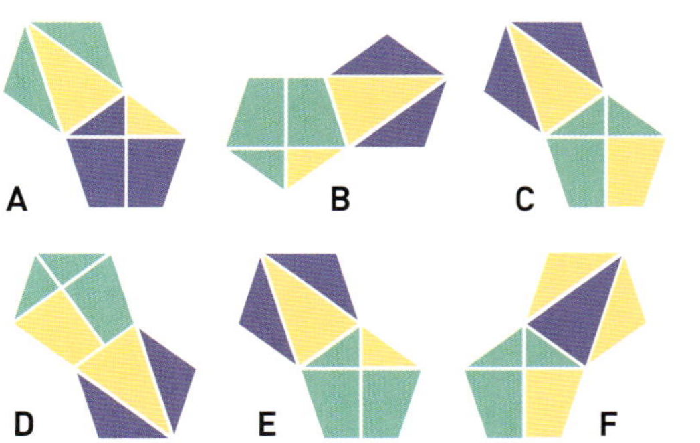

Übung 8

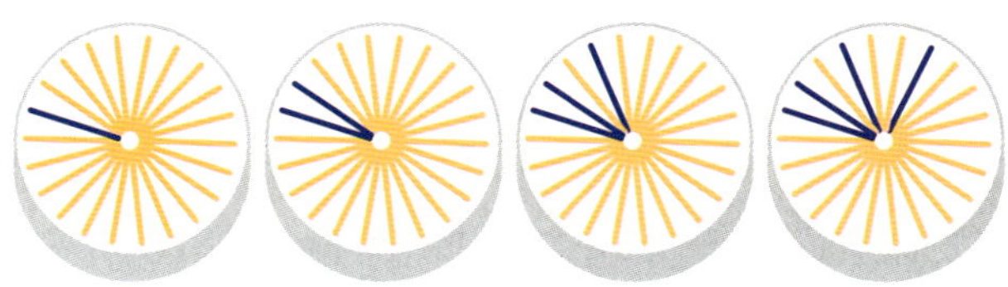

→ Was kommt als Nächstes?

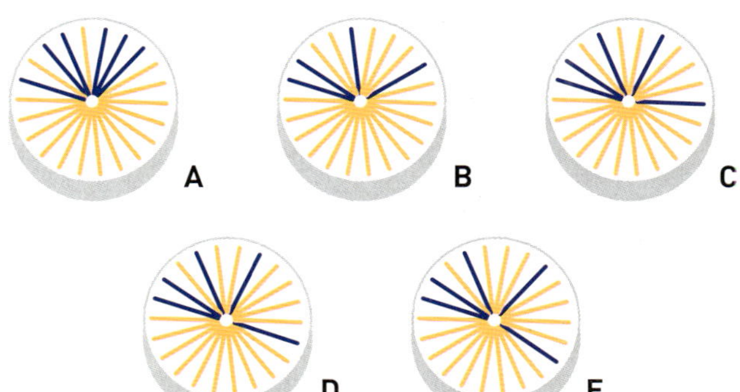

Fortsetzung auf Seite 115

Die Lösungen finden Sie auf Seite 144 bis 155.

Monogramme

Fortsetzung von Seite 112

Übung 3

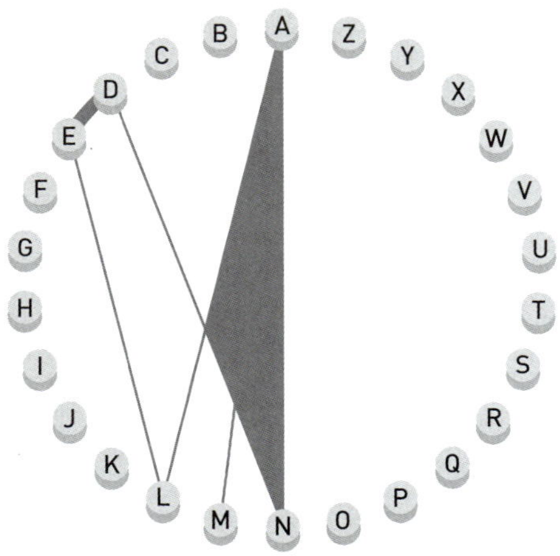

Hinweis: Griechischer Philosoph

Übung 4

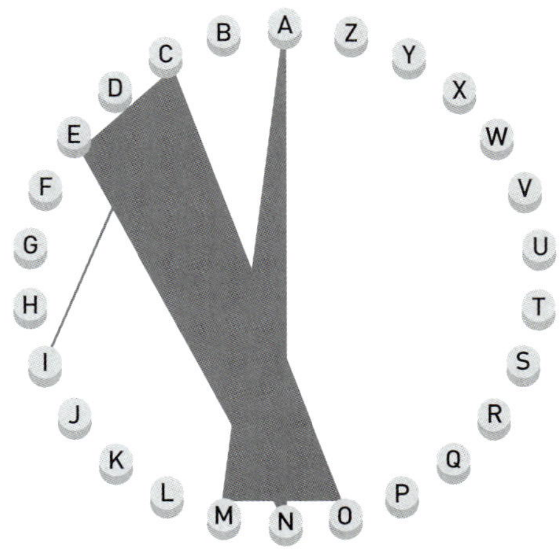

Hinweis: Der englische Weihnachtsmann

Übung 5

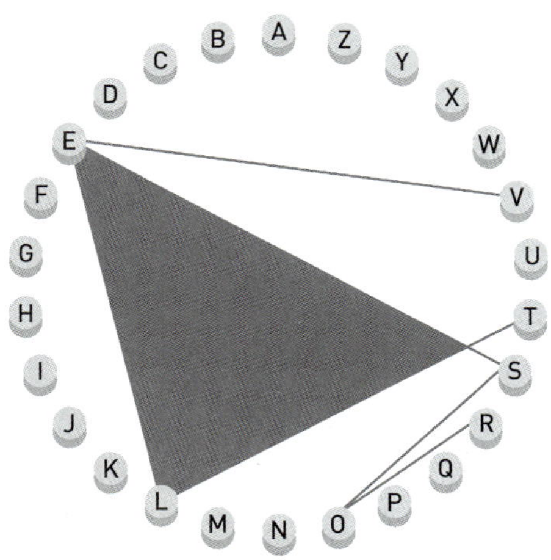

Hinweis: Amerikanischer Präsident 1933–1945

Übung 6

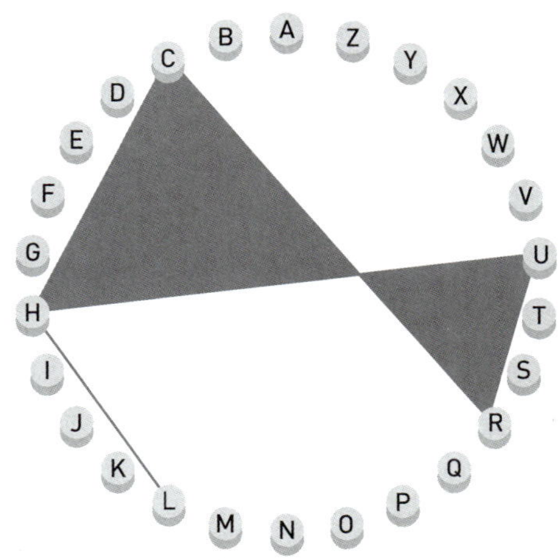

Hinweis: Englischer Staatsmann des 20. Jahrhunderts

Die Lösungen finden Sie auf Seite 144 bis 155.

Fortsetzung auf Seite 116

Fortsetzung von Seite 113

Kreative Logik

Übung 9

→ Was kommt als Nächstes?

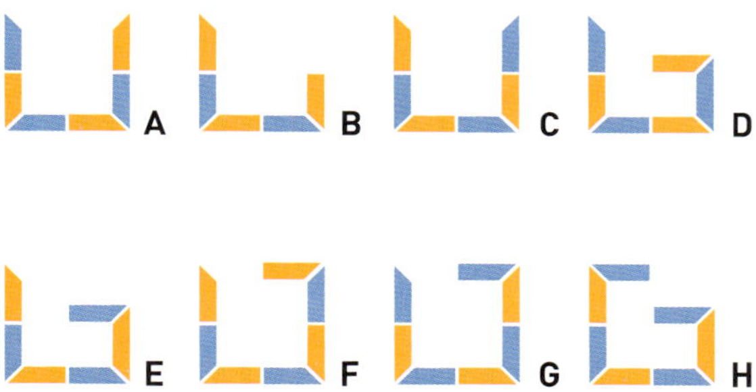

Übung 10

→ Was kommt als Nächstes?

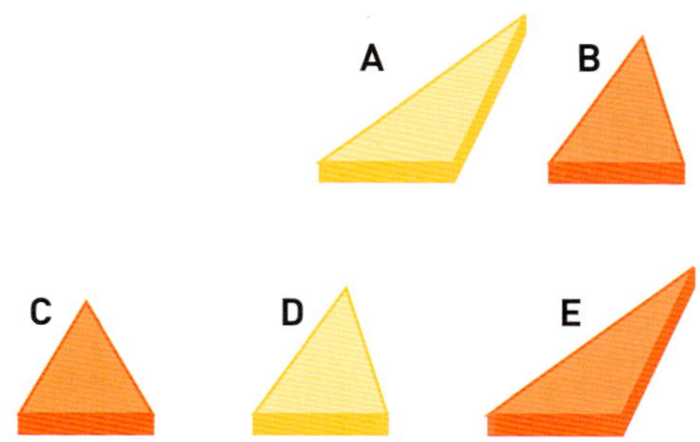

Übung 11

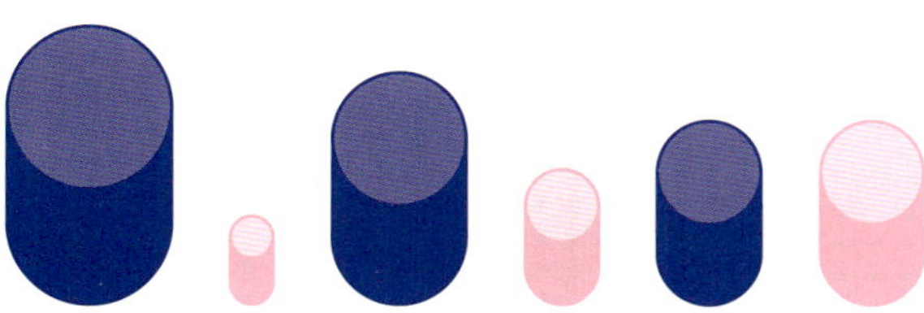

→ Was kommt als Nächstes?

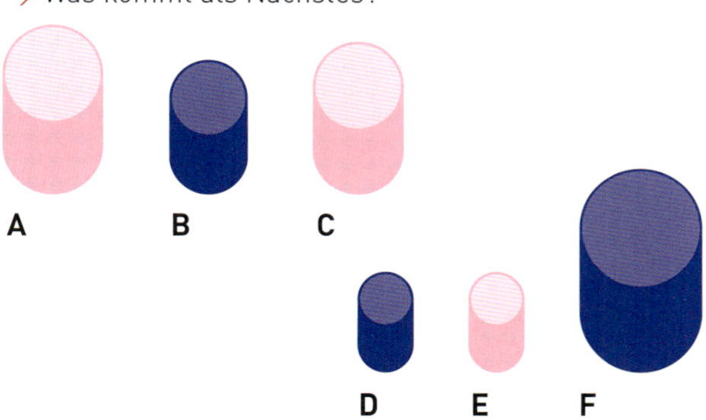

Übung 12

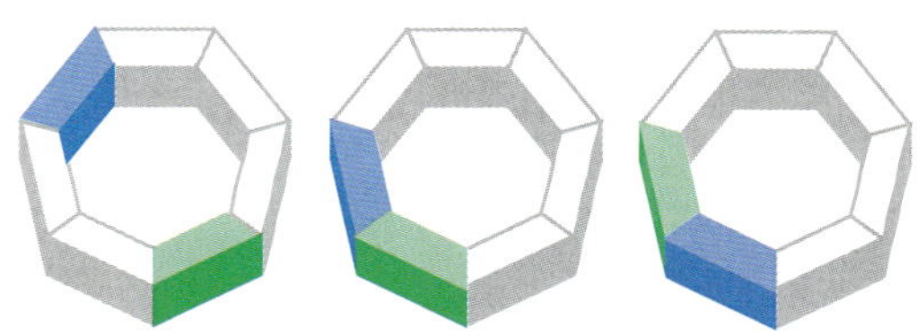

→ Was kommt als Nächstes?

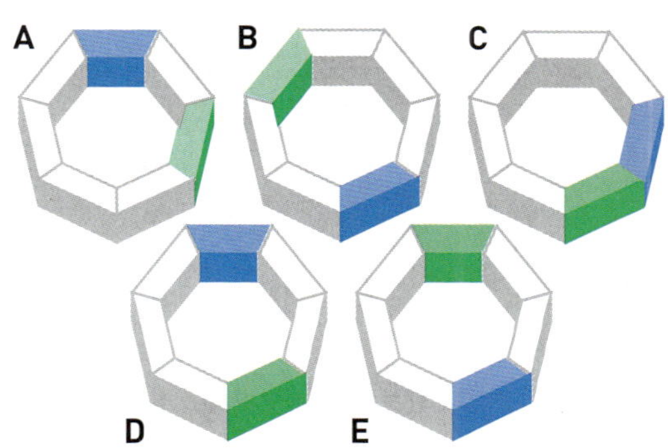

Fortsetzung auf Seite 117

Die Lösungen finden Sie auf Seite 144 bis 155.

Monogramme

Fortsetzung von Seite 114

Übung 7

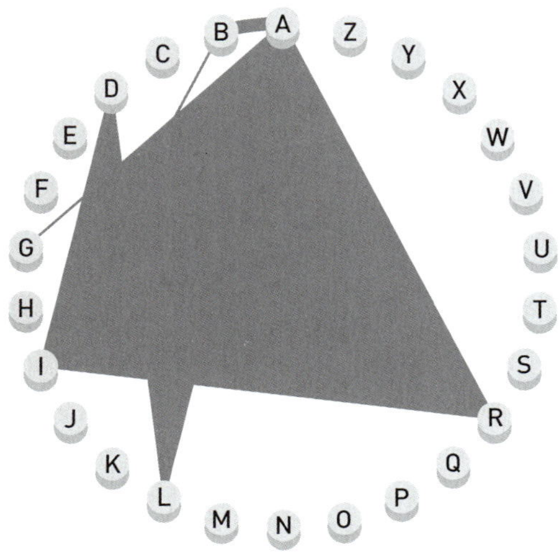

Hinweis: Italienischer Soldat, der gerne Kekse aß

Übung 8

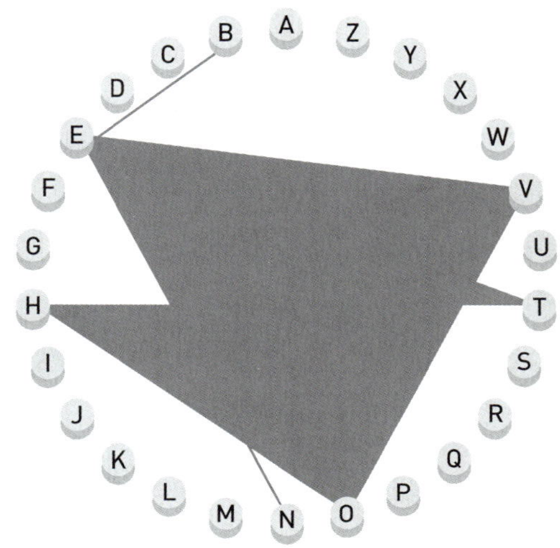

Hinweis: Deutscher Komponist

Übung 9

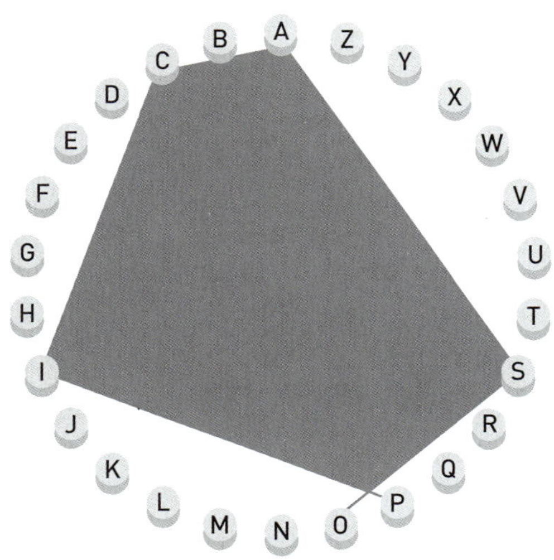

Hinweis: Er ist 300 m hoch und steht in Paris (Originalschreibweise)

Übung 10

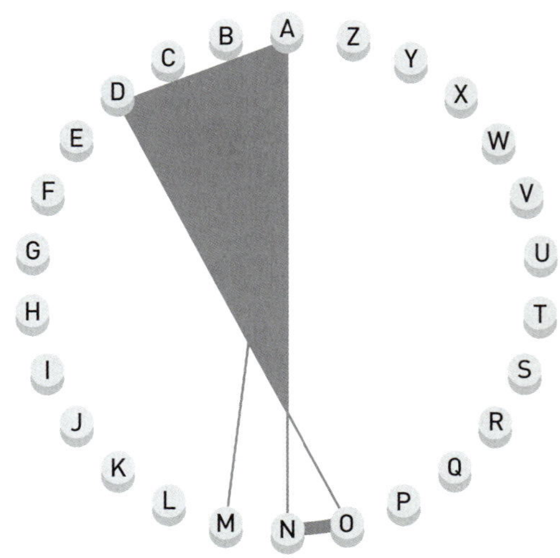

Hinweis: In Genua geborener Entdecker (Originalschreibweise)

 Die Lösungen finden Sie auf Seite 144 bis 155.

Übungen für die rechte Hirnhälfte

FÜR MENSCHEN, BEI DENEN DIE LINKE HIRNHÄLFTE DOMINIERT

Fortsetzung von Seite 115

Kreative Logik

Übung 13

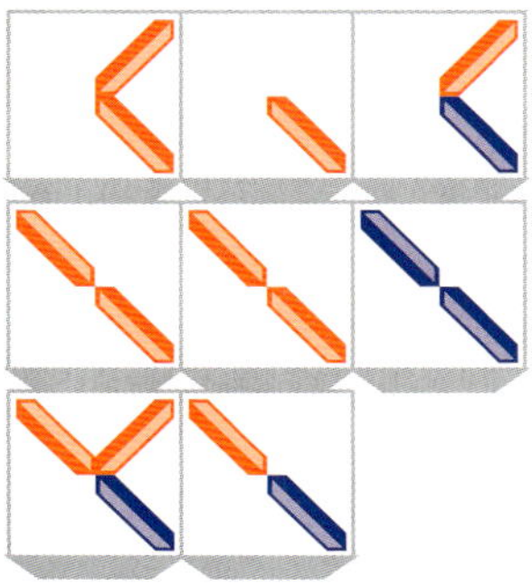

→ Welches Teil fehlt?

A B C D E

Übung 14

→ Was kommt als Nächstes?

A B

C D E

Übung 15

→ Was kommt als Nächstes?

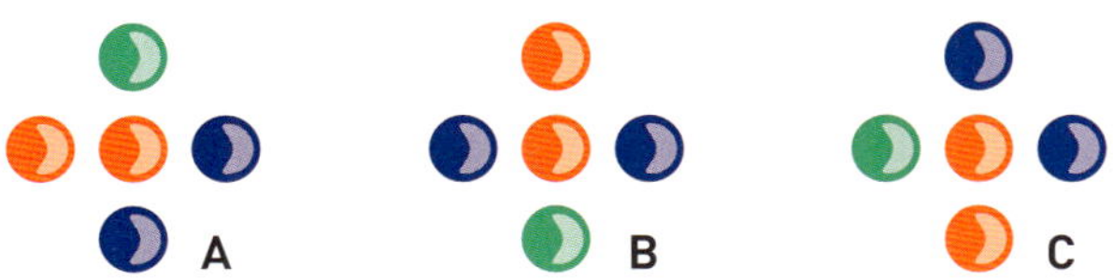

A B C

D E

Übung 16

→ Was kommt als Nächstes?

A B C D

Die Lösungen finden Sie auf Seite 144 bis 155.

Wörter

Beispiel

Welches Wort gehört in Übung 1 in die Klammer? Es sollte das Gleiche bedeuten wie die beiden Wörter außerhalb der Klammer. Groß- und Kleinschreibung ist möglich. Beispiel:

richtig sein (korrekt) stimmen

Wofür steht in Übung 2 die Definition? Beispiel:

Ist eine Folge von Freudenschreien
a) eine Übertreibung, b) ein Jubel, c) ein Gesang, d) eine Ode? Lösung: B

Übung 1

1. Messinstrument (__________) Sternzeichen
2. Betreuen (__________) immer wieder tun
3. Unwirtlich (__________) langweilig
4. Brennstoff (__________) Geld
5. Berühren (__________) Teile eines Klaviers
6. Benommenheit (__________) Öl
7. Pferd (__________) Leere beseitigen
8. Fahrzeug (__________) sich trauen
9. Ring (__________) Gamsbartspitzen
10. Bestechen (__________) einfetten

Übung 2

→ Wie heißt eine Gruppe von ...

1. Wölfen
a. Schlag
b. Rudel
c. Welpen
d. Meute

2. Geschirrteilen
a. Muster
b. Service
c. Sammlung
d. Arsenal

3. Antilopen
a. Herde
b. Stock
c. Horde
d. Rotte

4. Geistlichen
a. Bischöfe
b. Kloster
c. Chor
d. Klerus

5. Turnern
a. Staffel
b. Riege
c. Elf
d. Seilschaft

6. Kanonieren
a. Kompanie
b. Regiment
c. Batterie
d. Kavallerie

7. Sternen
a. Sonnensystem
b. Kosmos
c. Galaxie
d. Parsec

8. Inseln
a. Peninsula
b. Atoll
c. Archipel
d. Schäre

 Die Lösungen finden Sie auf Seite 144 bis 155.

Übungen für die rechte Hirnhälfte

FÜR MENSCHEN, BEI DENEN DIE LINKE HIRNHÄLFTE DOMINIERT

Sechsecke

Übung 1

→ Welches Sechseck gehört ins freie Feld?

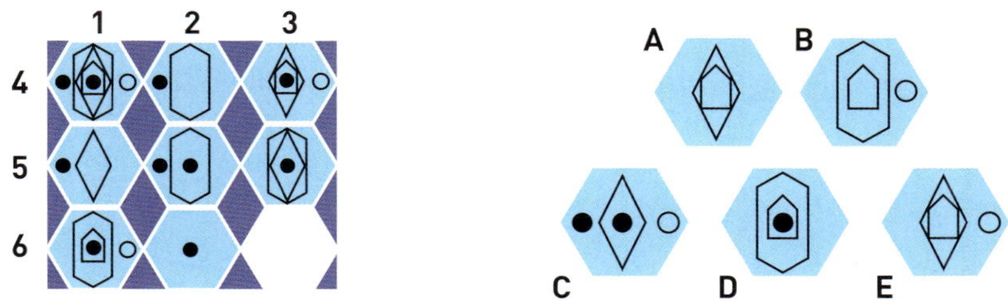

Übung 2

→ Welches Sechseck gehört ins freie Feld?

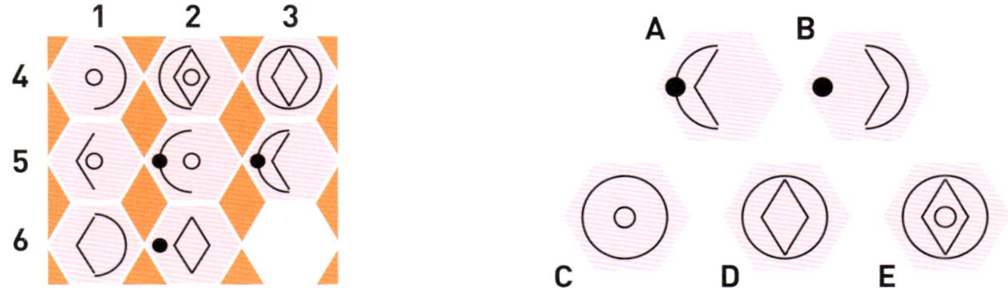

Übung 3

→ Welches Sechseck gehört ins freie Feld?

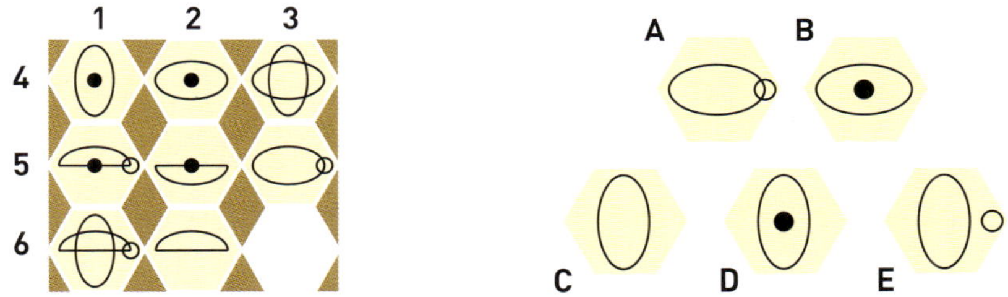

Übung 4

→ Welches Sechseck gehört ins freie Feld?

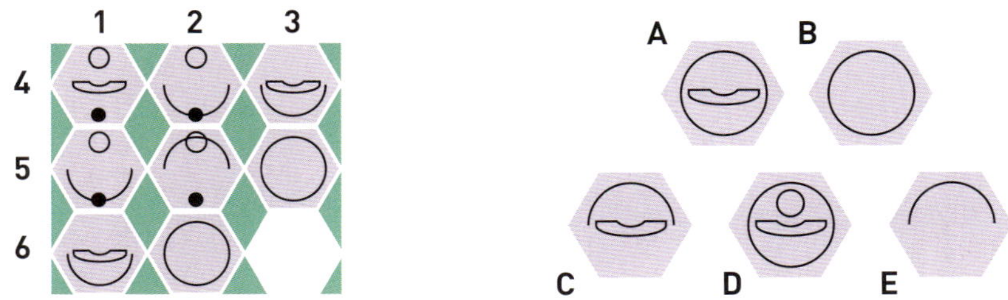

Übung 5

→ Welches Sechseck gehört ins freie Feld?

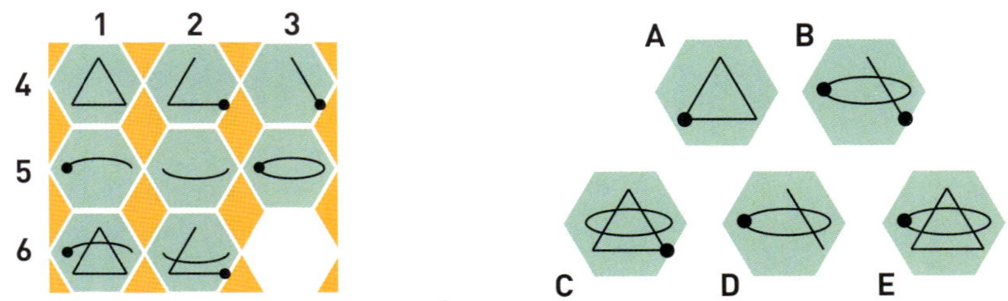

Fortsetzung auf Seite 121

Die Lösungen finden Sie auf Seite 144 bis 155.

Vor-Worte

Beispiel

Tragen Sie in die Klammer ein Wort ein, das man vor alle anderen Wörter setzen kann. Zum Beispiel:

Blende
Licht
Uhr
Brand
Segel

Lösung:
Sonnen

1. Streifen
Kissen
Spitze
Holz
Stich

2. Rücken
Pilz
Ball
Spur
Note

3. Käse
Geld
Holz
Weizen
Metall

4. Fell
Auge
Tisch
Kopf
Wäsche

5. Feld
Kammer
Kreis
Blume
Speicher

6. Währung
Gräber
Fasan
Staub
Fisch

7. Pantoffel
Laus
Stift
Hut
Unterlage

8. Finger
Lauf
Mut
Schläfer
Weiler

9. Suggestion
Fähre
Brücke
Wäsche
Dieb

10. Seil
Fahrt
Brücke
Verbindung
Unglück

11. Statistik
Roman
Prozess
Geschichte
Film

12. Erbarmen
Gefällig
Lob
Suche
Vater

13. Kariert
Mut
Staat
Hirn
Kunst

14. Zeichen
Stunde
Bild
Haufen
Karte

15. Stärke
Malerei
Bildung
Lehre
los

16. Wind
Bad
Strahl
Gott
Milch

17. Täter
Segel
Haar
Mann
Sache

18. Schloss
Schicht
Strömung
Brücke
leer

19. Rücken
Halter
Stütze
Prüfer
Macher

20. Möbel
Säge
Kiste
Perle
Kohle

Die Lösungen finden Sie auf Seite 144 bis 155.

Fortsetzung von Seite 119

Sechsecke

Übung 6

→ Welches Sechseck gehört ins freie Feld?

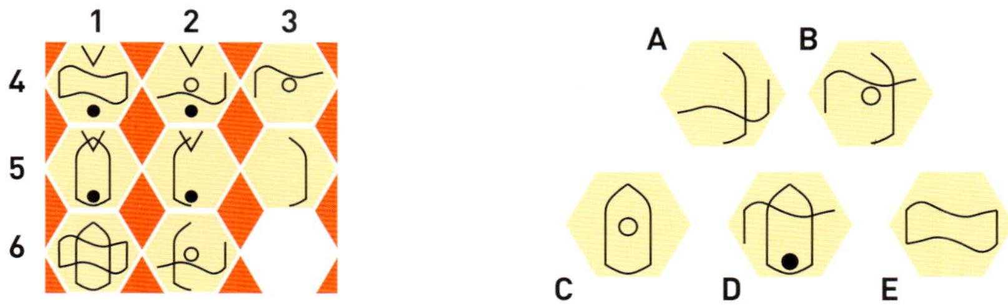

Übung 7

→ Welches Sechseck gehört ins freie Feld?

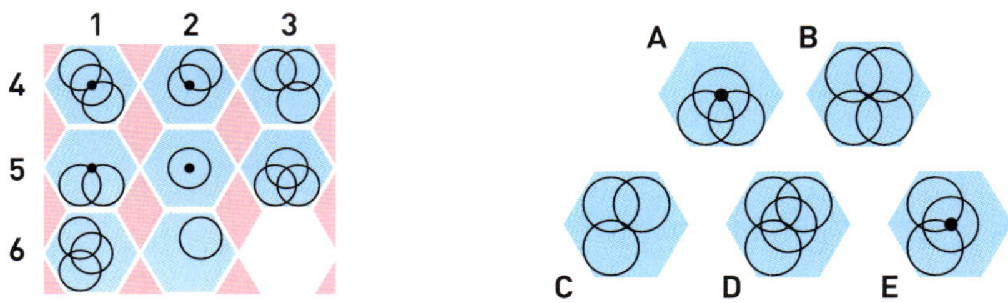

Übung 8

→ Welches Sechseck gehört ins freie Feld?

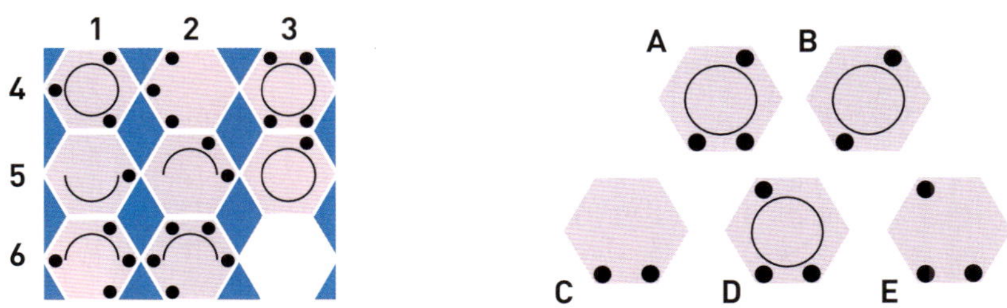

Übung 9

→ Welches Sechseck gehört ins freie Feld?

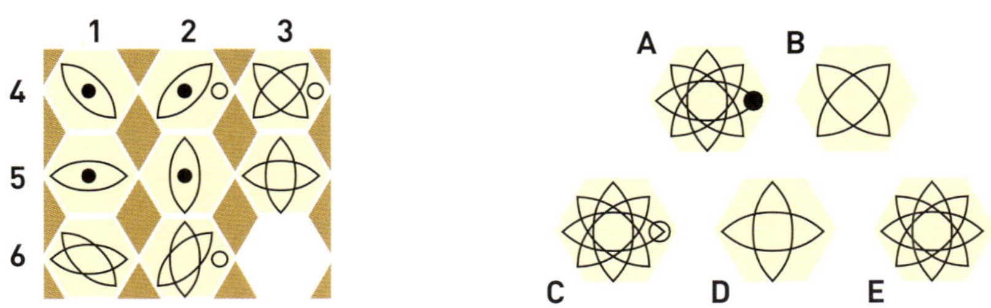

Übung 10

→ Welches Sechseck gehört ins freie Feld?

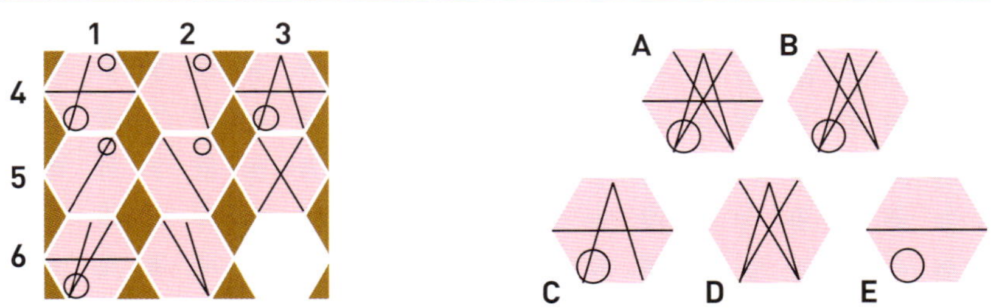

Die Lösungen finden Sie auf Seite 144 bis 155.

Übungen für die linke Hirnhälfte

FÜR MENSCHEN, BEI DENEN DIE RECHTE HIRNHÄLFTE DOMINIERT

Technik

Übung 1

→ Wie heißen diese Buchstaben des griechischen Alphabets?

Wählen Sie unter:

Sigma	Rho
Beta	Delta
Pi	Jota
Eta	Theta
Ypsilon	Gamma

Η Γ Δ Θ Υ

Übung 2

→ Wie hoch ist eine Klippe, wenn ein Stein, den Sie hinabwerfen, das Wasser in drei Sekunden erreicht?

Übung 3

→ Nach welcher Formel berechnet man das Volumen einer Kugel?

Übung 4

→ Wo liegt der Schwerpunkt dieser flachen Schichtholzplatte? Liegt er in der Platte oder außerhalb?

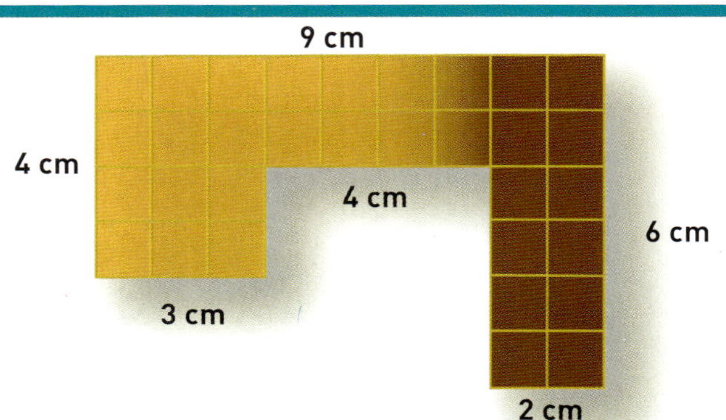

Die Lösungen finden Sie auf Seite 144 bis 155.
Fortsetzung auf Seite 124

Übungen für die rechte Hirnhälfte

FÜR MENSCHEN, BEI DENEN DIE LINKE HIRNHÄLFTE DOMINIERT

Farben, Kreise, Quadrate, Fünfecke

Übung 1

→ Welches Sechseck ersetzt das Fragezeichen?

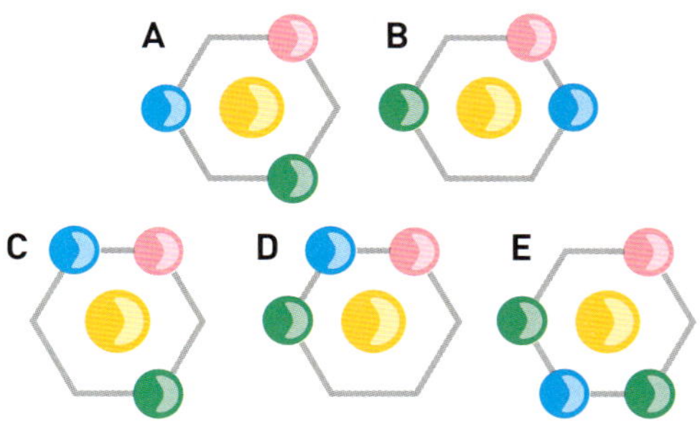

Übung 2

→ Welche Farben ersetzen das ?

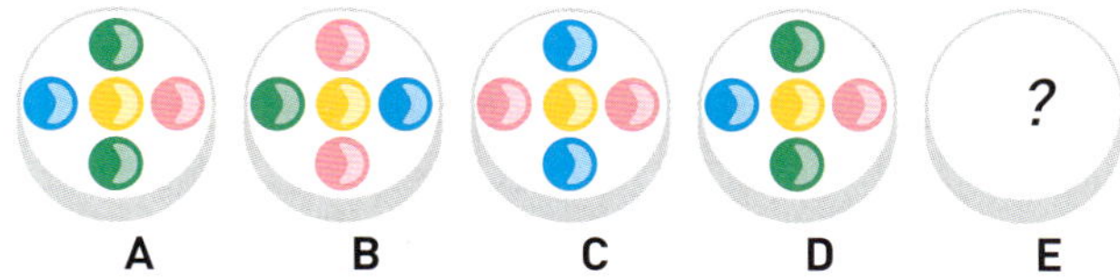

Übung 3

→ Welcher Kreis ist A am ähnlichsten?

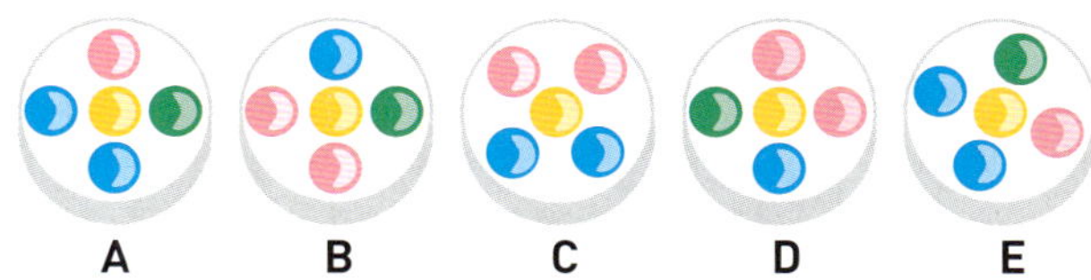

Übung 4

→ Gelb, Grün, Rosa und Blau haben die Zahlenwerte 10, 5, 3, 2, aber nicht in dieser Reihenfolge. Wie lautet die richtige Folge?

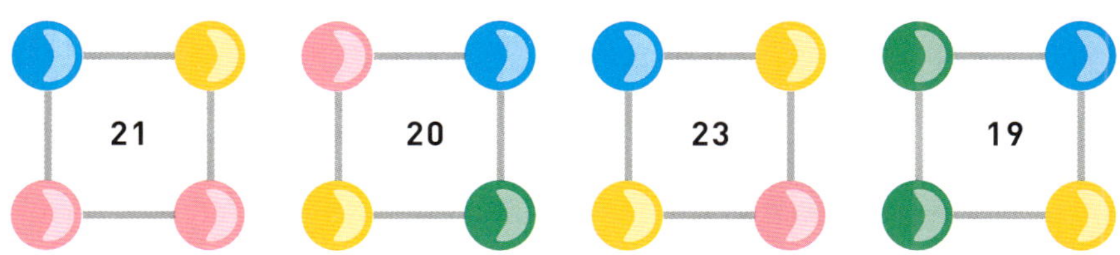

Übung 5

→ Welche Farbe ersetzt das Fragezeichen?

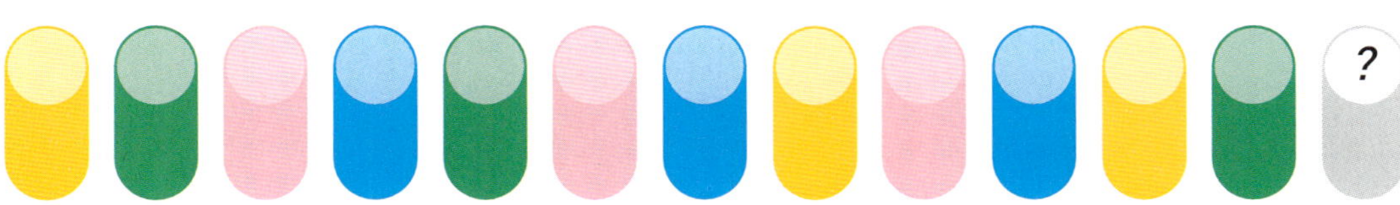

Fortsetzung auf Seite 125

Die Lösungen finden Sie auf Seite 144 bis 155.

Technik

Fortsetzung von Seite 122

Übung 5

→ Die Beaufort-Skala der Windstärken reicht von 0 bis 12.

Bei welcher Stärke ist der Wind 20,8 bis 24,4 m/s schnell, löst im Meer »rollende« Wellen mit dichten Schaumkämmen aus, ruft kleinere Schäden an Häusern und Dächern hervor, verweht Gischt und gilt als Sturm?

Übung 6

→ Eine große runde Platte soll vollständig mit fünf kleineren Platten bedeckt werden. Wie groß muss der Durchmesser der kleinen Platten mindestens sein, ausgedrückt in Prozent der großen Platte?

a. 58,8%
b. 59,8%
c. 60,8%
d. 61,8%
e. 62,8%

Übung 7

→ Welche Himmelsrichtung wird hier angezeigt?

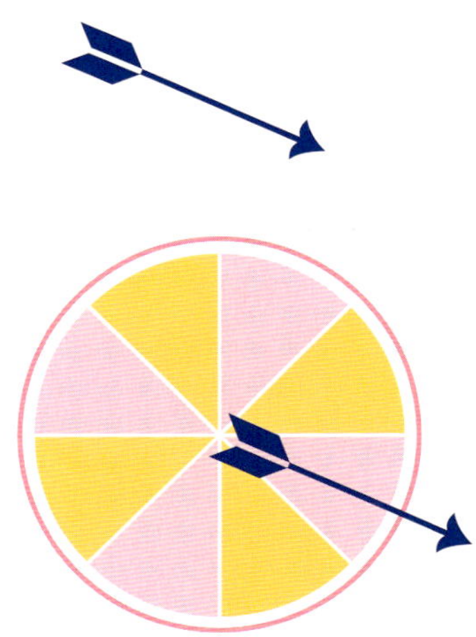

Übung 8

→ Was bedeuten diese mathematischen Symbole?

Wählen Sie unter

1. Allgemeingültig
2. Ist gleich
3. Plus oder minus
4. Viel weniger als
5. Größer als
6. Es gibt
7. Unendlich
8. Weniger als
9. Quadratwurzel aus
10. Imaginäre Zahl
11. Nicht gleich
12. Durchschnittswert von

± > ≠ √ ∞

Die Lösungen finden Sie auf Seite 144 bis 155.

Fortsetzung auf Seite 126

Fortsetzung von Seite 123

Farben, Kreise, Quadrate, Fünfecke

Übung 6

→ Welcher Kreis passt nicht in die Reihe?

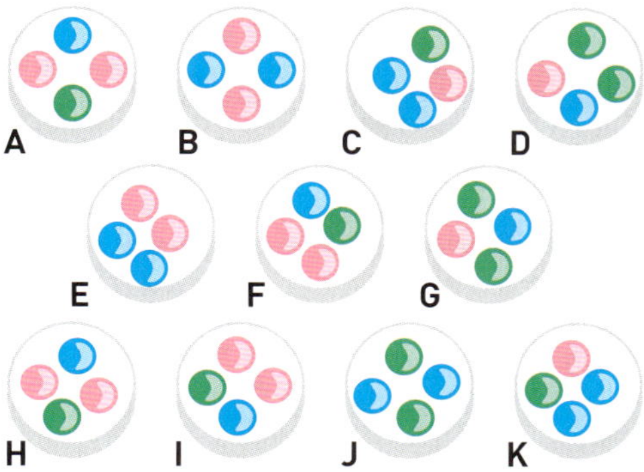

Übung 7

→ Welches Quadrat ersetzt das Fragezeichen?

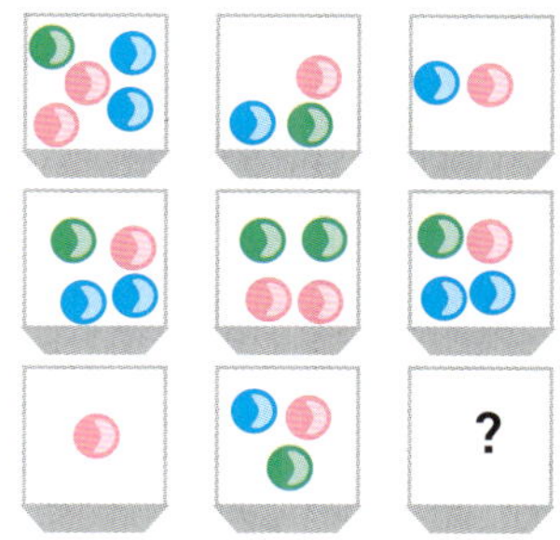

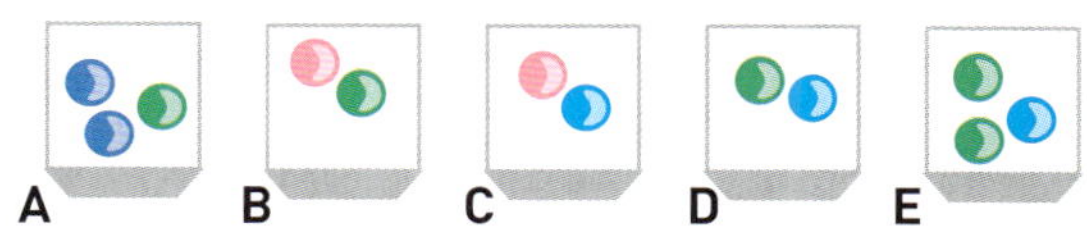

Übung 8

→ Analogie

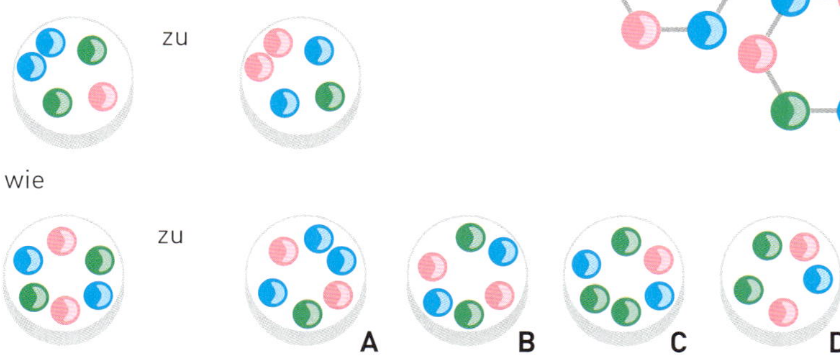

Übung 9

→ Welche Figur passt nicht in die Reihe?

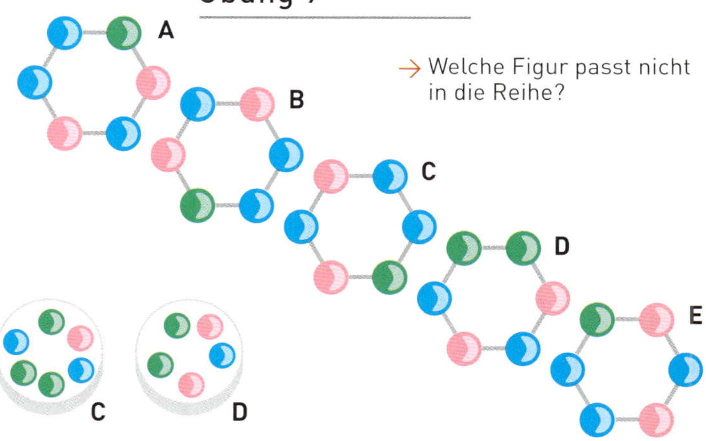

Übung 10

→ Welches Fünfeck ersetzt das Fragezeichen?

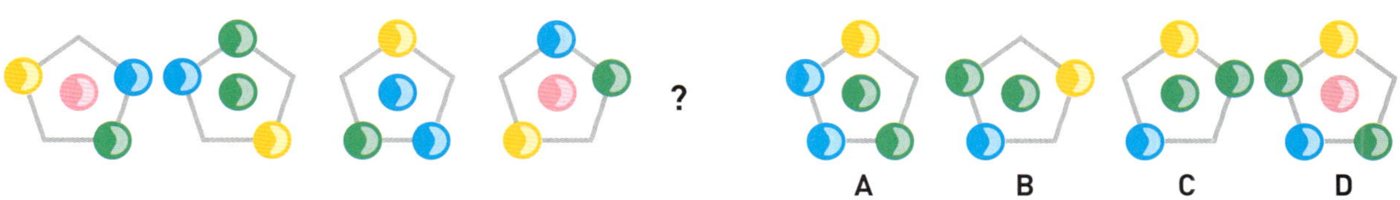

Die Lösungen finden Sie auf Seite 144 bis 155.

Technik

Fortsetzung von Seite 124

Übung 9

→ Wie rechnen Sie Celsius in Fahrenheit und Fahrenheit in Celsius um, und welche beiden Temperaturen sind in beiden Systemen gleich?

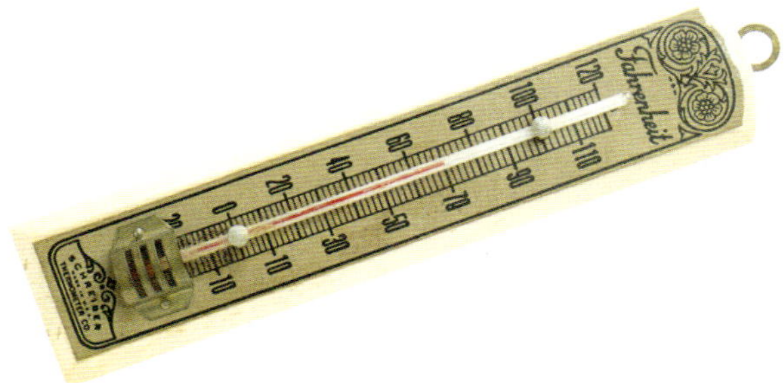

Übung 10

→ Wenn trockenes Tafelsalz frei fällt, bildet es einen Kegel. Welchen Neigungswinkel hat er?

a. 24 Grad
b. 33 Grad
c. 35 Grad
d. 40 Grad
e. 43 Grad

Übung 11

→ Welcher Balken ist am stärksten?

a. 2 x 4 m
b. $1\frac{1}{2}$ x 5 m
c. 3 x 3 m
d. 1 x 6 m
e. $1\frac{3}{4}$ x $4\frac{1}{2}$ m

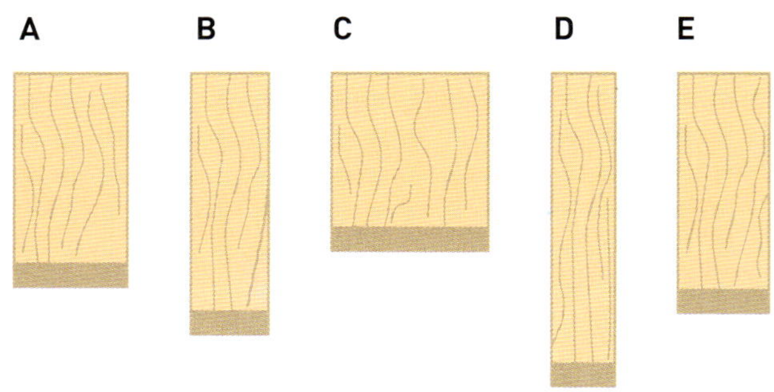

Übung 12

→ Wenn ein Ball in die Luft geworfen wird, fällt er kurvenförmig herab. Wie heißt diese Kurve?

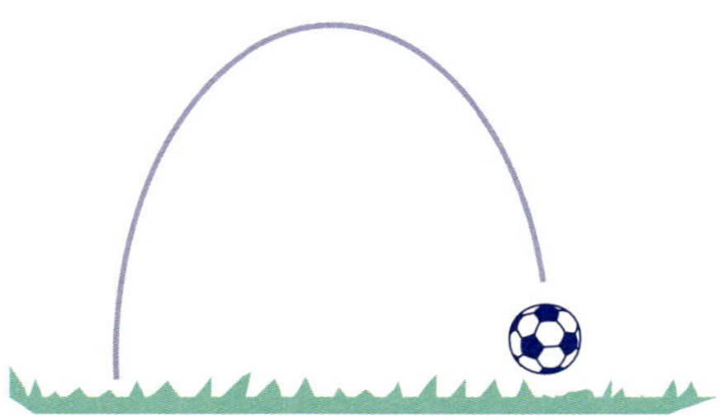

a. Longitudinale
b. Kardioide
c. Kegelschnitt
d. Parabel
e. Hyperbel
f. Hypotenuse

 Die Lösungen finden Sie auf Seite 144 bis 155. *Fortsetzung auf Seite128*

Übungen für die rechte Hirnhälfte

FÜR MENSCHEN, BEI DENEN DIE LINKE HIRNHÄLFTE DOMINIERT

Symbole, Schemata und anderes

Übung 1

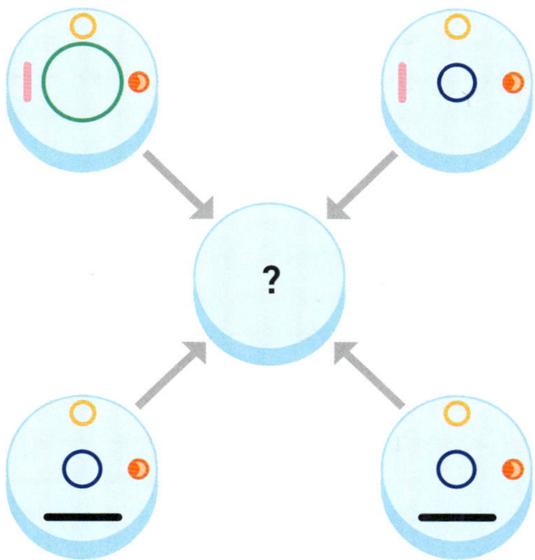

→ Jede Linie und jedes Symbol in den vier äußeren Kreisen (oben) wird nach folgenden Regeln in den mittleren Kreis übertragen:
Eine Linie oder ein Symbol erscheint in den äußeren Kreisen ...
einmal: Sie wird übertragen
zweimal: Sie wird möglicherweise übertragen
dreimal: Sie wird übertragen
viermal: Sie wird nicht übertragen

→ Welcher der unten abgebildeten Kreise gehört ins Zentrum des obigen Schemas?

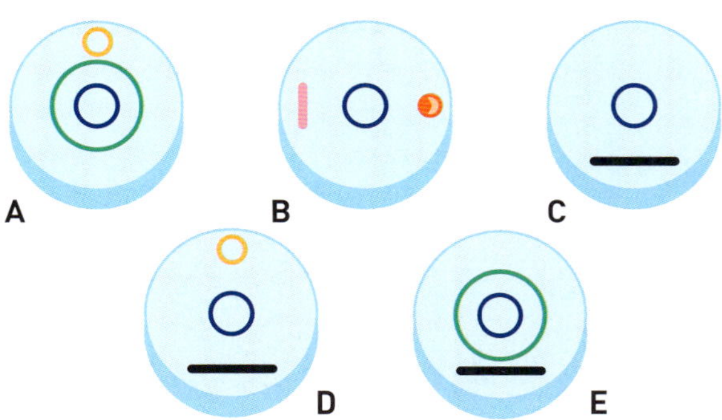

Übung 2

→ Jedes der neun mit 1 A bis 3 C bezeichneten Quadrate im Schema soll alle Linien und Symbole enthalten, die in den Quadraten A bis C und 1 bis 3 am oberen und linken Rand enthalten sind und den gleichen Buchstaben und die gleiche Zahl aufweisen. Beispiel: 2 A muss alle Linien und Symbole enthalten, die in 2 und A enthalten sind.
Ein Quadrat ist falsch. Welches?

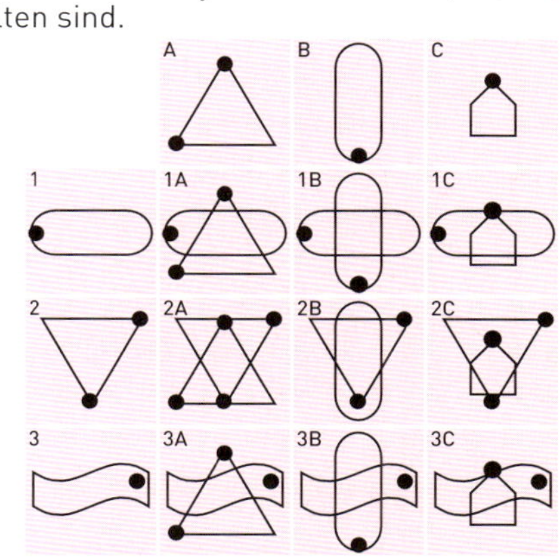

Übung 3

→ Welches Oval passt nicht in die Reihe?

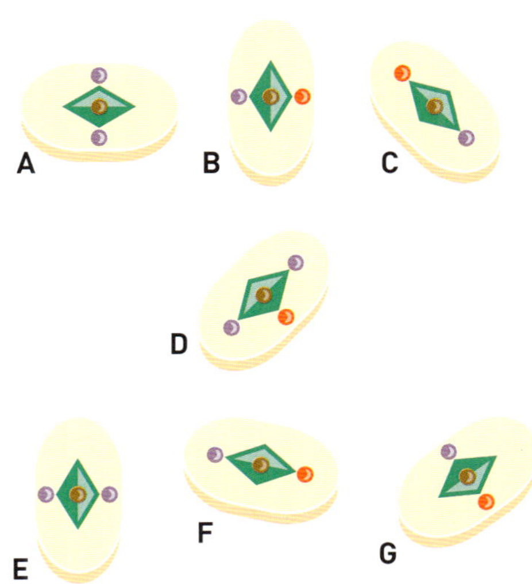

Fortsetzung auf Seite 129

Die Lösungen finden Sie auf Seite 144 bis 155.

Technik

Fortsetzung von Seite 126

Übung 13

→ Welches Volumen hat die Schultüte?

a. 256
b. 286
c. 314
d. 346
e. 376

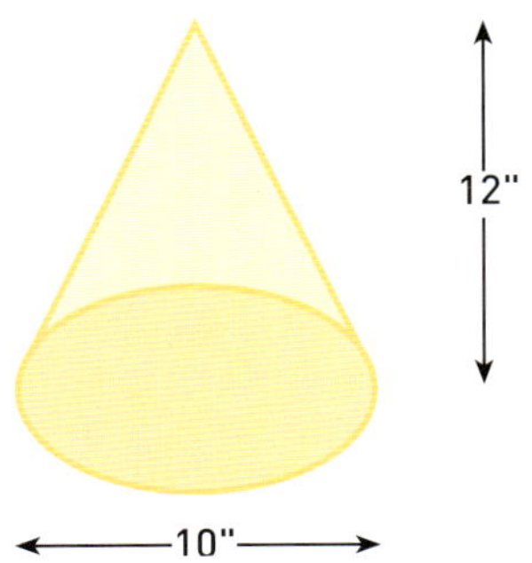

Übung 14

→ Sie werfen mit zwei Würfeln. Wie hoch ist die Chance auf die Summe 7?

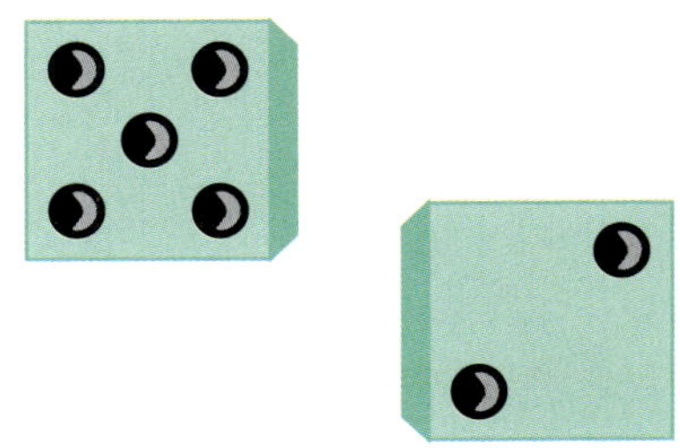

Übung 15

→ Wie lang ist die Linie AB?

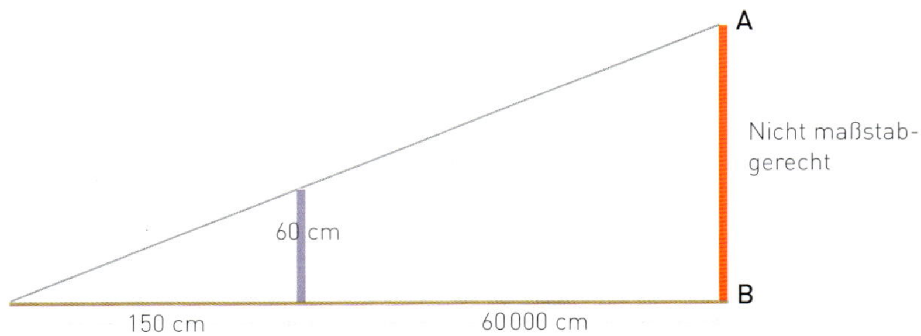

Übung 16

→ Fünf Männer bauen zusammen eine Ziegelmauer. Das würden sie leisten, wenn sie allein arbeiten würden:

A würde 3 Stunden brauchen.
B würde 6 Stunden brauchen.
C würde 2 Stunden brauchen.
D würde 10 Stunden brauchen.
E würde 4 Stunden brauchen.

→ Wie lange brauchen sie gemeinsam?

Die Lösungen finden Sie auf Seite 144 bis 155.

Fortsetzung auf Seite 130

Übungen für die rechte Hirnhälfte

FÜR MENSCHEN, BEI DENEN DIE LINKE HIRNHÄLFTE DOMINIERT

Fortsetzung von Seite 127

Symbole, Schemata und anderes

Übung 4

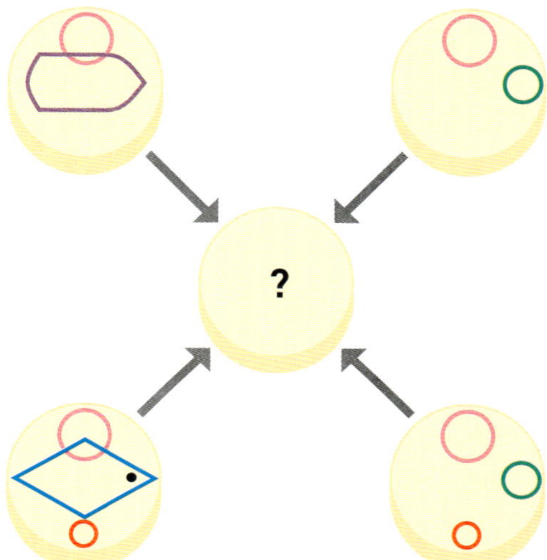

→ Jede Linie und jedes Symbol in den vier äußeren Kreisen (oben) wird nach folgenden Regeln in den mittleren Kreis übertragen:
Eine Linie oder ein Symbol erscheint in den äußeren Kreisen ...

einmal:	**Es wird übertragen**
zweimal:	**Es wird möglicherweise übertragen**
dreimal:	**Es wird übertragen**
viermal:	**Es wird nicht übertragen**

→ Welcher der unten abgebildeten Kreise gehört ins Zentrum des obigen Schemas?

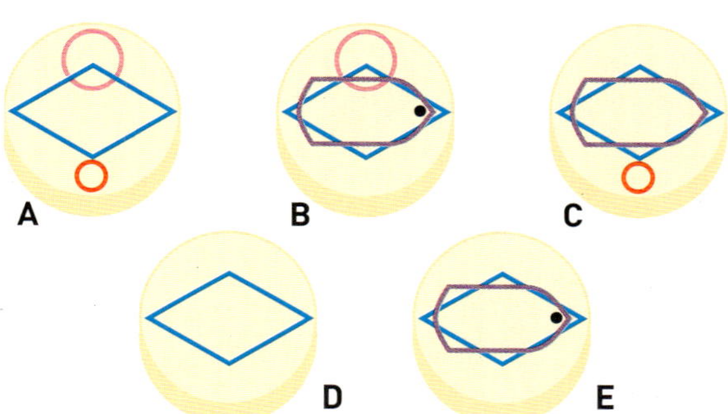

Übung 5

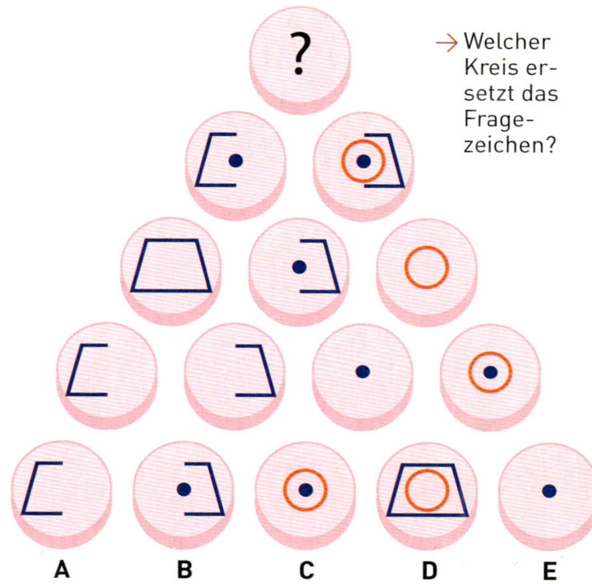

→ Welcher Kreis ersetzt das Fragezeichen?

Übung 6

Jedes der neun mit 1 A bis 3 C bezeichneten Quadrate im Schema soll alle Linien und Symbole enthalten, die in den Quadraten A bis C und 1 bis 3 am oberen und linken Rand enthalten sind und den gleichen Buchstaben und die gleiche Zahl aufweisen. Beispiel: 2 A muss alle Linien und Symbole enthalten, die in 2 und A enthalten sind.
Ein Quadrat ist falsch. Welches?

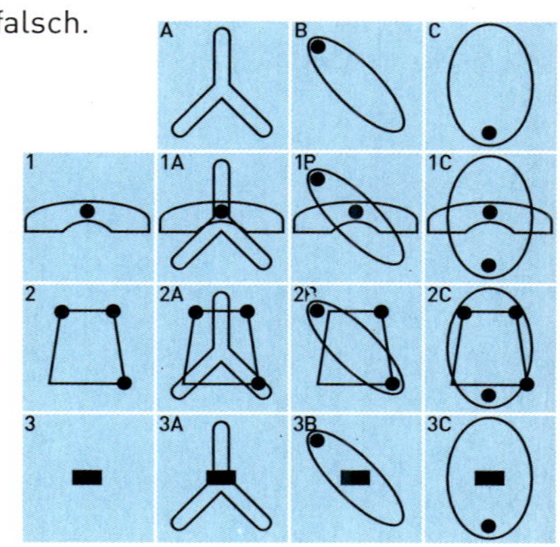

Die Lösungen finden Sie auf Seite 144 bis 155.

Technik

Fortsetzung von Seite 128

Übung 17

→ Welchen Dezimalwert hat diese binäre Zahl?

11111.111

Übung 18

→ Wie groß ist der Winkel in einem Fünfeck?

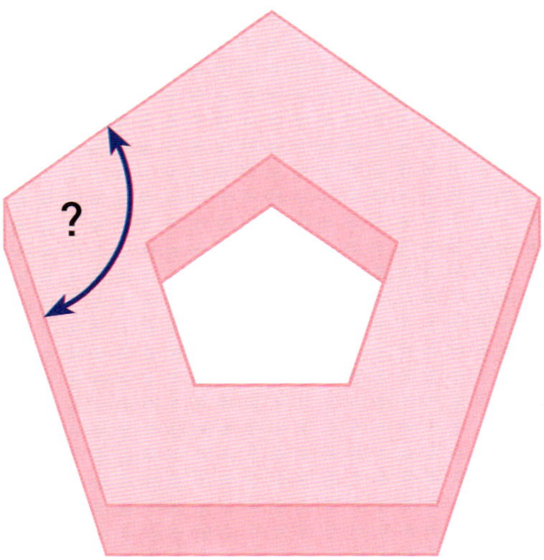

Übung 19

→ Ein Gerät wiegt 20 Kilogramm plus drei Achtel seines Gesamtgewichts. Wie viel wiegt es?

Übung 20

→ Welcher Planet befindet sich zwischen Jupiter und Uranus?

Die Lösungen finden Sie auf Seite 144 bis 155.

Kreative Zahlenrätsel

→ Sie brauchen keine mathematischen Kenntnisse, um diese beiden etwas verrückten Zahlenrätsel zu lösen – kreatives Denken genügt, um das Unwahrscheinliche und Unerwartete zu entdecken.

Übung 1

1, 11, 21, 1112, 3112, 211213 , 312213 , 212223 , 114213 ,

31121314, 41122314, 31221324, 21322314, ?

→ Welche Zahl ersetzt das Fragezeichen?

Übung 2

2, 6, 11, 14, 25, 27, ?

→ Welche Zahl ersetzt das Fragezeichen?

Wechselrätsel

→ Unten sehen Sie fünf Gläser Orangensaft und fünf leere Gläser.

→ Wie viele Gläser müssen Sie umstellen, damit immer noch zehn Gläser dastehen, volle und leere Gläser sich jedoch abwechseln?

Die Lösungen finden Sie auf Seite 144 bis 155.

Übungen für die linke Hirnhälfte

FÜR MENSCHEN, BEI DENEN DIE RECHTE HIRNHÄLFTE DOMINIERT

Logik

1. Rechnen Sie aus $(2x - y)^2$

Wählen Sie unter

a. $-4x^2 - 4xy + y^2$
b. $-4x^2 + 4xy + y^2$
c. $4x^2 - 4xy - y^2$
d. $4x^2 - 4xy + y^2$
e. $4x^2 + 4xy + y^2$

2. Welches Gewicht müssen Sie beim Fragezeichen auf die Waage legen, damit sie im Gleichgewicht bleibt?

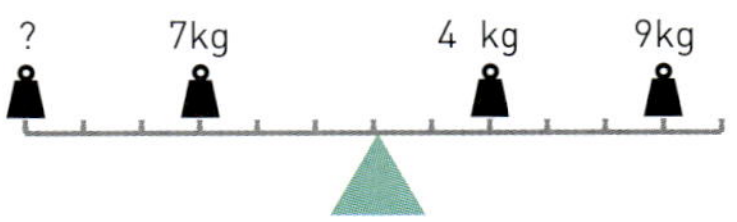

3. Welche Zahlen ersetzen die Fragezeichen?

9 16 ? 64 729

8 27 ? 243 128

4. Welche dreistellige Zahl folgt?

394 – 041 – 424 – 344 – ?

5. Vereinfachen Sie:

$$\frac{7}{41} \times \frac{123}{28} = ?$$

6. Welchen Wert hat das Fragezeichen?

$4\frac{1}{2}$, 33, 8, $25\frac{1}{2}$, $11\frac{1}{2}$, 18, 15, ?

7. Wenn

7 x 6 = 46 wäre,
wie viel wäre dann
4 x 5 = ?

8. Vereinfachen Sie

$6 - 4 \times 10 + 8 : 2 - 12 = ?$

9. Vereinfachen Sie

$$\frac{6}{1\frac{2}{3} - \frac{1}{2}} = x$$

10. Welcher ist ein Pavian?

a. Mandragora
b. Mandrin
c. Mandira
d. Mandrill
e. Mandril

11. Fügen Sie ein Wort ein, welches das Gleiche bedeutet wie die Worte außerhalb der Klammer.

FISCH (______) FARBE

12. Was ist ein Gremlin?

a. Fisch
b. Vogel
c. Kobold
d. Clown
e. Blume
f. Insekt

13. Welches Wort passt nicht in die Reihe?

a. Hurrikan
b. Monsun
c. Kalme
d. Mistral
e. Taifun

14. Welche Reihe enthält einen Buchstaben, den man nicht in ein Wort einfügen kann?

a. lwehc
b. gloef
c. seire
d. tochi
e. gneiw

15. Welches Wort bedeutet das Gleiche wie Sagazität?

a. Gewalt
b. Scharfsinn
c. Redegewandtheit
d. Leichtsinn
e. Privathochschule

16. Eine eckige Ellipse ist ein Paradoxon. Ein leeres Hirngespinst ist

a. Eine Paradoxie
b. Eine Tautologie
c. Ein Pleonasmus
d. Ein Syllogismus
e. Eine Allegorie

17. Welches Wort ergibt, vor die folgenden Wörter gesetzt, neue Wörter?

__________ Gesicht
__________ Schein
__________ Nacht
__________ Preis
__________ Göttin

18. Bilden Sie aus den folgenden Buchstaben zwei Wörter mit je fünf Buchstaben:

ABDEELRT

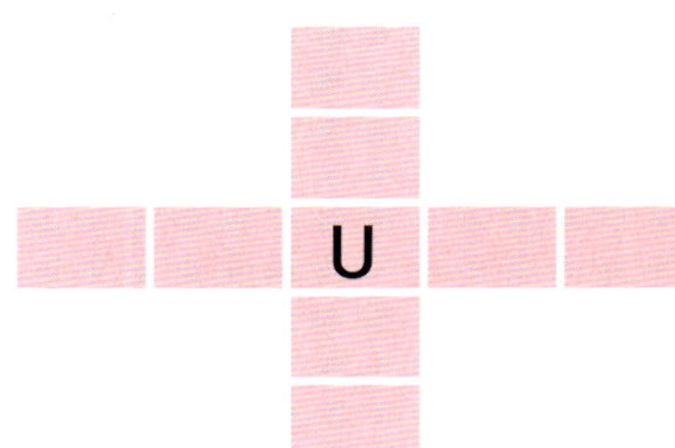

Kreativität: Die schlauen Esel

→ Sam Lloyd war ein kreatives Genie des 19. Jahrhunderts. Er dachte sich Tausende von originellen Rätseln aus, von denen viele heute noch bekannt sind.

Lloyd wurde 1841 in Philadelphia geboren und war erst 17, als er eines seiner berühmtesten Rätsel schuf: *Die schlauen Esel.*

Der Zirkuseigentümer P. T. Barnum kaufte das Rätsel und verkaufte es dann als *P. T. Barnum's Trick Donkeys* für jeweils einen Dollar während seiner Vorstellungen.

Man schneidet die drei Teile entlang der gestrichelten Linien aus und setzt sie anschließend so zusammen, dass die Reiter auf den Eseln sitzen.

Dies ist ein trügerisches Puzzle – selbst wenn jemand Ihnen die Lösung verrät, haben Sie sie beim nächsten Mal vielleicht schon vergessen.

Versuchen Sie, die Lösung vor Ihrem geistigen Auge zu sehen, ohne die Teile auszuschneiden. Dieses Rätsel ist eine wunderbare Schule des kreativen Denkens ist.

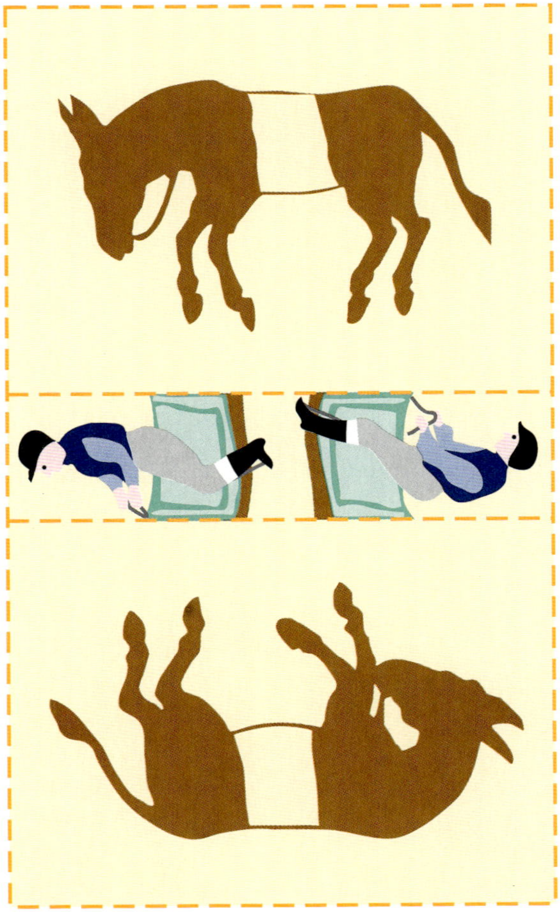

Die Lösungen finden Sie auf Seite 144 bis 155.

Übungen für die linke Hirnhälfte

FÜR MENSCHEN, BEI DENEN DIE RECHTE HIRNHÄLFTE DOMINIERT

Mathematische Logik

1. Welche Zahl ersetzt das Fragezeichen?

6, 23, $7\frac{1}{2}$, 21, 9, 19, $10\frac{1}{2}$, 17, ?

2. Welchen Wert hat x?

$-17 - (-17) - (-17) = x$

3. Welchen Wert hat x?

$6 - 17 \times 2 - 14 \div 2 = x$

4. Welchen Wert hat x?

$\frac{64}{10} \div \frac{8}{5} = x$

5. Wie groß ist der Winkel A?

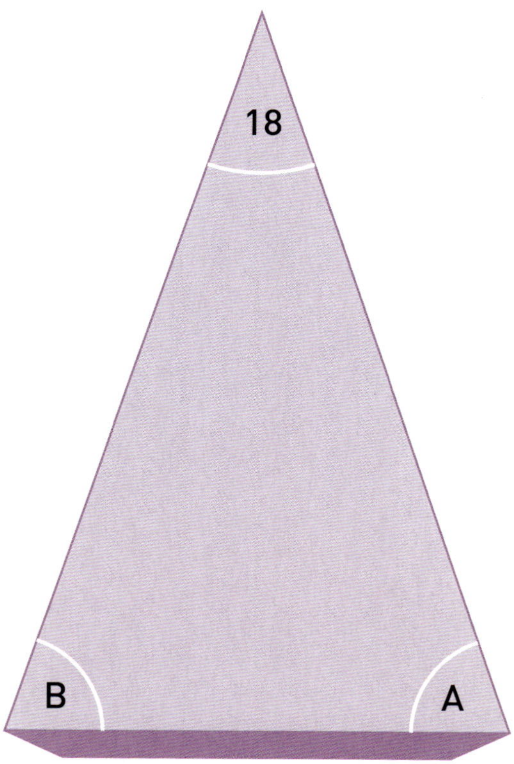

6. Ersetzen Sie das Fragzeichen durch eine Zahl.

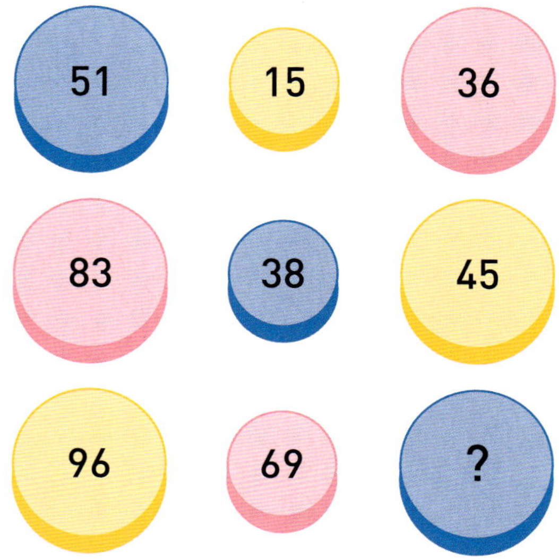

7. Finden Sie x.

$54^2 - 53^2 = x$

8. Welche Zahl ersetzt das Fragezeichen?

17, $8\frac{7}{8}$, $\frac{3}{4}$, $-7\frac{3}{8}$, ?

9. Welche Zahl ersetzt das Fragezeichen?

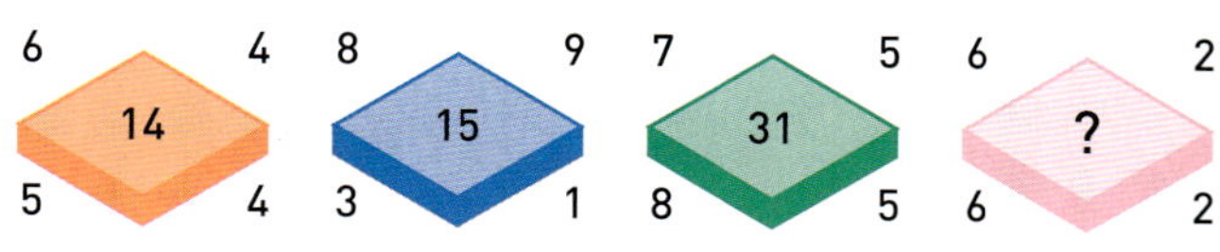

10. Vereinfachen Sie

$(3 + 2) - (16^2 - 9^2)$

Die Lösungen finden Sie auf Seite 144 bis 155.

Denkprozesse

→ Die folgende Übung basiert auf der Gestaltpsychologie und auf Jacksons Test des divergenten Denkens, der vom Probanden verlangt, für einen Gegenstand – z.B. für einen Kamm oder ein Stück Zwirn – möglichst viele neue Verwendungszwecke zu finden.
Bei dieser Übung sollen Sie möglichst viele Nutzungsmöglichkeiten für einen Ziegelstein finden. Sie haben sechs Minuten Zeit, um bis zu elf Ideen aufzuschreiben. Die erste Zeile zeigt ein Beispiel.

1. Man kann damit an einem windigen Tag die Garagentür offen halten.
2. ______________________________
3. ______________________________
4. ______________________________
5. ______________________________
6. ______________________________
7. ______________________________
8. ______________________________
9. ______________________________
10. ______________________________
11. ______________________________
12. ______________________________

Bewertung:

2 Punkte für jede gute, originelle oder praktische Lösung.
1 Punkt für weniger originelle Lösungen, die immerhin als guter Versuch gelten können.
0 Punkte für völlig unpraktikable Lösungen.
0 Punkte für jede antisoziale Lösung, z. B.: mit dem Stein eine Scheibe einwerfen oder ihn jemandem an den Kopf werfen.

Analyse:

18 bis 24 Punkte: sehr kreativ und fantasievoll
13 bis 17 Punkte: überdurchschnittlich
7 bis 12 Punkte: durchschnittlich
0 bis 6 Punkte: Sie brauchen mehr Übung!
Versuchen Sie nun, die Übung mit anderen Haushaltsgegenständen zu wiederholen, z. B. einem Eimer oder einem Gummiband.

Übungen für die linke Hirnhälfte

FÜR MENSCHEN, BEI DENEN DIE RECHTE HIRNHÄLFTE DOMINIERT

Mathematisches Denken

1. **Sie haben eine Bratpfanne, in die zwei Scheiben Brot passen. Sie wollen drei Scheiben beidseitig braten. Jede Scheibe braucht für jede Seite 20 Sekunden. Sie können sie alle in 80 Sekunden braten, wenn Sie erst zwei Scheiben, dann die dritte in die Pfanne legen.**
   Finden Sie eine bessere Methode.

2. **In einem Bekleidungsgeschäft bietet man Ihnen 5% Rabatt, wenn Sie bar zahlen, 10%, weil Sie Stammkunde sind, und 25% auf den Verkaufspreis.**
   In welcher Reihenfolge nehmen Sie die Rabatte in Anspruch?

3. **Wenn Sie zu meinem Alter die Hälfte, ein Drittel, dreimal drei, 120 und 10 addieren, erhalten Sie 10 Dutzend plus 10 als Summe.**
   Wie alt ich bin ich?

4. **Ein Auto fährt 30 km in 60 Minuten. Für den gleichen Rückweg braucht es 30 Minuten.**
   Wie groß ist seine Durchschnittsgeschwindigkeit für beide Fahrten?

5. **Drei Männer sind Eigentümer einer Firma. A besitzt 60%, B 35%, C 5%. Der Jahresgewinn beträgt 350 Euro.**
   Wie viel bekommt jeder von ihnen?

6. **Im Zoo leben 117 Vierbeiner und 57 Vögel.**
   Wie viele Köpfe und Beine gibt es im Zoo?

7. **Drei Söhne einer Familie sind Soldaten. Einer kommt alle fünf Tage nach Hause, einer alle vier Tage und einer alle drei Tage.**
   In wie vielen Tagen begegnen sich die Drei?

8. **Die Summe von fünf Zahlen ergibt, wenn man abwechselnd jede der Zahlen auslässt: 36 – 38 – 41 – 34 – 31**
   Um welche fünf Zahlen handelt es sich?

9. **Ein Mann fängt einen Fisch, der $^5/_7$ Pfund plus $^5/_7$ Pfund seines Gewichts wiegt.**
   Wie schwer ist der Fisch?

10. **Außerirdische besuchen die Erde. 70% haben ein Auge, 75% haben einen Arm, 80% haben ein Bein und 85% haben ein Ohr.**
    Wenigstens wie viel Prozent von ihnen müssen alle vier Körperteile haben?

11. **Zweimal 6 sind 8 von uns.**
    6 sind nur 3 von uns.
    9 sind nur 4 von uns.
    Was könnten wir sein?
    Wollt ihr mehr von uns wissen?
    Dann verrate ich euch mehr:
    12 sind nur 6 von uns,
    und 5 sind nur 4 von uns.
    Wisst ihr es nun?
    Was bedeutet dieser Text?

12. **Eine Weinhandlung verkauft Wein zu 9,50 Euro und zu 5,50 Euro pro Flasche.**
    Wie viele Flaschen von beiden Weinen muss der Händler mischen, um Wein für 7,90 Euro pro Flasche verkaufen zu können und dennoch den gleichen Gewinn zu machen?

13. **Wie viele verschiedene Fußballmannschaften kann man aus 17 Spielern zusammenstellen?**

14. **Ein Zug braucht drei Sekunden, um mit seiner ganzen Länge in einen 1 km langen Tunnel einzufahren.**
    Angenommen, der Zug fährt 120 km/h. Wie lange braucht er, um den Tunnel vollständig zu durchfahren?

15. **Wenn 5 x 4 = 30 ist, wie viel ist dann ein Viertel von 20?**

16. **Es gibt eine Zahl, welche die Zahlen 100 und 164 zu Quadratzahlen macht, wenn man sie zu diesen Zahlen addiert.**
    Welche Zahl ist das?

17. **Eine Firma zahlt ihren Mitarbeitern 3395 Euro Weihnachtsgeld. Sie hat mehr als 50, aber weniger als 100 Mitarbeiter, und jeder bekommt den gleichen Betrag.**
    Wie viele Mitarbeiter hat die Firma, und wie viel bekommt jeder?

18. **Bei einem Wettessen vertilgt der Sieger in den ersten zehn Durchgängen durchschnittlich 22 Hotdogs. Nach weiteren 20 Durchgängen steigert er seinen Durchschnitt auf 34 Hotdogs.**
    Wie viele Hotdogs aß er durchschnittlich in den letzten 20 Durchgängen?

19. **Im Jahr 1932 war ich so alt wie die beiden letzten Ziffern meines Geburtsdatums. Mein Großvater sagte, bei ihm sei es genauso.**
    Wie alt waren wir beide, und wann wurden wir geboren?

Die Lösungen finden Sie auf Seite 144 bis 155.

Kreatives Rätsel: Pfützen

→ Nach einem besonders heftigen Gewitter hat sich in Ihrem Garten eine kleine Pfütze gebildet. Alles, was Ihnen zur Verfügung steht, sind ein paar Gartenpflöcke und ein Maßband. Wie können Sie die Größe der Pfütze berechnen?

Denkprozesse: Formen

→ In jedem der nebenstehenden Quadrate sehen Sie Linien und geometrische Figuren. Machen Sie aus allen sechs Quadraten eine Zeichnung, und beziehen Sie dabei alle vorhandenen Linien und Figuren ein.

Zum Beispiel:

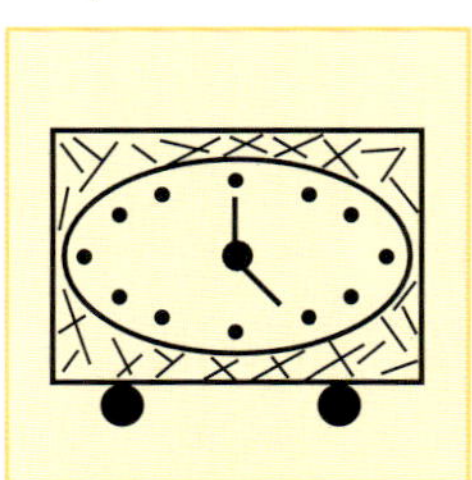

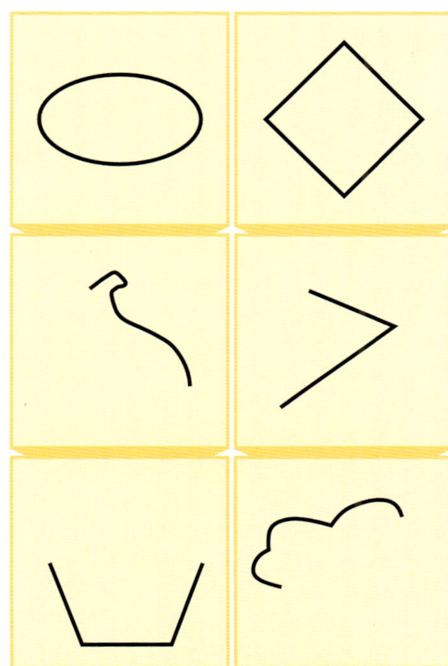

→ Wiederholen Sie diese Übung, so oft Sie wollen. Nutzen Sie die Linien und Figuren rechts als Ausgangspunkt, oder denken Sie sich neue aus, für sich oder auch für Familienmitglieder und Freunde.

Die Lösungen finden Sie auf Seite 144 bis 155.

Sprachliche Übungen

1. **Lösen Sie das folgende Ein-Wort-Anagramm:**

   Geh, du niest!

2. **Welches Wort passt nicht in die Reihe?**

   a. Axolotl
   b. Tiger
   c. Tonsille
   d. Bonobo
   e. Kamel

3. **Was ist eine KNUTE?**

   a. Kanal
   b. Brücke
   c. Peitsche
   d. Floß
   e. Burg

4. **Lösen Sie das folgende Ein-Wort-Anagramm:**

   Immer neue Kosten!

5. **Welches Wort passt nicht in die Reihe?**

   Salsa, Macarena, Samba, Galliarde, Mamba, Charleston, Tarantella

6. **Wie nennt man Soldaten der Artillerie?**

   a. Grenadiere
   b. Kanoniere
   c. Füsiliere
   d. Kavalleristen
   e. Infanteristen

7. **Bilden Sie mit den folgenden fünf Buchstaben ein Wort mit sieben Buchstaben:**

   BELTR

8. **Setzen Sie zwei Silben zum Namen eines Vogels zusammen.**

   blau, feld, gras, kohl, lang, ling, perl, sper, star, ster

9. **Bilden Sie mit den folgenden vier Buchstaben ein Wort mit sechs Buchstaben:**

   EKNR

10. **Welches Wort passt nicht in die Reihe?**

    a. Kord
    b. Markasit
    c. Damast
    d. Taffet
    e. Leinen

 Die Lösungen finden Sie auf Seite 144 bis 155.

Fantasie

→ Versuchen Sie, jede der folgenden 20 Zeichnungen zu deuten – so kühn wie möglich. Auf den ersten Blick mag Ihnen zum Beispiel die erste Zeichnung wie eine Mondsichel vorkommen, die hell am Nachthimmel steht. Aber könnte es nicht auch das funkelnde Auge einer einäugigen Katze sein, die Sie aus einem stockdunklen Keller anstarrt?

Wenn Sie Ihre Fantasie beurteilen wollen, machen Sie diese Übung zusammen mit Freunden. Es kommt darauf an, Ihrer Fantasie freien Lauf zu lassen und Hemmungen abzulegen. Je mehr Leute über Ihre Einfälle lachen, desto effektiver haben Sie wahrscheinlich Ihr Vorstellungsvermögen genutzt.

Viel Spaß!

Übungen für die linke Hirnhälfte

FÜR MENSCHEN, BEI DENEN DIE RECHTE HIRNHÄLFTE DOMINIERT

Technische Aufgaben

1. Welcher der neun Planeten ist der kleinste?

2. Was bedeutet dieses mathematische Symbol?

6!

3. Wie heißt die Linie von A nach B?

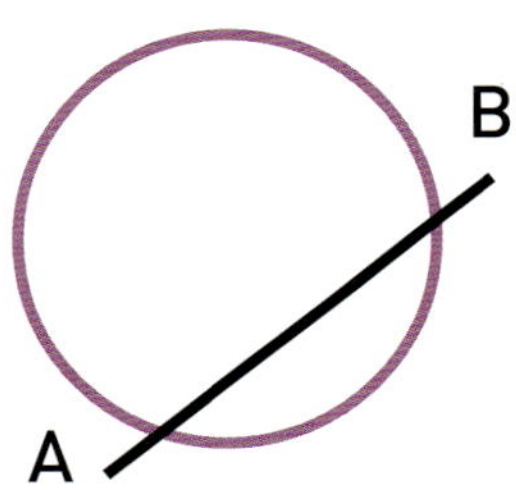

4. Wie groß ist Ihre Chance, mit zwei Würfeln mindestens eine 10 zu erzielen?

5. Wie groß ist die Oberfläche eines Balls?

6. Wie stellen Sie aus einem Metallblech einen Wassertank ohne Deckel und mit quadratischem Boden her? Selbstverständlich wollen Sie möglichst wenig Metall verbrauchen.

7. An dieser roten Kurve können Sie an jedem Punkt einen Ball loslassen – er braucht immer gleich lang, um Punkt A zu erreichen. Wie heißt diese Kurve?

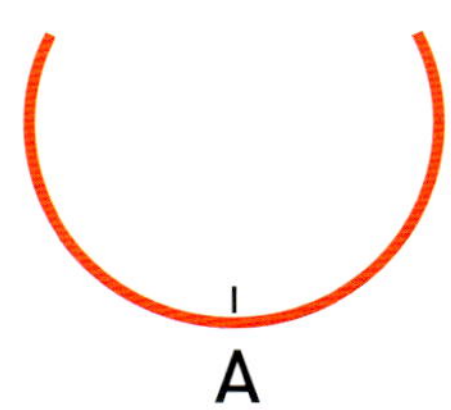

8. Sie wollen eine 6 m lange und 3 m breite Mauer bauen. Ihre Ziegel sind 350 mm lang und 160 mm breit. Können Sie die Mauer ausschließlich mit ganzen Ziegeln bauen (der Mörtel wird nicht berücksichtigt)?

9. Wie viele Seiten hat eine Schneeflocke?

Die Lösungen finden Sie auf Seite 144 bis 155.

Übungen für die rechte Hirnhälfte

FÜR MENSCHEN, BEI DENEN DIE LINKE HIRNHÄLFTE DOMINIERT

Raumvorstellung: Tangrams

→ Tangrams bieten eine vorzügliche Methode, Kreativität, Fantasie und künstlerisches Talent zu schulen. Das Tangram ist wohl das älteste aller Puzzles. Man nimmt an, dass es vor 4000 Jahren in China entstand. Auf einem Holzschnitt von Utamoro aus dem Jahr 1780 wird es zum ersten Mal gezeigt. Das Bild zeigt zwei Kurtisanen, die Chi-Chiao (so lautet der chinesische Name für Tangram, übersetzt bedeutet dies die sieben Teile der Weisheit) spielen. Das Puzzle besteht aus sieben Teilen, die aus einem Quadrat geschnitten werden, wie die Abbildung unten zeigt. Die Aufgabe besteht darin, aus den sieben Teilen Tangram-Formen zusammenzusetzen.

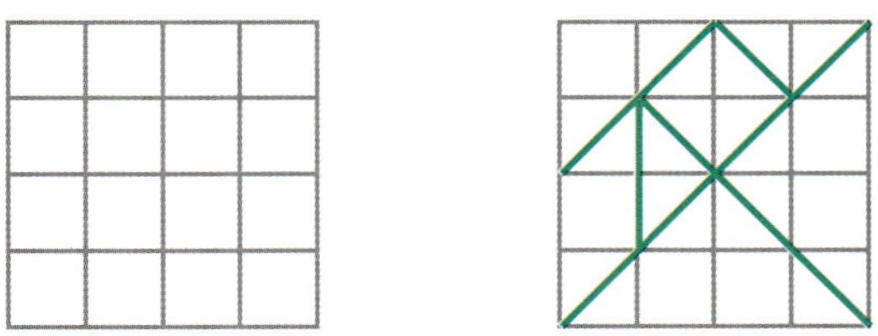

Es ist sehr einfach, selbst ein Tangram herzustellen. Schneiden Sie ein etwa 10 cm^2 großes Quadrat aus einem Karton, und zeichnen Sie ein dünnes Gitter aus kleinen Quadraten (siehe oben) als Anhaltspunkt darauf. Dann zeichnen Sie die oben rechts grün markierten Linien ein und schneiden die Figuren entlang diesen Linien aus. Das Ergebnis sind diese sieben Tangramm-Teile:

Die sieben Teile sind die Basis aller Tangrams, und alle aus ihnen zusammengesetzten Formen müssen sämtliche Teile enthalten, die sich nicht überlappen dürfen. Lewis Carroll, der Autor von *Alice im Wunderland,* selbst ein hervorragender Rätselerfinder, war von Tangrams fasziniert und besaß das Buch The Fashionable Chinese Puzzle, das 323 Tangrams enthielt. Nach seinem Tod erstand H. E. Dudeney, ebenfalls ein Rätselfreund, das Werk. Er schuf das unten abgebildete Tangram *»Der verrückte Hutmacher«*, eine Figur aus *Alice im Wunderland.*

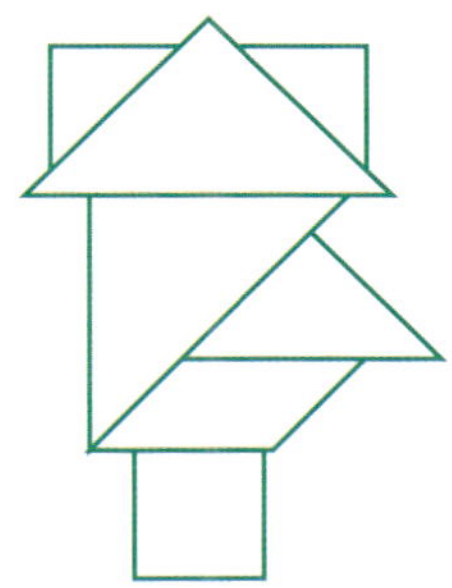

Darunter sehen Sie weitere Beispiele für Tangram-Figuren: eine Jacht, eine Katze und einen Indianer.

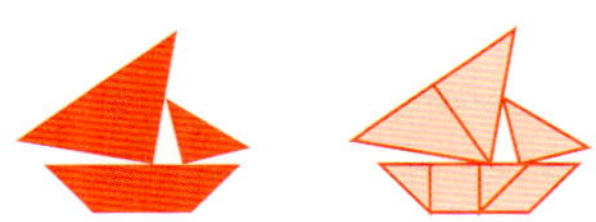

Alle sieben Teile wurden verwendet, und keines liegt über einem anderen.

Fortsetzung auf Seite 143

Übungen für die linke Hirnhälfte

FÜR MENSCHEN, BEI DENEN DIE RECHTE HIRNHÄLFTE DOMINIERT

Technische Aufgaben

1. **Ein Junge hat 27 vierkantige Bauklötze gestapelt. In der Nacht malt jemand sie an, ohne sie umzustellen.**

   Wie viele Klötze sind bemalt?

2. **119 ist eine Dezimalzahl.**

   Wie lautet sie als Binärzahl?

3. **Was bedeutet das mathematische Symbol unten?**

$$\leqslant 4$$

4. **Wie berechnet man das Volumen eines Zylinders?**

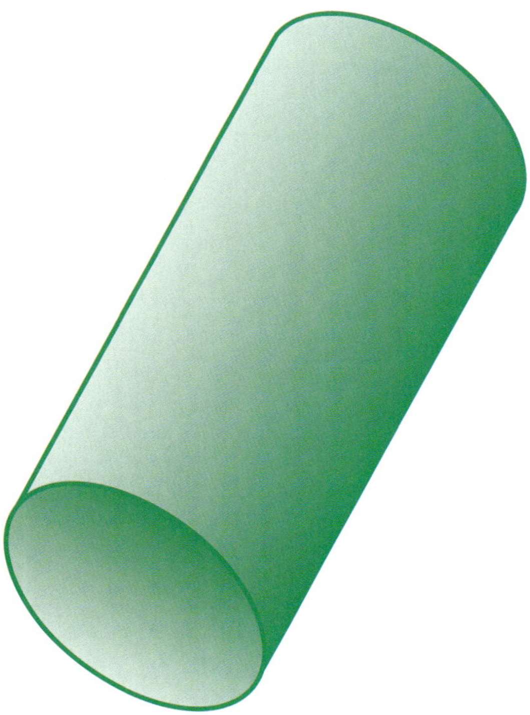

5. **Röhren sollen in sechseckigen Bündeln verpackt werden. Außen sind 18 Röhren zu sehen.**

   Wie viele sind im Bündel?

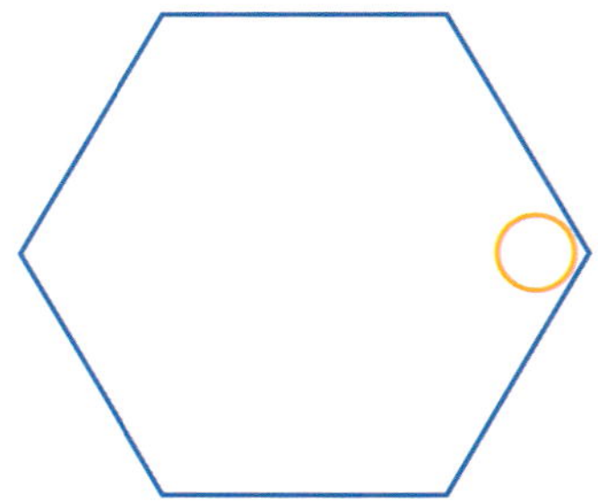

6. **Messing ist eine Legierung aus zwei Metallen.**

   Um welche Metalle handelt es sich?

7. **Es gibt nur 5 regelmäßige konvexe Polyeder. Welcher hat 20 Seiten?**

   a. Ikosaeder
   b. Dodekaeder
   c. Würfel
   d. Tetraeder
   e. Oktaeder

8. **Was bedeutet dieses Zeichen auf einer Wetterkarte?**

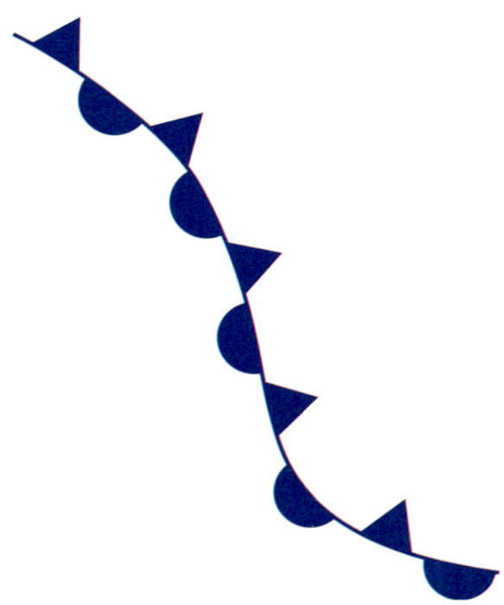

 Die Lösungen finden Sie auf Seite 144 bis 155.

Fortsetzung von Seite 141

Raumvorstellungsvermögen

→ H. E. Dudeney schuf auch das folgende klassische Tangram-Paradox, das »Die zwei Chinesen« genannt wird.

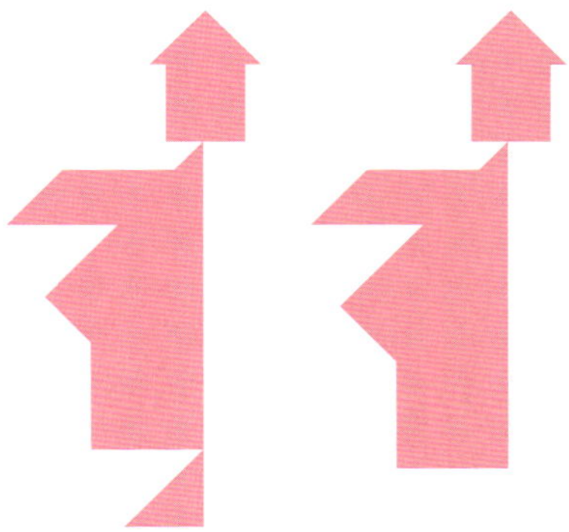

Die beiden Männer sind scheinbar identisch, abgesehen davon, dass dem rechten ein Fuß fehlt. Dennoch enthalten die zwei Figuren alle sieben identischen Teile! Wie ist das möglich?
Testen Sie Ihre Kreativität, und versuchen Sie, die Lösung zu finden.

Lösung:

→ Unten sehen Sie neun weitere Figuren. Man kann jede von ihnen aus den sieben Tangram-Teilen zusammensetzen.

→ Haben Sie diese Rätsel gelöst? Dann denken Sie sich neue Figuren und geometrische Formen aus. Sie werden überrascht sein, wie viele verschiedene Formen und Figuren möglich sind.

Die Lösungen finden Sie auf Seite 144 bis 155.

Lösungen zu Teil zwei

Mathematisches Denken: Zusammenhänge
(Seite 74, 76 und 78)

1.
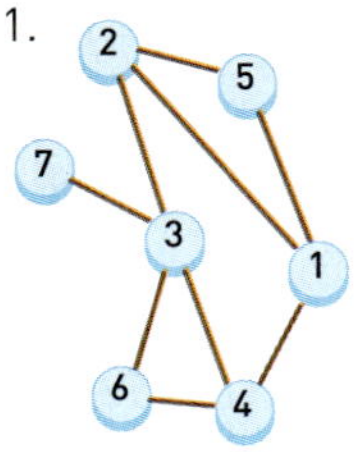

2.
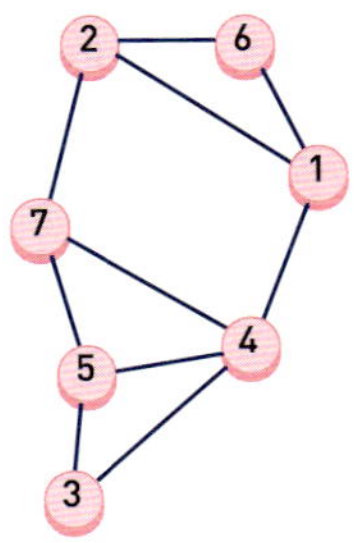

3.
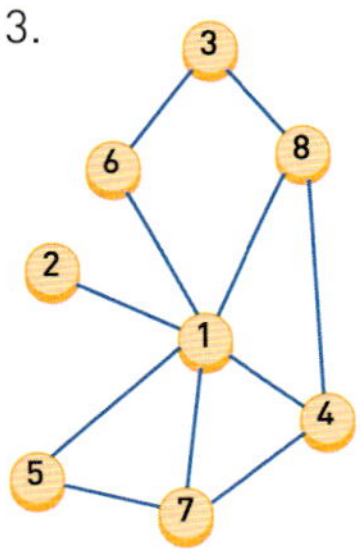

4.
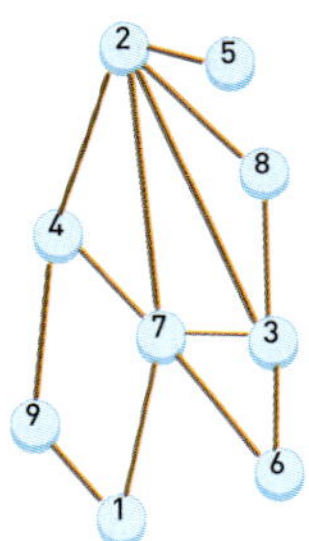

5.
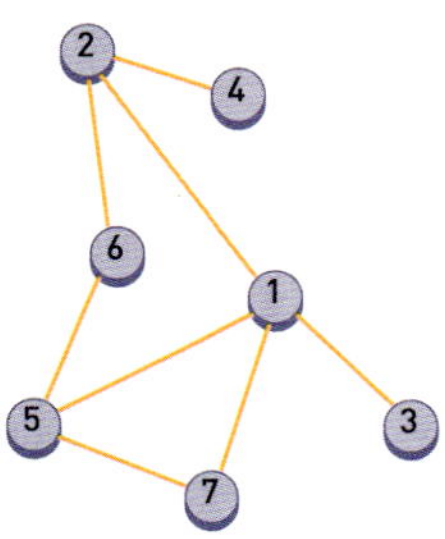

6.
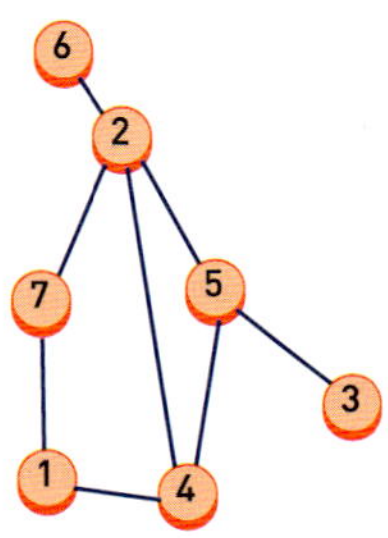

7.
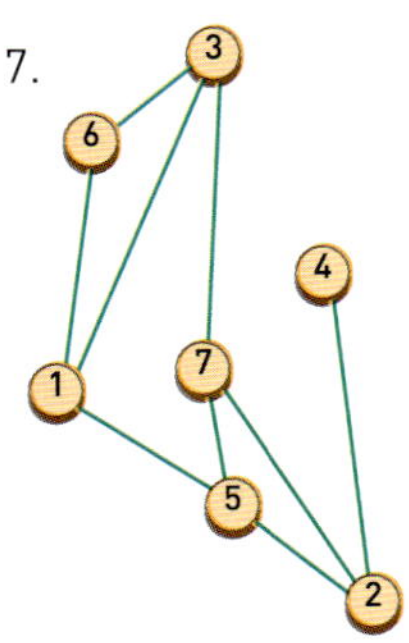

8.
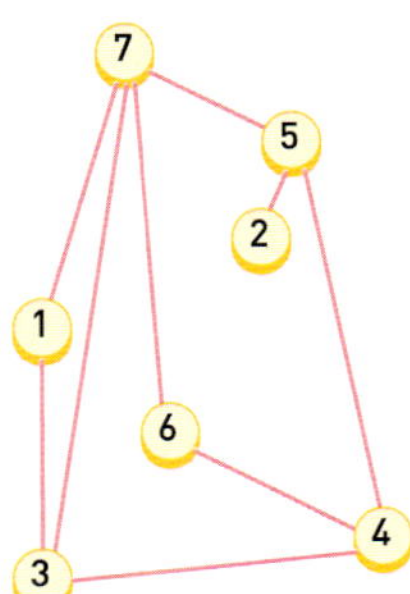

9.
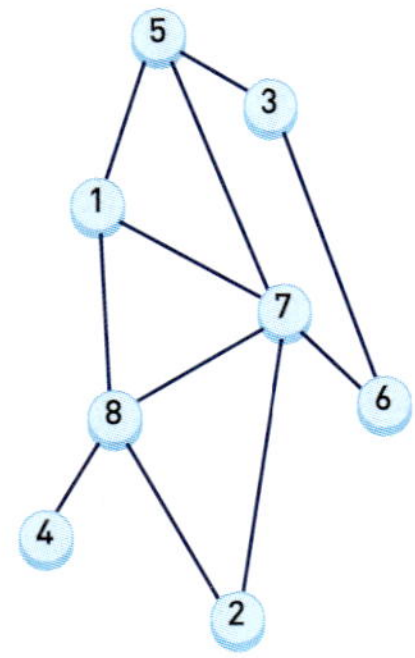

10.
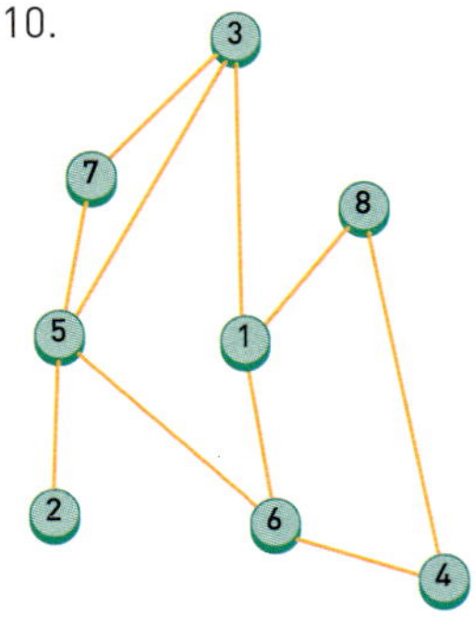

11.
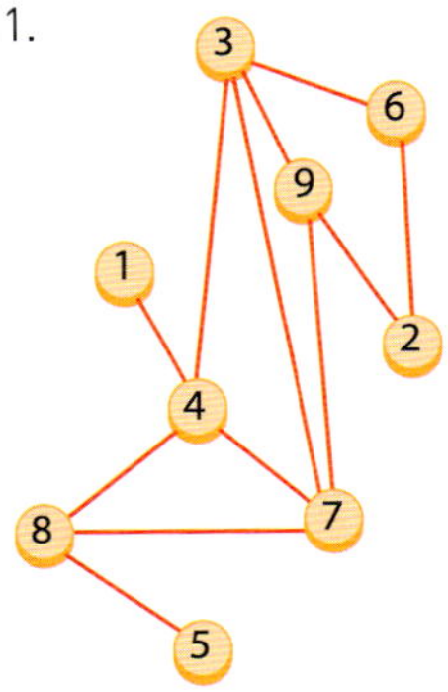

12.
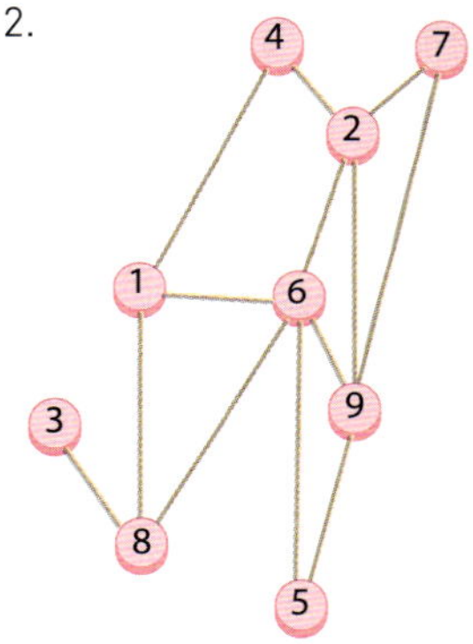

Laterale Zahlenrätsel
(Seite 77, 79, 81 und 83)

1. **12.** Sie finden die Zahl, wenn Sie alle Zahlen streichen, die in den aneinandergrenzenden Dreiecken zweimal auftreten, und die verbleibenden Zahlen addieren.
2. **78.** Gegenüberliegende Kreise, die durch eine Linie verbunden sind, enthalten aufeinander folgende Zahlen, z. B. 3456. Durch zwei Linien verbundene Kreise enthalten Zahlenreihen wie 2468.
3. **14.** Die Zahl im ersten kleinen Kreis ist die Summe der ersten Ziffern der Zahlen im großen Kreis in einer Reihe. Die Zahl im zweiten Kreis ist die Summe der zweiten Ziffern.
4. **2.** Die Zahlen im gleichen Feld jedes Zahlengitters ergeben zusammen 10.
5. **19.** Betrachten Sie die kleinen Ovale im Uhrzeigersinn: Die ungeraden Zahlen erscheinen in der Folge 79135791. Betrachten Sie die großen Ovale im Uhrzeigersinn: Die geraden Zahlen bilden die Folge 208642.

6. **138.** Jede Zahl wird von den zwei Zahlen unter ihr bestimmt. In Reihe 2 und 4 ist sie die Summe der zwei unteren Zahlen plus 1, in Reihe 3 und 5 die Summe minus 1.
7. **1** in beiden Fällen. Wenn die gleichen Figuren aneinandergrenzen, verdoppelt sich die Zahl, falls die Figur größer wird; sie halbiert sich, falls die Figur kleiner wird; und sie bleibt gleich, falls die Figur gleich groß bleibt. Wenn verschiedene Figuren aufeinandertreffen, vergrößert sich die Zahl um 1, falls die Figur neben ihr mehr Seiten hat; und sie verringert sich um 1, falls diese Figur weniger Seiten hat.
8. **18.** Sie erhalten die Zahl 1924, wenn Sie die anderen 4 Ziffern so schreiben: 12, 32, 4:2, 8:2. Die gesuchte Zahl besteht damit aus der ersten und letzten Ziffer, also 18.
9. **9.** Jede Zahl ist die Summe der Seiten der benachbarten zwei Figuren.
10. **4.** Die Zahlen 36942 wiederholen sich.
11. **9.** Gegenüberliegende Zahlen sind die Summe der Ziffern der mit ihnen verbundenen Zahl. Lesen Sie die obere Reihe von links und die untere von rechts: 7 + 0 = 7, 4 + 6 = 10, 9 + 8 = 17 usw. (Siehe Zeichnung nächste Spalte rechts außen)
12. **5.** Die Zahl in der Mitte ist die Summe der Zahlen auf beiden Seiten. Wenn eine Reihe vier Zahlen enthält, ist die von den mittleren beiden Quadraten gebildete Ziffer die Summe der Zahlen in den beiden äußeren Feldern.
13. **1.** Die vier Würfel sind die sichtbaren Seiten eines Würfels, der nach Süden, Westen, Norden und Osten gerollt wird.
14. **7.** Die Summen in jeder Säule nehmen in jeder Reihe wie folgt ab: 22, 20, 18, 16, 14.
15. **5.** Betrachten Sie die Figuren im Uhrzeigersinn. Die Regel lautet: Sechseck mit Kreis: 4 addieren, Fünfeck mit Raute: 5 subtrahieren, Fünfeck mit Kreis: 4 subtrahieren, Sechseck mit Raute: 6 addieren.
16. **82.** Die Zahlen in den entsprechenden Ecken des unteren und der beiden oberen Quadrate ergänzen sich immer zu 100. Also 18 + ? = 100 d.h. ? = 18
17. **1410.** Schauen Sie von Nordwest nach Südost, addieren Sie die ungeraden Ziffern der beiden äußeren Kreise, und Sie haben den ersten Teil der Zahl in der Mitte. Schauen Sie dann von Nordost nach Südwest, addieren Sie die geraden Ziffern, und Sie haben den zweiten Teil der gesuchten Zahl.
18. **15.** Jede Zahl in den Fünfecken ist die Summe von zwei Ziffern im Sechseck. Es gibt 15 mögliche Paare mit den sechs Zahlen.
19. **0.** Betrachten Sie die Diagonalen von unten nach oben, beginnend mit der 4. Die Zahlen entstehen so: 4 x 4 = 16, 16 x 8 = 128, 128 x 16 = 2048, 2048 x 32 = 65536.
20. **2.** In der unteren und oberen Reihe ergibt die Summe der Zahlen in aufrechten und in umgekehrten Dreiecken je 16.

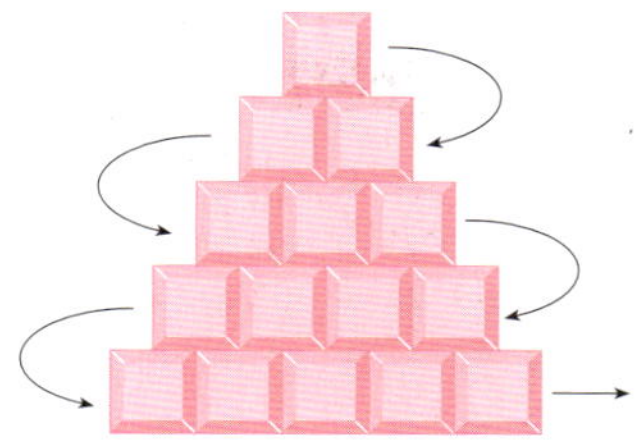

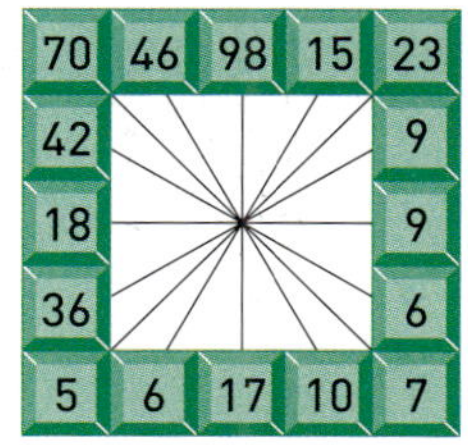

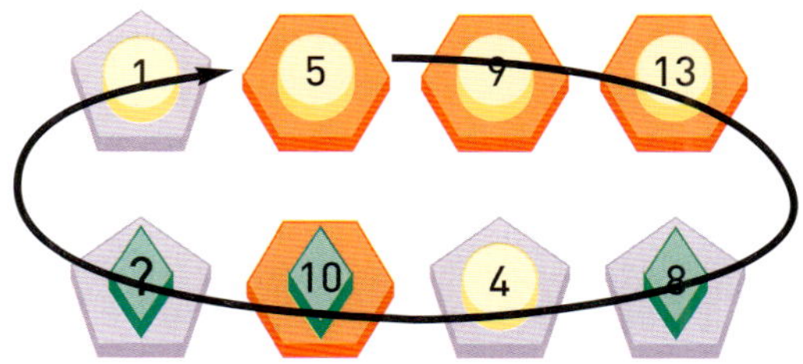

Definitionen
(Seite 80 und 82)

Definitionstest 1

Weiblicher Dämon	Lamia
Fettleibig	Adipös
Kräutergarten	Herbarium
Kleinod	Bijou
Übertrieben genau	Pedantisch
Feines Pergament	Velin
Warnzeichen	Bake
Ermuntern	Animieren
Ritter, Held	Paladin
Schmerzstillendes Mittel	Anodynum

Definitionstest 2

Messordnung	Ordinarium
Innewohnend, anhaftend	Immanent
Prahlen	Renommieren
Verfolgung	Persekution
Sternschnuppen	Perseiden
Erlass	Dekret
Sehr genau	Akribisch
Hämisch	Sardonisch
Bevorstehend	Imminent
Ankläger	Prosekutor

Lösungen zu Teil zwei

Definitionstest 3

Nach außen gerichtet	Extravertiert
Still stehend	Stationär
Überspannt	Exaltiert
Einschränkend	Restriktiv
Zurücktretend	Rezessiv
Verabreichen	Applizieren
Vernachlässigen	Negligieren
Stattlich	Statiös
Gewebe bearbeiten	Appretieren
Verneinen	Negieren

Definitionstest 4

Feinschmecker	Gourmet
Vernünftig	Rational
Tiefgründig	Profund
Gegenstück	Pendant
Äußerlich	Topisch
Sparsam	Rationell
Schlemmer	Gourmand
Klimatisch heiß	Tropisch
Reichlich	Profus
Kleinlicher Mensch	Pedant

Mathematisches Denken
(Seite 84 und 86)

1. **3 Minuten vor.**

Nach	**Vor**
Meine Uhr 15 Min.	Tischuhr 25 Min.
Standuhr 5 Min.	Kirchenuhr 30 Min.
Ihre Uhr 20 Min.	

   Differenz: 15 Min vor. 15 : 5 = 3
2. 18 Euro
3. **2 Stunden.** 40 km/h für 80 km = 2 Stunden; 60 km/h für 2 Stunden = 120 km.
4. **30 km/h.** 210 : 30 = 7, 210 : 35 = 6.
5. **6 Min.** 5 x 4 x 3 x 2 x 1 = 180, 180 x 2 = 360 Sek. oder 6 Min.
6. **Ihm bleiben 2,40 Euro.** 3/5 von 420 = 252, bleiben 168 (420 – 252). 0,45 x 168 = 75,6, bleiben 92,4 (168 – 75,6). 92,4 – 90 = 2,40.
7. 24 Min vor 12 Uhr, also 11.36 Uhr. 11.36 Uhr – 84 Min. = 10.12 Uhr, also 72 Min. (3 x 24) nach 9 Uhr.
8. **Tom 21 000, Jim 42 000, Harry 77 000 Euro**

15 000	Tom	15%	21 000
30 000	Jim	30%	42 000
55 000	Harry	55%	77 000
100 000	Summe	100%	140 000

9. **Gabi 175, Linda 140, Gina 112**
10. **Dreimal so alt.**

	Vater	Sohn
x 2	32	16
x 5	20	4
x 4	24	8

11. 24
12. **An Hans 7,50 Euro, an Fritz 2,50 Euro**
   Jeder sollte nach der Verteilung 4 Laibe haben. Hans hat 7 Laibe, also gibt er Karl 3 Laibe. Fritz hat 5 Laibe, also gibt er Karl 1 Laib. Hans bekommt also 3 Mal so viel Geld von Karl wie Fritz.
13. A: 126 Euro (42% von 300 Euro)
   B: 111 Euro (37% von 300 Euro)
   C: 63 Euro (21% von 300 Euro)
14. 6 x 5 x 4 x 3 x 2 x 1 = **720**.
15. Mann 1 : 80 = 0,0125
   Frau 1 : 200 = 0,0050
   0,175 = 1 : 0,175 = **57,14 Tage**
16. (9 x 8 x 7 x 6 x 5) : (1 x 2 x 3 x 4 x 5) = **126**
17. **188 Euro**
   C: 50 Euro = 50
   B: 50 Euro + 20% = 60
   G: 50% x 110 Euro (B + C) = 55
   F: 20% x 115 Euro (B + G) = 23
   188 Euro
18. **1,8 Stunden**
   A: 4 Stunden = 1 : 4 = 0,25
   B: 5 Stunden = 1 : 5 = 0,20
   C: 10 Stunden = 1 = 0,10
   Summe: 0,55 = 1 : 0,55 = 1,8 Stunden
19. **Barbara ist 37 Jahre alt.**
   37 x 2 = 74; 74 – 1 = 73, umgekehrt 37.
20. **Die Chancen stehen 10 zu 216.** Es gibt 10 Möglichkeiten, mit 3 Würfen 15 zu erzielen. Die Wahrscheinlichkeit, eine bestimmte Zahl mit einem Wurf zu erzielen, ist 1 : 6, und die Wahrscheinlichkeit, sie dreimal hintereinander zu erzielen ist 1 : 6 x 1 : 6 x 1 : 6 = 1 : 216. Bei zehn Möglichkeiten ist die Wahrscheinlichkeit zehnmal größer.
21. $\frac{4}{52} \times \frac{3}{51} \times \frac{2}{50} \times \frac{1}{49} = \frac{1}{\mathbf{270725}}$
22. 49 zu 50.
23. Eine Möglichkeit ist 123 – 4 – 5 – 6 – 7 + 8 – 9 = **100**
24. 50 x 101 = **5050**

Lösungen zu Teil zwei

25. **184 926.** Da 37 ein Drittel von 111 ist, hat jeder Fisch das Äquivalent von 37 Flecken.
26. 64 : 48 = 27
27. Bernd 180 Euro, Armin 140 Euro
28. $(7 - 5)^2 + 96 + 8 - 4 - 3 - 1 = 100$
29. A: 4 zu 7, B: 2 zu 7, C: 1 zu 7
30. Jedem Buchstaben des Alphabets ist eine Zahl zugeordnet: W = 8, E = 1 usw.

 81729
678912
<u>217669</u>
978310

Buchstaben- und Zahlenrätsel
(Seite 85 und 87)

1. **Pause.** Jedem Wort kann man der Reihe nach die Regenbogenfarben als Vorsilbe geben: Rotkäppchen, Orangensaft, Gelbsucht, Grünanlage, Blaupause.
2. **E.** Jeder Buchstabe hat einen Zahlwert, der seinem Platz im Alphabet entspricht. In jeder waagrechten und senkrechten Reihe ergibt die Summe 27.
3. Alle enthalten zwei aufeinander folgende Doppelbuchstaben.
4. **K.** Beginnen Sie bei Z, und arbeiten Sie sich wie folgt rückwärts durchs Alphabet: ZY(x)W(vu)T(srq)P(onml)K(jihgf)E. Sie gehen also im Uhrzeigersinn vor und überspringen jedes Mal zwei Segmente.
5. **CGK.** Jedes Oval beginnt mit aufeinander folgenden Buchstaben des Alphabets ABCE. Jedes Oval überspringt abwechselnd einen, zwei, drei, vier Buchstaben. Also: **C**def**G**hij**K**.
6. **X.** Nehmen Sie abwechselnd einen Buchstaben von jedem Würfel, um die englischen Worte ONE, TWO, SIX zu bilden.
7. **lap und outplayed.** Alle anderen Wörter mit drei Buchstaben erscheinen, rückwärts geschrieben, in der Mitte der Neun-Buchstaben-Wörter: arrogance/ago, fantastic/sat, sentenced/net, elaborate/rob.
8. **N.** Sie beginnen mit A, das aus drei Linien besteht, und nehmen dann den nächsten Buchstaben im Alphabet, der mit vier Linien geschrieben wird, und danach wieder den nächsten, der 3 Linien hat.
9. **Q.** Jede Gruppe besteht aus einer Reihe von aufeinander folgenden Buchstaben des Alphabets; OpQrStU.

Sprachliche Intelligenz
(Seite 88 und 90)

1. Sicher
2. Ineffektiv
3. Fantasie, Illusion
4. Umwinden, einhüllen
5. Düster
6. Mystisch, obskur
7. Prägnant, weitschweifig
8. Tief bewusstlos
9. Harmlos
10. Unnötige Doppelaussage
11. Passion, Hingabe
12. Normal
13. Rezessiv
14. Unsachliche Kritik
15. Aktivieren, anhalten
16. Erkrankung durch Eisenstaub
17. Spezifisch
18. Unfreundlich
19. Illusion, Schimäre
20. Singulär, konventionell
21. Römische Silbermünze
22. Panasch (Helmbusch)
23. Kopf
24. Thesaurus
25. Eientwicklung
26. Schwarm
27. Blumig, nuanciert
28. Mutter
29. Sonnenuhrzeiger
30. Tympanum

Visuelle Bestimmungsübungen
(Seite 89 und 91)

1. **D.** Ansonsten sind die orangefarbenen Spiralen rund und die grünen eckig.
2. **D.** Der Mond hat einen schwarzen Punkt in der Mitte. Bei allen anderen liegt der schwarze Punkt außen.
3. **C.** Alle anderen haben drei identische Figuren, wenn man sie dreht. C enthält eine Figur, die das Spiegelbild der anderen beiden ist – keine Rotation.
4. **E.** Alle anderen vierseitigen Figuren enthalten zwei rote Punkte und einen blauen, und die fünfseitigen Figuren enthalten zwei blaue und einen roten Punkt.
5. **B.** Diese Figur ist ein grüner Pfeil, der auf einen blauen Stern zeigt. Alle anderen sind Paare: A und C sind rote Pfeile, die auf einen blauen Pfeil zeigen, D und E sind blaue Pfeile, die auf rote Sterne deuten.
6. **A.** In allen anderen haben die kleinen Ovale die gleiche Reihenfolge im Uhrzeigersinn. A hat diese Sequenz gegen den Uhrzeigersinn.
7. **D.** A und E sind gleich B und C, nur Rot und Grün sind vertauscht.
8. **D.** In allen anderen haben der untere und der obere Ring die gleiche Farbe.
9. **B.** Nur hier sind die zwei blauen Punkte verbunden.
10. **B.** Die Gesamtzahl der Seiten der beiden Figuren ist hier 9, bei den anderen 10.

Lösungen zu Teil zwei

Buchstaben und Zahlen
(Seite 92)

22. In Spalte 4, Zeile 3. Buchstaben und Zahlen spiegeln sich symmetrisch in der oberen und unteren Hälfte des Schemas wider, ähnlich wie schwarze Felder in einem Kreuzworträtsel. Buchstaben in der oberen Hälfte spiegeln sich in der unteren gemäß ihrem Platz – beginnend bei A – im Alphabet wider. Auch die Buchstaben in der unteren Hälfte spiegeln sich in der oberen gemäß ihrem Platz im Alphabet wider, jedoch beginnend bei Z.

Analytische Rätsel
(Seite 92 und 94)

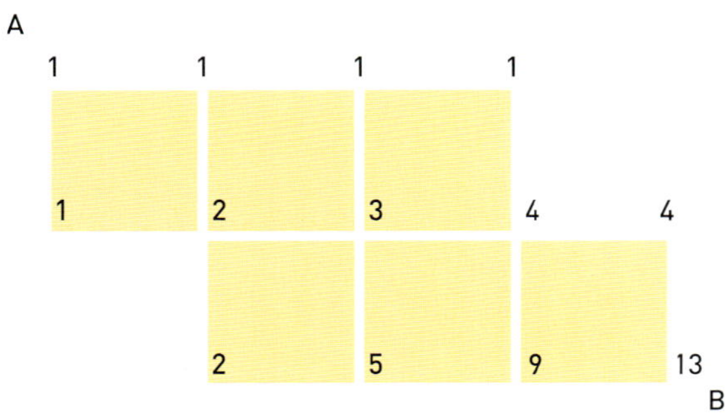

1. **13 Wege.** Beginnen Sie bei A, und markieren Sie das A mit 1, weil es von dort aus nur einen Weg gibt. Schreiben Sie eine 1 an jede Ecke, von der aus es nur einen Weg zu A gibt. Schreiben Sie eine 2 in jede Ecke, zu der Sie auf zwei verschiedenen Wegen gelangen. Wenn Sie so weitermachen, sehen Sie, dass die Zahl in jeder Ecke die Summe der Zahlen entlang den Wegen ist, die zu dieser Ecke führen.

2. **12 cm.** Nach Pythagoras gilt: $z^2 + y^2 = x^2$, also y = Wurzel aus $(x^2 - z^2)$ = Wurzel aus (132 – 52) = Wurzel aus (169 – 25) = Wurzel aus 144 = 12

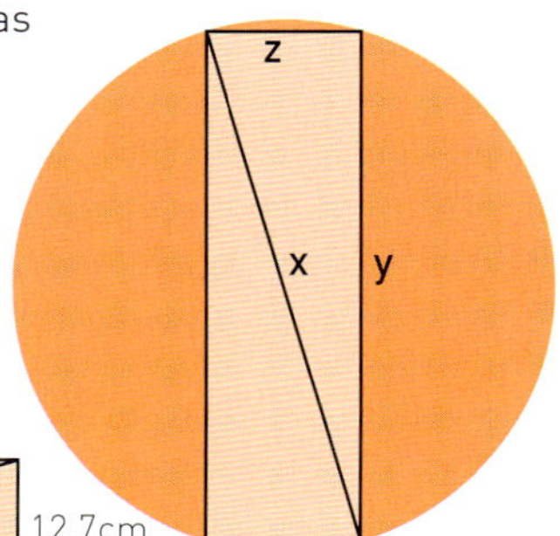

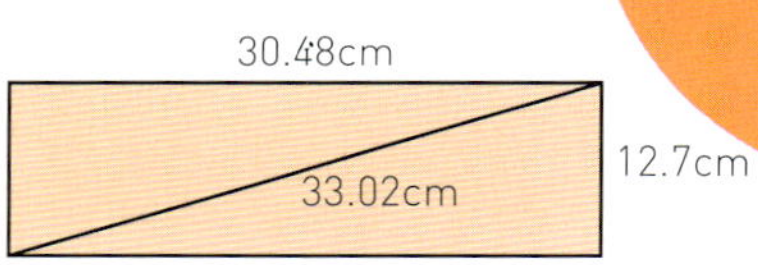

3. 56
4. 1: $16 = 4^2$
   2: $9 = 3^2$
   3: $4 = 2^2$
   4: $\frac{1}{30} = \frac{1^2}{30}$
5. 24

Kreative Sequenzübung
(Seite 93 und 95)

1. Es gibt zwei Sequenzen. Bei den senkrechten Rauten bewegt sich der blaue Punkt auf und ab. Bei den waagrechten ist es der rote Punkt.

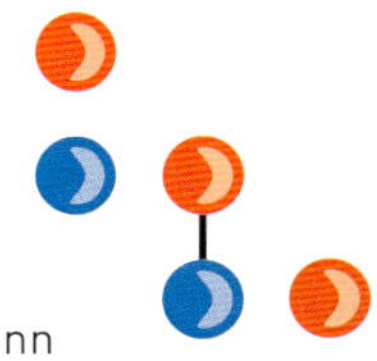

2. Die Kreise werden im Uhrzeigersinn gezeichnet. Jedes Mal kommt ein Teil hinzu.
3. Es wiederholen sich drei verschiedene Dreiecke und zwei Farben (Gelb und Purpur).
4. In jedem Stadium wird erst ein blauer, dann ein roter Punkt senkrecht und waagrecht hinzugefügt. Nur die Kombination, die im vorherigen Stadium auftrat, ist verbunden.
5. Die Figur »taumelt« in jedem Stadium um 45 Grad, und der gelbe Teil wandert jeweils im Uhrzeigersinn in eine andere Position.
6. Das orangefarbene Viereck wandert in jedem Stadium einen Platz von rechts nach links.
7. In jedem Stadium wandert der gelbe Kreis zwischen zwei gegenüberliegenden Ecken hin und her. Der purpurne Punkt wandert einen Platz gegen den Uhrzeigersinn, der schwarze einen Platz im Uhrzeigersinn.
8. Teilen Sie die Bälle in drei Gruppen ein, beginnend links. Von der ersten Dreiergruppe kommt man zur zweiten, indem man den blauen Ball mit dem rechts von ihm liegenden vertauscht usw., daraus folgt: blau/rot/gelb; rot/blau/gelb; rot/gelb/blau
9. In jeder Phase wird eine andere Ecke umgedreht, wobei Rot und Gelb sich abwechseln.
10. In jedem Stadium wandert der blaue Punkt, der ursprünglich in der Position 3 Uhr war, einen Platz gegen den Uhrzeigersinn weiter und wechselt den Platz mit dem Punkt unmittelbar links von ihm.

Lösungen zu Teil zwei

Matrix-Rätsel
(Seite 96 und 98)

1. **B.** In jeder Reihe und Spalte neigt sich die Figur um 45 Grad gegen den Uhrzeigersinn, und jede Reihe und Spalte enthält eine schwarze Figur.
2. **F.** In den Reihen und Spalten ist das dritte Quadrat eine Kombination der ersten beiden Quadrate.
3. **C.** In den Reihen und Spalten ist das dritte Quadrat eine Kombination der ersten beiden Quadrate, abgesehen davon, dass das dritte Quadrat jene Linien, die in diesen beiden ersten Quadraten in der gleichen Position erscheinen, nicht übernimmt.
4. **A.** In den Reihen und Spalten ist das dritte Quadrat eine Kombination der ersten beiden Quadrate, abgesehen davon, dass das dritte Quadrat jene Linien, die in diesen zwei ersten Quadraten in der gleichen Position erscheinen, nicht übernimmt.
5. **F.** Das dritte Quadrat übernimmt nur Elemente, die in den ersten beiden Quadraten vorkommen. Rechtecke werden jedoch zu Kreisen und umgekehrt.
6. **A.** In den Reihen und Spalten übernimmt das dritte Quadrat nur die Linien, die in den beiden ersten Quadraten die gleiche Position haben.
7. **F.** Das dritte Quadrat übernimmt nur Elemente, welche die beiden ersten Quadrate gemeinsam haben. Türkis wird jedoch zu Braun und umgekehrt.
8. **B.** In den Spalten ist die Zahl der Kreise im letzten Quadrat die Differenz der Gesamtzahl von Kreisen in den beiden ersten Quadraten. Wenn die zwei ersten Quadrate 4 rote und 2 blaue Kreise enthalten, erscheinen also im letzten Quadrat 2 rote Kreise.
9. **D.** Addieren Sie in den einzelnen Reihen die farbigen Kreise, und setzen Sie diese Summe ins letzte Quadrat, jedoch mit vertauschten Farben. In den Spalten addieren Sie die Farben in den beiden ersten Quadraten und setzen die Summen ins untere Quadrat.
10. **B.** In den Spalten und Reihen bewegt sich der gelbe Bogen in jedem Stadium um 90 Grad gegen den Uhrzeigersinn, während der rote sich um 90 Grad bewegt.

Räumliches Vorstellungsvermögen
(Seite 97, 99, 101, 103, 105)

1. **B.** Alles, was vorher innen war, wandert nach außen; außerdem werden aus roten Dreiecken blaue Kreise und umgekehrt.
2. **D.** Die Farben wechseln die Seiten wie in der ursprünglichen Analogie.
3. **B.** Jedes Teil ist ein Spiegelbild des gegenüberliegenden Teils, jedoch mit vertauschten Farben.
4. **A.** Formen und Farben wechseln die Seiten wie in der ursprünglichen Analogie.
5. **D.** Jeder Kreis hat einen Partner, der um 90 Grad gedreht ist.
6. **B.** Die große Figur dreht sich um 180 Grad im Uhrzeigersinn, und die kleinere Figur wandert nach oben.
7. **D.** Die anderen Figuren haben rechts doppelt so viele Äste wie links.
8. **C.** Nur hier ist die gelbe Perle zwischen zwei grünen.
9. **A.** Nur diese Figur ist kein Spiegelbild der Quadrate über und unter ihr.
10. **C.** Im unteren Großkreis sind alle kleinen Kreise Spiegelbilder eines der Kreise im oberen Großkreis.
11. **D.** B und E sind gleich, nur Blau und Grün sind vertauscht. Bei A und C sind nur Blau und Rot vertauscht.
12. **C.** Rote Linien werden grün, blaue Linien werden rot gepunktet (siehe unten).
13. **C.** Die anderen Figuren sind gleich, aber gedreht.
14. **C.**
15. **D.** Die Punkte wechseln die Farbe wie in der ersten Analogie: Braun wird Dunkelblau, Grün wird Hellblau, Rot wird Gelb.
16. **9.** Alle anderen haben ein Spiegelbild, bei dem nur die Farben vertauscht sind.
17. **E.** Jede waagrechte und senkrechte Reihe enthält je eines der drei verschiedenen Muster.
18. **A.** Die beiden Hälften der Figur tauschen nur die Plätze.
19. **B.** Der Abschnitt, der dem Dreieck und dem Rechteck gemeinsam ist, muss Grün sein, nicht Rot.
20. **A.** Bei allen anderen Figuren hat der größte Kreis die gleiche Farbe wie der kleinste in der Mitte.
21. **G.** Alle anderen Figuren haben insgesamt fünf rote und fünf blaue Seiten.
22. **A.** Betrachten Sie jede der drei Reihen in den Fünfecken separat. In der obersten Reihe ist das Muster Grün, Orange, Grün, Orange. Daher brauchen Sie im nächsten Fünfeck oben einen grünen Punkt. In der mittleren Reihe ist die Folge Blau, Orange, Orange, Grün, Blau, Blau, Orange, die nächste Farbe muss wieder Orange sein. In der unteren Reihe lautet die Folge Grün, Blau, Blau, Orange, Grün, Blau, Blau, Orange – die nächsten Farben sind Grün, Blau.
23. **D.** Bei B ist die Farbfolge von C umgekehrt, bei A ist die Farbfolge von E umgekehrt.

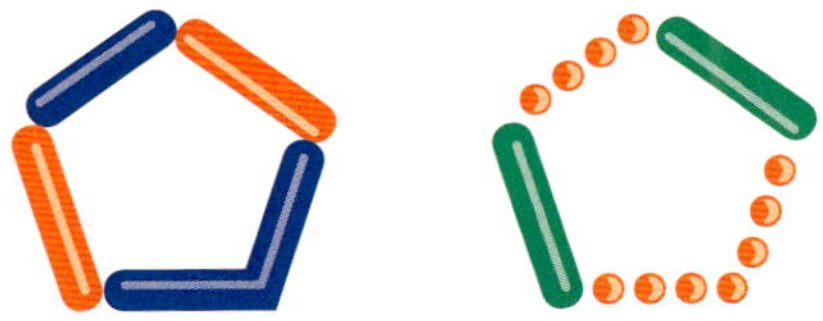

Lösungen zu Teil zwei

Magische Quadrate
(Seite 100, 102 und 104)

1.

16	3	2	13
5	10	11	8
9	6	7	12
4	15	14	1

2.

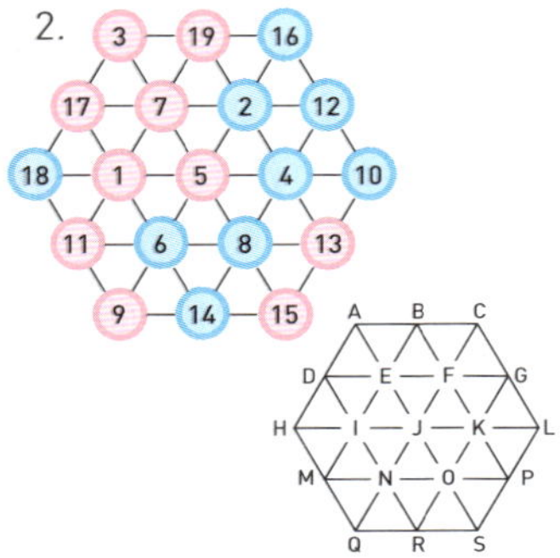

3.

14	3	11	13	24
19	23	7	10	6
20	15	1	17	12
4	22	25	9	5
8	2	21	16	18

25	10	3	6	21
22	12	19	8	4
11	9	13	17	15
2	18	7	14	24
5	16	23	20	1

4.

17	5	10	20	13
16	23	14	8	4
11	7	1	25	21
2	24	18	9	12
19	6	22	3	15

5.

6	7	19	18	25	36
32	11	14	20	29	5
33	28	16	22	9	3
4	27	15	21	10	34
35	8	23	17	26	2
1	30	24	13	12	31

6	7	19	18	25	36
32	11	14	20	29	5
33	28	16	22	9	3
4	27	15	21	10	34
35	8	23	17	26	2
1	30	24	13	12	31

6.

24	19	26	6	1	35
25	23	21	7	32	3
20	27	22	2	9	31
15	10	17	33	28	8
16	14	12	34	5	30
11	18	13	29	36	4

7.

15	2	9	18	21
8	16	25	12	4
22	14	3	6	20
1	10	17	24	13
19	23	11	5	7

Wörter-Tausch
(Seite 106)

1. Erziehung ist eine **Methode**, mit der man ein größeres **Maß** an Vorurteilen erwirbt.
2. Tsunamis beginnen als kaum wahrnehmbare **Wellen** im tiefen Meer, deren Ursache Erdbeben unter Wasser oder Vulkan**ausbrüche** sind.
3. Wir können nur dann erfolgreich geschäftlich telefonieren, wenn wir **ständig** die Gewohnheiten überprüfen, die wir uns mit der Zeit **selbst** zulegen.
4. Vor jedem **Vorstellungsgespräch** muss der Personalleiter ein klares Bild davon haben, welche Fähigkeiten der Bewerber braucht, um den Anforderungen des **Jobs** zu genügen.
5. Heute trinken die **Verbraucher** Weine, die ihnen schmecken, selbst wenn die so genannten **Kenner** immer noch altmodische **Werte** schätzen.
6. Der frühe **Vormittag** bleibt meist den **Routinearbeiten** vorbehalten; denn Termine am späten **Nachmittag** erschweren die Erledigung der eigentlichen **Tagespflichten**.
7. Die Stadtbücherei hat einen umfangreichen **Katalog**, und selbst wenn die **Präsenzbibliothek** nicht die notwendigen **Informationen** liefert, erfahren Sie, wohin Sie sich wenden können.
8. Vom **Hügel** hoch über dem **Fahrwasser** aus erscheint die Entfernung bis zur anderen Seite des **Sees** kleiner, als sie in Wirklichkeit ist.
9. Wirklich **schreckliche** Texte können ihre eigenen **Unzulänglichkeiten** transzendieren und **surrealistische Höhen** erreichen.
10. Die **Einführung** eines **Elementarunterrichts** Ende des 19. Jahrhunderts sorgte für die **Verbreitung** drittklassiger beliebter Romanschriftsteller.

Kreative Lösungen
(Seite 107)

Es sollte möglich sein, die Kerze mit den Reißnägeln an der Tür zu befestigen oder etwas Wachs zu schmelzen und die Kerze anzukleben. Die bei weitem beste Methode besteht jedoch darin, die Schachtel auszuleeren und mit Reißnägeln an der Tür zu befestigen. Dann können Sie die Kerze in der Schachtel festkleben und anzünden. Dabei tropft kein Wachs auf den Boden, die Kerze fällt nicht aus der Schachtel, und Sie können sie so anbringen, dass das Licht in die gewünschte Richtung fällt.

Mathematisches Denken: Denksport
(Seite 108 und 110)

1.

8	x	2	–	9	=	7
+		x		+		–
8	–	6	x	2	=	4
÷		–		–		x
4	+	8	÷	6	=	2
=		=		=		=
4	÷	4	+	5	=	6

2.

5	x	4	÷	5	=	=
+		+		–		+
7	–	6	+	3	=	4
÷		–		x		–
6	+	8	÷	2	=	7
=		=		=		=
2	+	2	÷	4	=	1

3.

3	x	2	–	5	=	1
÷		x		+		x
1	+	4	–	2	=	3
+		–		–		–
2	+	6	÷	4	=	2
=		=		=		=
5	–	2	÷	3	=	1

4.

2	x	8	÷	4	=	4
+		–		+		+
3	+	4	–	5	=	2
–		÷		–		+
2	x	2	–	3	=	1
=		=		=		=
3	–	2	+	6	=	7

5.

5	–	3	x	4	=	8
+		x		–		+
2	+	4	÷	3	=	2
–		÷		x		÷
4	+	6	÷	2	=	5
=		=		=		=
3	–	2	x	2	=	2

6.

7	+	2	÷	3	=	3
+		x		÷		+
4	÷	2	x	3	=	6
–		–		x		÷
6	x	2	÷	4	=	3
=		=		=		=
5	+	2	–	4	=	3

Billardspiele
(Übung auf Seite 109)

1.

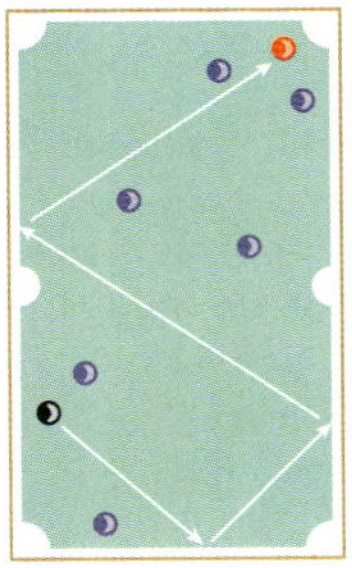

2.

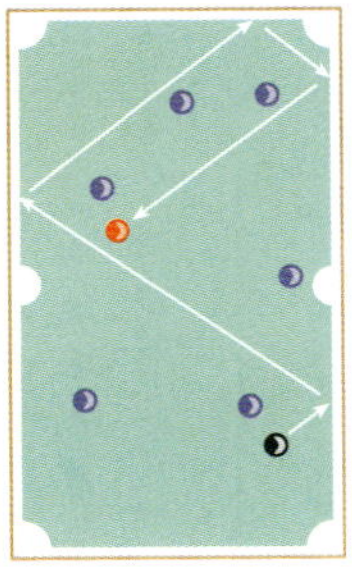

3.

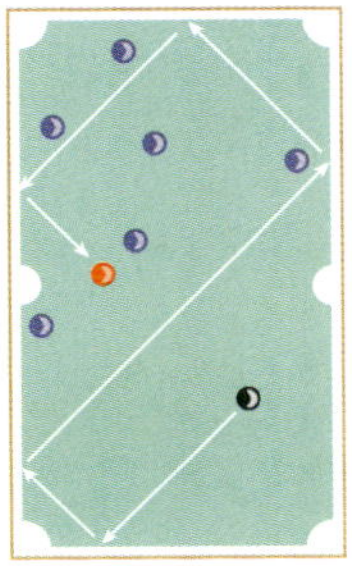

Kreative Logik
(Seite 111, 113, 115, 117)

1. **C.** Das blaue Dreieck bleibt stationär, während das grüne sich im Uhrzeigersinn um das blaue bewegt – es dreht sich um seine führende Kante.
2. **B.** Wenn in einem Kreis zwei Punkte derselben Farbe erscheinen, verschwinden sie und werden im nächsten Stadium durch zwei Punkte in unterschiedlichen Farben ersetzt.
3. **A.** In den Reihen und Spalten bestimmt der Inhalt der ersten zwei Quadrate den Inhalt des dritten: Nur wenn die gleiche Farbe in der gleichen Position erscheint, wird der Inhalt ins dritte Quadrat übertragen; aber Rot wird zu Gelb und umgekehrt.
4. **D.** Kehren Sie die Farbfolge der vorigen Figur um, jedoch ohne die vorletzte Farbe.
5. **E.** Die rote Tafel wandert in jedem Stadium einen Platz von links nach rechts, die violette Tafel wandert von rechts nach links. Die gelben und grünen Tafeln besetzen immer die Plätze, die von den violetten und roten nicht beansprucht werden.
6. **B.** Beginnen Sie im unteren linken Quadrat, und arbeiten Sie sich in der ersten Spalte nach oben; dann gehen Sie außen am Rand hinunter bis in die Mitte der untersten Reihe und dort spiralenförmig in die Mitte. Die Farben Grün, Gelb, Rosa und Blau folgen dabei immer aufeinander.
7. **C.** Das gelb-blaue Fünfeck wandert gegen den Uhrzeigersinn um das grün-gelbe herum, jeweils mit einer Seite. Im grün-gelben Fünfeck wandert der gelbe Teil in jedem Stadium im Uhrzeigersinn weiter.
8. **C.** Gehen Sie im Uhrzeigersinn vor, und ersetzen Sie folgendermaßen Orange durch Blau: Sie lassen dabei keine, eine, zwei usw. orangefarbene Linien aus.
9. **C.** Es entsteht ein Quadrat, wenn Sie oben links abwechselnd eine orangefarbene und dann eine blaue Linie hinzufügen und dabei die schon vorhandenen Linien gegen den Uhrzeigersinn weiterschieben.
10. **E.** Es gibt zwei Formen von Dreiecken und zwei Farben (Rot und Gelb).
11. **D.** Violett und Rosa wechseln sich ab. Die violetten Röhren werden kleiner, die rosafarbenen werden größer.
12. **A.** Die blaue Linie wandert in jedem Stadium gegen den Uhrzeigersinn um eine Seite weiter, die grüne Linie um eine Seite im Uhrzeigersinn.
13. **B.** Alle Linien werden nach vorne ins dritte Quadrat befördert. Das gilt für Spalten und für Reihen. Wenn jedoch in den ersten beiden Quadraten zwei rote Linien in der gleichen Position erscheinen, werden sie blau – und umgekehrt.
14. **D.** Betrachten Sie die Reihen von Quadraten. Die Sequenz lautet: obere linke Ecke, Rot/Blau/Grün;

obere rechte Ecke, Schwarz/Rosa; untere linke Ecke, Gelb, Violett, Rot; untere rechte Ecke, Türkis/Braun.

15. **E.** Benennen Sie die Punkte in jeder Figur in: Mitte, Nord, Süd, Ost und West. Benennen Sie die Diagramme mit 1, 2 und 3. In den Diagrammen 1 und 2 vertauschen sich die Ost- und die Mitte-Punkte. In den Diagrammen 2 und 3 vertauschen sich die Süd-Punkte und die Mitte-Punkte. Daher muss sich in Diagramm 3 der West-Punkt mit dem Mitte-Punkt austauschen, um das Muster fortzusetzen. Da die Mitte- und West-Punkte in Diagramm 3 beide rot sind, ebenso wie in Diagramm E, lautet die Lösung E.
16. **B.** Jedes Farbpaar tauscht abwechselnd die Plätze. Das letzte Paar, das die Plätze tauscht, ist Pik/Karo.

Monogramme
(Seite 112, 114 und 116)

1. Leonardo da Vinci
2. Arc de Triomphe
3. Pythagoras
4. Santa Claus
5. (Franklin D.) Roosevelt
6. (Winston) Churchill
7. Garibaldi
8. Beethoven
9. Tour Eiffel (Turm)
10. Columbus

Wörter
(Seite 118)

1.
1. Waage
2. Pflegen
3. Öde
4. Kohle
5. Tasten/Tasten
6. Tran
7. Füllen/füllen
8. Wagen/wagen
9. Reif
10. Schmieren

2.
1. b. Rudel
2. b. Service
3. a. Herde
4. d. Klerus
5. b. Riege
6. c. Batterie
7. c. Galaxie
8. c. Archipel

Sechsecke
(Seite 119 und 121)

Die Regel lautet: 3 erhält man durch Überlagerung von 1 und 2, wobei überlappende Linien oder Symbole ganz wegfallen.

1. B
2. B
3. E
4. C
5. B
6. B
7. D
8. E
9. C
10. A

Vor-Worte
(Seite 120)

1. Nadel
2. Fuß
3. Hart
4. Katzen
5. Korn
6. Gold
7. Filz
8. Lang
9. Auto
10. Zug
11. Kriminal
12. Gott
13. Klein
14. Stern
15. Laut
16. Sonnen
17. Haupt
18. Luft
19. Buch
20. Holz

Technik
(Seite 122, 124, 126, 128 und 130)

1.

Eta	Gamma	Delta	Theta	Ypsilon
Η	Γ	Δ	Θ	Υ

2. In gerundeten Zahlen: $(1/2 \times 10) \times (3 \times 3) = 5 \times 9 = 45$ m. Die Formel für den Fallweg lautet: $s = 1/2\, g \times t^2$ (t ist die Zeit in Sekunden, g ist die Erdbeschleunigung, rund 9,8 m/sec²).
3. $V = 4/3\, \pi \times r^3$
4. **Außen**

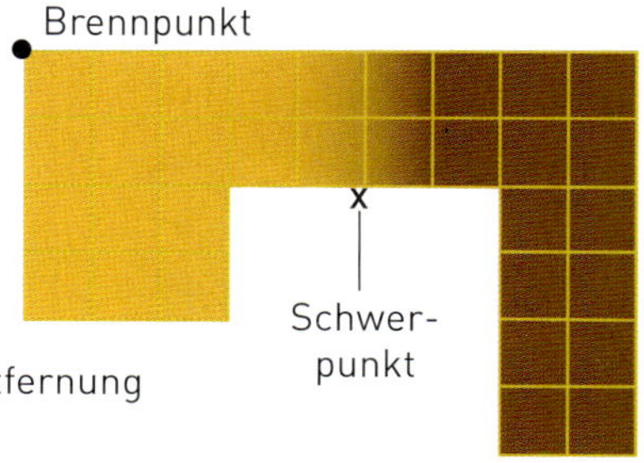

Außenfläche 1/2 Entfernung vom Brennpunkt

$$\begin{aligned} 12 \times 1\tfrac{1}{2} &= 18 \\ 6 \times 4\tfrac{1}{2} &= 27 \\ \underline{12} \times 7 &= \underline{84} \\ 30 : \quad & 129 = 4\tfrac{1}{3} \end{aligned}$$

Um 90 Grad drehen

$$\begin{aligned} 12 \times 2 &= 24 \\ 6 \times 1 &= 6 \\ \underline{12} \times 3 &= \underline{36} \\ 30 : \quad & 66 = 2\tfrac{1}{5} \end{aligned}$$

5. Stärke 9 nach der Beaufort-Skala.
6. **d.** 61,8%
   Tatsächliche Größe 0,618034 der großen Platte.
7. OSO
8. **a.** plus oder minus (3)
   b. größer als (5)
   c. nicht gleich (11)
   d. Quadratwurzel (9)
   e. unendlich (7)

Lösungen zu Teil zwei

9. C in F: mit $^{9}/_{5}$ multiplizieren und 32 addieren
   F in C: 32 abziehen und mit $^{5}/_{9}$ multiplizieren
   - 40 Grad Celsius
   - 40 Grad Fahrenheit
10. **b.** 33 Grad
11. **d.** 1 x 63 = 216
    Die Formel lautet: B x T^3; B = Breite T = Tiefe
    Also:
    a. 2 x 4^3 = 128
    b. 1,4 x 5^3 = 187,5
    c. 3 x 3^3 = 81
    d. 1 x 6^3 = 216
    e. 1,75 x $4{,}5^3$ = 159,5
12. **d.** Parabel
13. **c.** 314 cm^3
    $^{1}/_{3}$ Höhe x Kreis (πr^2)
    4 x 3,14 x 5^2 = 314 cm^3
14. **30 zu 6 oder 5 zu 1**

1. Würfel	1 2 3 4 5 6
2. Würfel	1 1 1 1 1 ~~1~~
	2 2 2 2 ~~2~~ 2
	3 3 3 ~~3~~ 3 3
	4 4 ~~4~~ 4 4 4
	5 ~~5~~ 5 5 5 5
	~~6~~ 6 6 6 6 6

15. 820 cm
16. **44 Minuten und 27 Sekunden**
    Nehmen Sie die reziproken Werte
    (Beispiel: Der reziproke Wert von 2 ist $^{1}/_{2}$ = 0,5)

    $^{1}/_{3}$ = 0,333
    $^{1}/_{6}$ = 0,166
    $^{1}/_{2}$ = 0,500
    $^{1}/_{10}$ = 0,100
    $^{1}/_{4}$ = 0,250
    1,350
    Gemeinsam würden Sie 1,35 Mauern pro Stunde bauen. Die benötigte Zeit für eine Mauer ist daher $^{1}/_{1,35}$ x 60 = 44,45
    (oder 44 Minuten und 27 Sekunden)

17. So wandeln Sie um:
    1 1 1 1 1 • 1 1 1
    16 8 4 2 1 • $^{1}/_{2}$ $^{1}/_{4}$ $^{1}/_{8}$ = 31 $^{7}/_{8}$
18. 360 Grad : 5 = 72 Grad
    180 Grad – 72 Grad = **108 Grad**
19. **32 kg.** 20 kg + ($^{3}/_{8}$ x 32 kg)
20. Saturn

Farben, Kreise, Quadrate, Fünfecke
(Seite 123 und 125)

1. **D.** Rosa wandert im Uhrzeigersinn um einen Winkel weiter. Grün wandert gegen den Uhrzeigersinn um zwei Winkel weiter. Blau wandert im Uhrzeigersinn um zwei Winkel weiter.
2. **B.** A–B–C wiederholt sich. D ist also gleich A, E ist gleich B, F ist gleich C.
3. **E.**

	B R G
A	2 1 1
B	1 2 1
C	2 2 –
D	1 2 1
E	2 1 1

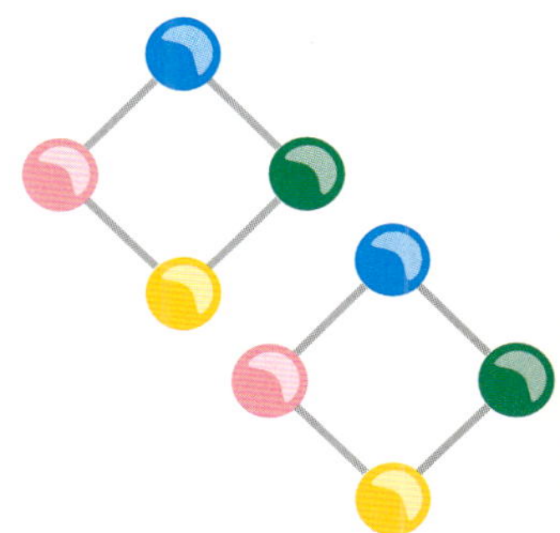

4. GGRB
   5/2/3/10
5. Blau.
6. **J.**
   A–F
   B–E
   C–K
   D–G
   H–I
7. **D.** In jeder Reihe wird das linke Quadrat zum mittleren addiert. Identische Symbole werden entfernt. So entsteht das dritte Quadrat.
8. **B.** Zwei blaue Punkte werden zu zwei rosa Punkten, zwei grüne zu zwei blauen, zwei rosa zu zwei grünen.
9. **D.** Die Reihenfolge ist G R B R B B im Uhrzeigersinn; diese Figur hat G R B R B.
10. **B.** Grün wandert zwei Winkel gegen den Uhrzeigersinn weiter. Blau wandert zwei Winkel gegen den Uhrzeigersinn weiter. Rosa wird zu Grün, zu Blau, zu Rosa, zu Grün usw. Gelb wandert drei Winkel im Uhrzeigersinn weiter.

Symbole, Schemata und anderes
(Seite 127 und 129)

1. **E.**
2. **2B.** Ein Punkt fehlt.
3. **D.** A ist gleich E, B ist gleich G, C ist gleich F.
4. **E.**
5. **D.** Jeder Kreis entsteht, indem man die Symbole in den beiden unteren Kreisen zusammenfügt und identische Symbole entfernt.
6. **2B.** Ein Punkt fehlt.

Lösungen zu Teil zwei

Kreative Zahlenrätsel
(Seite 131)

1. **21322314.** Die erste Zahl (1) ist vorgegeben. Jede zweite Zahl geht von der vorhergehenden aus und gibt an, wie viele Einsen, Zweien, Dreien und Vieren diese hat, und zwar in der Weise, dass 21 32, 23, 14 bedeutet: 2 Einsen, 3 Zweien, 2 Dreien, 1 Vier. Dies charakterisiert gerade die letzt gegebene Zahl und ist also die Lösung.
2. **31.** Die Zahlen bezeichnen die Positionen jedes Buchstabens e in der Frage.

Wechselrätsel
(Seite 131)

Sie müssen nur zwei Gläser aufnehmen. Nehmen Sie das vierte Glas, und gießen Sie den Inhalt ins neunte. Nehmen Sie dann das zweite Glas, und gießen Sie den Inhalt ins siebte.

Logik
(Seite 132)

1. **d.** $4x^2 - 4xy + y^2$
2. $5\,^1/_3$ kg
   $? \times 6 + 7 \times 3 = 4 \times 2 + 9 \times 5$
   $6 \times ? = 8 + 45 - 21 = 32$
   $? = ^{32}/_6 = 5 + ^1/_3$
3.
   9 16 **81** 64 729
   8 27 **32** 243 128
   Die erste Zahl (9) in der oberen Reihe wird mit 3 multipliziert und wandert schräg nach rechts in die untere Reihe, dort wird sie wiederum mit 3 multipliziert und wandert schräg nach rechts in die obere Reihe, dort wieder x 3 und in die untere Reihe. Mit der ersten Zahl (8) in der unteren Reihe geschieht das Entsprechende, nur Multiplikation mit 2 statt mit 3.
4. **454** – Man muss die Ziffern zu Dreiergruppen zusammenfassen: 39 4|0 41| 42 4|3 44| 45 4|6
5. $^7/_{41} \times ^{123}/_{28} = ^7/_{28} \times ^{123}/_{41} = ^1/_4 \times ^3/_1 = ^3/_4$
6. **10 ½.** Die 1., 3., 5. und 7. Zahl bilden die eine Reihe (4,5 + 3,5 = 8; 8 + 3,5 = 11; 5, 11,5 + 3,5 = 15) und die 2., 4., 6. und 8. Zahl bilden die andere Reihe (33 – 7,5 = 25,5; 25,5 -7,5 = 18; 18 – 7,5 = 10,5).
7. **22**

Zahlenbasis 10	Zahlenbasis 9
7 x 6 = 42	7 x 6 = 46
4 x 5 = 20	4 x 5 = 22

8. Addieren Sie 6 – (40) + 4 – 12 = **–42**
9. $5\,^1/_7$. Punktrechnung geht vor Strichrechnung. Der Zähler des Bruches ist 6. Der Nenner ist: $1^2/_3 - ^1/_2 = ^5/_3 - ^1/_2 = ^{10}/_6 - ^3/_6 = ^7/_6$. Der ganze Bruch ist also 6: $(^7/_6) = 6 \times ^6/_7 = ^{36}/_7 = 5 + ^1/_7$.
10. **d.** Mandrill
11. Lachs
12. **c.** Kobold
13. **c.** Kalme
14. **d.** tochi
15. **b.** Scharfsinn
16. **b.** Eine Tautologie
17. Mond
18. LAUBE, TRUDE

Kreativität: Die schlauen Esel
(Seite 133)

Mathematische Logik
(Seite 134)

1. **12.** Es gibt zwei Serien:
   6, 7 ½, 9, 10 ½, 12 (+1 ½)
   23, 21, 19, 17 (-2)
2. **+17**
3. x = 6 – (17 x 2) – (14 : 2) = 6 – 34 – 7 = **–35**
4. $\frac{64}{10} \times \frac{5}{8} = \frac{8}{2} = \mathbf{4}$
5. **81 Grad**
6. 27; 96 – 69 (umgekehrte 96) = **27**
7. **107** (54 + 53)
8. **–15 ½.** Bei jedem Schritt $^1/_8$ weniger.
   17, $8^7/_8$, $^3/_4$, $-7^3/_8$, **–15 ½**
9. **32** (6 x 6) – (2 x 2)
10. $(3 + 2) - (16^2 - 9^2)$
    5 – 175 = **–170**

Lösungen zu Teil zwei

Mathematisches Denken
(Seite 136)

1. **Die Gesamtzeit beträgt 60 Sekunden.**
   Nennen wir die Scheiben A, B und C. Braten Sie A und B auf einer Seite. Tauschen Sie B gegen C aus, und braten Sie A auf der anderen und C auf der ersten Seite. Tauschen Sie nun A gegen B, und braten Sie die zweite Seite von B und C gleichzeitig.
2. **Die Reihenfolge spielt keine Rolle.**
   Ein Anzug zu 100 Euro würde 64 Euro kosten, einerlei, in welcher Reihenfolge die Rabatte in Anspruch genommen werden.
3. **66 Jahre.** 66 + 33 ($^1/_2$ von 66) + 22 ($^1/_3$ von 66) + 9 (3 x 3) = 130 = 10 x 12 + 10
4. **40 km/h**
   30 km in 60 Minuten + 30 km in 30 Minuten = 60 km in 90 Minuten (das sind 40 km/h).
5. A 210 Euro B 122,50 Euro C 17,50 Euro
6. **174 Köpfe und 582 Beine**
   Köpfe: 117 Vierbeiner + 57 Vögel = 174 Köpfe
   Beine: 468 Vierbeiner + 114 Vögel = 582 Köpfe
7. **60 Tage** (3 x 4 x 5)
8. 9, 7, 4, 11, 14. 9 weglassen = 36; 7 weglassen = 38, 4 weglassen = 41; 11 weglassen = 34, 14 weglassen = 31
9. **2½ Pfund.** $^5/_7$ Pfund + ($^5/_7$ x 2 $^1/_2$) = 2 $^1/_2$
10. 70 + 75 + 80 + 85 = 310
    – (3 x 100) 300 –
    10%
11. Buchstaben des Alphabets
12. 3 zu 9,50 Euro
    2 zu 5,50 Euro
13. $\frac{17 \times 16 \times 15 \times 14 \times 13 \times 12 \times 11 \times 10 \times 9 \times 8 \times 7}{1 \times 2 \times 3 \times 4 \times 5 \times 6 \times 7 \times 8 \times 9 \times 10 \times 11} =$ **12376**
14. Einfahrt in den Tunnel = 3 Sekunden
    1 km x 120 km/h = 30 Sekunden
    33 Sekunden
15. 5 x 4 = 20 + 50% = 30
    $^1/_4$ x 20 = 5 + 50% = **7$^1/_2$**
16. **125** 100 + 125 = 225 = 15^2 164 125 289 = 17^2
17. **97 Mitarbeiter bekamen je 35 Euro.**
    97 und 35 sind die einzigen Faktoren von 3395.
18. 40 Hotdogs.
19. Ich war 16 und wurde 1916 geboren.
    Mein Großvater war 66 und wurde 1866 geboren.

Kreatives Pfützenrätsel
(Seite 137)

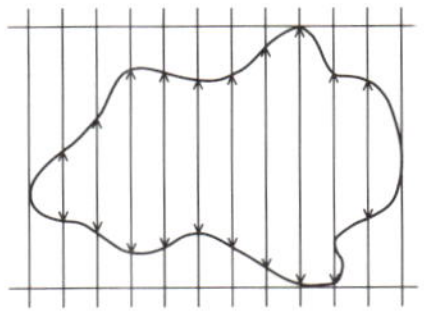

Legen Sie die Pflöcke in gleichen Abständen über die Pfütze. Messen Sie an jedem Pflock die Länge der Pfütze von oben bis unten, wie die Pfeile es zeigen, und addieren Sie die Ergebnisse. Teilen Sie die Zahl durch die Anzahl der Pflöcke, die auf der Pfütze liegen, und multiplizieren Sie dann dieses Ergebnis durch die Breite der Pfütze. Das Ergebnis ergibt die Fläche.

Sprachliche Übungen
(Seite 138)

1. Gesundheit
2. **c.** Tonsille
3. **c.** Peitsche
4. Einkommensteuer
5. Mamba
6. **b.** Kanoniere
7. Bettler
8. Sperling
9. Kenner
10. Markasit

Technische Aufgaben
(Seite 140)

1. Merkur
2. **6 Fakultät**
   6 x 5 x 4 x 3 x 2 x 1
3. Sekante
4. **6 von 36 Würfen**
   6 + 4 4 + 6 6 + 5
   5 + 6 6 + 6 5 + 5 $= \frac{6}{36}$
5. Die Formel für die Oberfläche einer Kugel ist $4 \pi r^2$
6. Quadratischer Boden und Seiten, die halb so hoch sind wie die Seitenlänge des Quadrats.
7. Kettenlinie
8. Nein. Fläche eines Ziegels: 350 x 160 mm^2 = 56 000 mm^2. Dachfläche: 6 m x 3 m = 18 m^2, also 18 000 000 mm^2. Sie brauchen also 18 000 000 : 56 000 = **321,4 Ziegel**
9. **6.** Alle Schneeflocken sind sechseckig.

Technische Rätsel
(Seite 142)

1. 26 Klötze – nur der mittlere Klotz wird nicht angemalt.
2. 1110111
3. Kleiner als oder gleich 4
4. r = Radius; h = Höhe; π = Pi $\pi r^2 h$
5. 37. Wenn in einem Sechseck 18 Röhren außen zu sehen sind, müssen es insgesamt 37 sein.
6. Kupfer und Zink
7. **a.** Ikosaeder
8. Stationäre Front

Ein Blick in die Zukunft

Jetzt haben Sie Ihr Gehirn gründlich trainiert und kennen Ihre dominante Hemisphäre. Außerdem hatten Sie Gelegenheit, sich ein wenig dem Gleichgewicht anzunähern.

Darauf können Sie in Zukunft aufbauen, denn ein ausgewogenes Gehirn bekommen Sie nicht über Nacht, nur weil Sie ein paar Übungen gemacht haben. Wenn Sie nach der Lektüre dieses Buches davon überzeugt sind, dass Sie von einem harmonischeren Gehirn profitieren können, müssen Sie Ihr Gehirn regelmäßig trainieren, denn sonst gewinnt Ihre dominante Hemisphäre bald wieder die Oberhand.

Das Gehirn ist zweifellos unser wertvollster Besitz; dennoch ist es für uns meist selbstverständlicher als die anderen Organe, und wir vernachlässigen es daher am meisten. Wir müssen gut für unser Gehirn sorgen und es trainieren, genau wie die anderen Körperteile. So wie Turner sich bemühen, ihre Leistung zu steigern und bei Wettkämpfen größere Erfolge zu erringen, können auch Sie durch geistige Gymnastik die Leistung Ihres Gehirns und die Zusammenarbeit der Hemisphären verbessern.

Ihr eigener Trainingsplan

Es gibt mehrere Wege zum Ziel. Einige Übungen in diesem Buch lassen sich leicht Ihren Bedürfnissen anpassen. Sie können sich zum Beispiel für alltägliche Gegenstände neue Anwendungsmöglichkeiten ausdenken oder aus geometrischen Linien Zeichnungen anfertigen. Das mag banal klingen, doch alles, was die Gehirnzellen aktiviert und zum Denken anregt, steigert die Leistung des Gehirns.

Es gibt noch viele andere praktische Übungen. Schreiben Sie einmal eine präzise Anleitung für die Inbetriebnahme Ihres Autos am Morgen oder das Zubereiten eines Frühstücks. Sie werden überrascht sein, wie schwierig das ist und wie lange es dauert, jede Einzelheit zu erwähnen. Es sieht einfach aus, aber Ihr Gehirn muss neue Aufgaben lösen, ähnlich wie bei einem neuartigen körperlichen Training, das Muskeln stärkt, die Sie bisher nicht genutzt haben.

←**Wenn Ihre rechte Hemisphäre** dominiert, sollten Sie aufschreiben, was Sie tun müssen, und sich Fristen setzen.

Im vergangenen halben Jahrhundert haben wir die Arbeitsweise des Gehirns besser verstehen gelernt, und dieses neue Wissen sollten wir zu unserem Vorteil und zum Nutzen der Gesellschaft anwenden.

Viele neue Erkenntnisse über die Hirnhälften können in der Schule sehr hilfreich sein. Bis vor kurzem wurden linkshändige Kinder ermuntert, mit der rechten Hand zu schreiben, weil man glaubte, sie seien andernfalls ihr Leben lang benachteiligt. Leider wurde dadurch lediglich die Kreativität unterdrückt.

↑ **Es ist wichtig,** schöpferische Talente bei Kindern früh zu entdecken und zu fördern.

← **Heute besteht** Einigkeit darüber, dass die Kreativität leidet, wenn man linkshändige Kinder zwingt, mit der rechten Hand zu schreiben.

Ein Blick in die Zukunft

Ein neugeborenes Kind benutzt instinktiv beide Hirnhälften und kann enorm viele Informationen aufnehmen und Fertigkeiten erlernen. Es lernt beispielsweise ohne Bücher sprechen. Diese rasche Entwicklung verlangsamt sich jedoch, wenn das Kind in die Schule kommt, wo die linke Hemisphäre bevorzugt wird. Und wenn das Kind zum Teenager wird, hat die linke Hirnhälfte die rechte übertroffen – einfach deshalb, weil die rechte kaum eine Chance bekam, sich zu betätigen.

Andererseits braucht unsere Gesellschaft viele Spezialisten, und danach ist unser Bildungssystem ausgerichtet. Es ist nicht zu leugnen, dass Fachleute – vor allem bei herausragenden Leistungen – im Beruf äußerst erfolgreich sein können, was ihnen und ihrer Familie ein komfortables Leben ermöglicht. Wenn wir alle Spezialisten werden, besteht jedoch die Gefahr, dass wir zu wenig über die Welt als Ganzes wissen – wir wissen viel über einen Baum, aber sehr wenig über den Wald.

Es gibt jedoch Anzeichen dafür, dass wir allmählich ganzheitlicher denken, was unser Le-

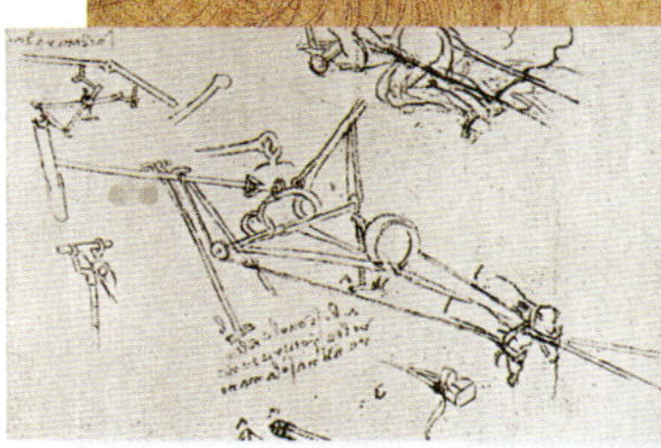

↑ **Leonardo da Vinci**, ein Exzentriker und kreatives Genie der Renaissance, war Maler, Bildhauer, Architekt, Erfinder und Ingenieur.

←**Neugierig**, offen und ohne Hektik ist der Geist eines kleinen Kindes höchst kreativ.

ben und unseren Planeten anbelangt. Das Pendel schwingt zurück in die Renaissance, deren typischer Vertreter Leonardo da Vinci, das wissenschaftliche Genie des 15. Jahrhunderts, war.

Damit Sie Ihre Fähigkeiten optimal nutzen und Ihr Potenzial im Alltag besser ausschöpfen können, sollten Sie die folgenden sieben Prinzipien Leonardos beachten – Sie werden davon profitieren, unabhängig davon, welche Ihrer Hemisphären dominiert.

1. Bleiben Sie neugierig.
2. Seien Sie stets bereit, aus Fehlern und Erfahrungen zu lernen.
3. Verfeinern Sie ständig Ihre Sinne.
4. Freuen Sie sich über Vieldeutigkeiten und Paradoxa.
5. Fördern Sie das Denken mit dem ganzen Gehirn.
6. Schulen Sie Anmut, Beidhändigkeit, Fitness und Gleichgewicht.
7. Entdecken Sie, wie all diese Prinzipien zusammenwirken – alles ist mit allem verbunden.

Register

Kursiv gedruckte Zahlen verweisen auf Abbildungen.

A
Analytische Rätsel 92, 94
Analytisches Denken 10, 66, 67
Ausgewogenheit der Hirnhälften 66, 68, 152

B
Billard 109
Bogen, Joseph 12
Broca-Sprachzentrum *20*, 23
Brücke 21, *21*
Buchstaben- und Wörterrätsel 85, 87
Buchstaben- und Zahlenlogik 92

C
Cerebellum 19, 20
Cerebrum 19, 20, 22
Corpus callosum 9, 12, 16, 20
    Durchtrennung 12,16

D
Definitionstest 80, 82
Denkprozesse, Übungen 135, 137
DNS 8, *8*

E
Eignungstests 28
Ergänzungstest 33–35

F
Fantasie 139
Farben, Kreise, Quadrate, Fünfecke 123, 125
Foramen Monroi 20
Formatio reticularis 21, *21*

G
Ganzheitliches Denken 14, 17, 68
Gazzanniga, Michael 12
Gedächtnis 8, 23
Gehirnlappen 20, *20*
Gehör *20*, 22
Geistige Agilität 58
Geruchssinn *20*, 22
Gleichgewicht der Hemisphären 66, 68, 152

H
Hirnstamm 19, 21, *21*
Hypothalamus 21, *21*

I
Intelligenz, 19, 23
    verbale 24
Intuition 8, 12, 17, 66, 67, 70

K
KEY/CASE-Experiment 14, *14*, *15*, 16
Kleine Rätseltests 46–47
Kognitive Fähigkeiten 10
Konfuzianismus 9
Körperfunktionen *19*
Kortex 9, 19, 20, *20*, 22–23
Kreative Logik 111, 113, 115, 117
Kreative Lösungen 107
Kreative Rätsel: Pfütze 137
Kreative Sequenzübung 93, 95
Kreative Zahlenrätsel 131
Kreatives Schreiben 24, 75
Kreativität 8, 10, 12, 66, 67, 133, 157
Künstlerisches Talent 10, 12, 67

L
Laterale Zahlenrätsel 77, 79, 81, 83
Laterales Denken 17
Leonardo da Vinci *158*, 159
Leonardos Prinzipien 159
Lineares Denken 17, 68, 70
Löffel-Experiment 16, *16*
Logik 6, 10, 12, 17, 18, 19, 66, 70, 71, 92, 96, 111, 132

M
Magische Quadrate 100, 102, 104
Mathematische Logik 134
Mathematisches Denken 84, 86, 136
Mathematisches Denken: Denksport 108, 110
Mathematisches Denken: Zusammenhänge 74, 76, 78
Matrix-Rätsel 96, 98
Medulla 19, 20, 21, *21*
Metaphorisches Denken 17
Mittelhirn 21, *21*
Monogramme 112, 114, 116
Motorische Aktivität 20, 22
Musik 68
Muster erfassen 17, 24

N
Nobelpreis für Medizin 12

P
Persönlichkeitstests 24, 28
Physiologie des Gehirns 18–21
Psychometrische Tests 24, 28, 36, 43, 55, 57, 59

R
Raumvorstellungsvermögen 10, 24, 28, 30–32, 97, 99, 101, 103, 105, 141, 143
Rechnerische Fähigkeiten 28
Reflexe 21

S
Schädelnerven *19*
Schnelligkeitstests 41–42, 56
Sechsecke 119, 121
Sehzentrum *20*, 22
Seitenbetonung, Seitigkeit 9, 10, 18, 23, 28, 152, 157
Somatomotorischer Hirnbereich 22
Somatosensorischer Hirnbereich *20*, 22, 23
Sperry, Roger *6*, 8, 12, 14, 16
Spezialisierung 154
Split-Brain-Operation 12, 14, 16
Sprache 6, 10, 12, 22–23, 67, 154
Sprachliche Fähigkeiten 28
Sprachliche Intelligenz 24, 88, 90
Sprachliche Übungen 48, 138
Sprachanalogie-Test 58
Sylvius-Aquädukt 20
Symbole, Schemata und anderes 127, 129

T
Tangrams 141, 143
Technik und Naturwissenschaft 122, 124, 126, 128, 130, 132
Thalamus 19, *21*

U
Unterbewusstsein 8, 68
Unwillkürliche Funktionen 19

V
Ventrikel 20
Vermis 20
Vernunft 9, 19
Visuelle Analogietests 38, 40
Visuelle Bestimmungsübungen 89, 91
Visuelle Formentests 50, 51
Visuelle Kreativitätstests 54
Visuelle Sequenztests 49–50
Visuelle Zuordnungstests 44
Vor-Worte 120

W
Wahrnehmungen 10
Wechselrätsel 131
Wernicke-Zentrum *20*, 22–23
Willkürliche Verarbeitung 70
Wörter (Tests) 118
Wort-Wechsel 106

Y
Yin und Yang 9, *9*

Z
Zahlentest 37

Danksagungen
Der Verlag dankt folgenden Personen und Institutionen für die Überlassung von Bildern, die in diesem Buch abgedruckt sind:
Schlüssel: u = unten, o = oben, m = Mitte
Imagebank 17o,27,66; Pictor International Ltd 8u,13,16/17m,157o; The Art Archive/Tate Gallery London/Eileen Tweedy 10o; The Nobel Foundation 6o.

Literaturverzeichnis
Greenfield, Susan, Reiseführer Gehirn. Spektrum Akademischer Verlag, 2003
Hancock, Jonathan, Gehirn Power. Bassermann Verlag, 2002
Ornstein, Robert, Die Evolution des Bewusstseins. VAK Verlags GmbH, 1996
Reber, Arthur S. The Penguin Dictionary of Psychology. Penguin USA, 1996/Penguin Books, 1995